Wanderspaß mit Kindern

Harz

Katja Schütze

BRUCKMANN

Inhalt

MITTLERER HARZ

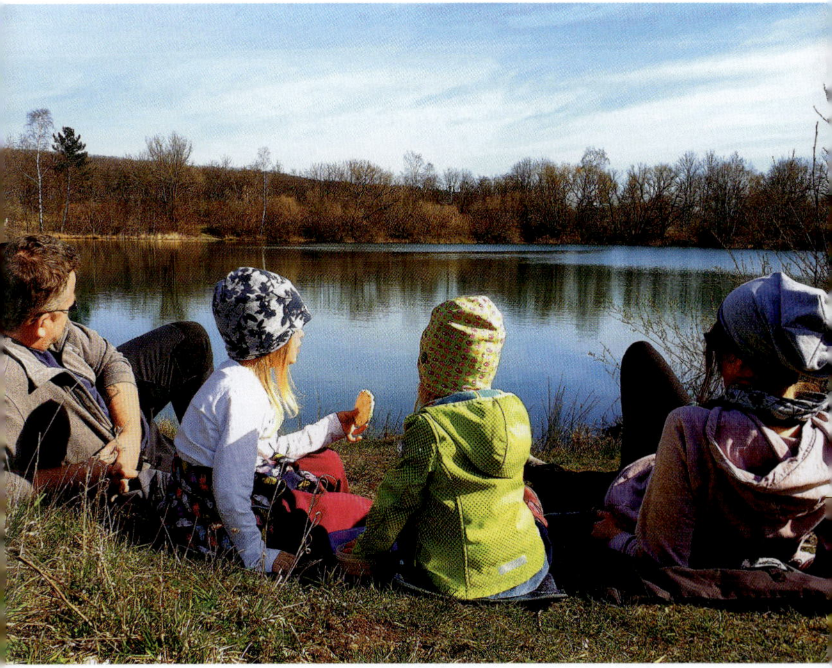

Gemeinsames Picknicken – ein Highlight jeder Familienwanderung

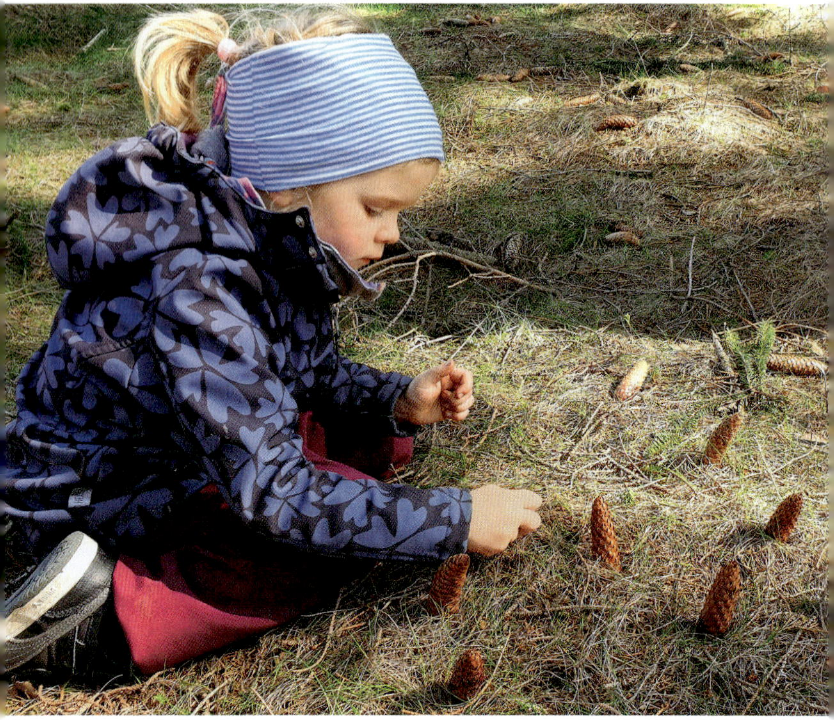

Kreative Pausen gehören zum Wandern mit Kindern dazu.

OBERHARZ

NÖRDLICHES HARZVORLAND

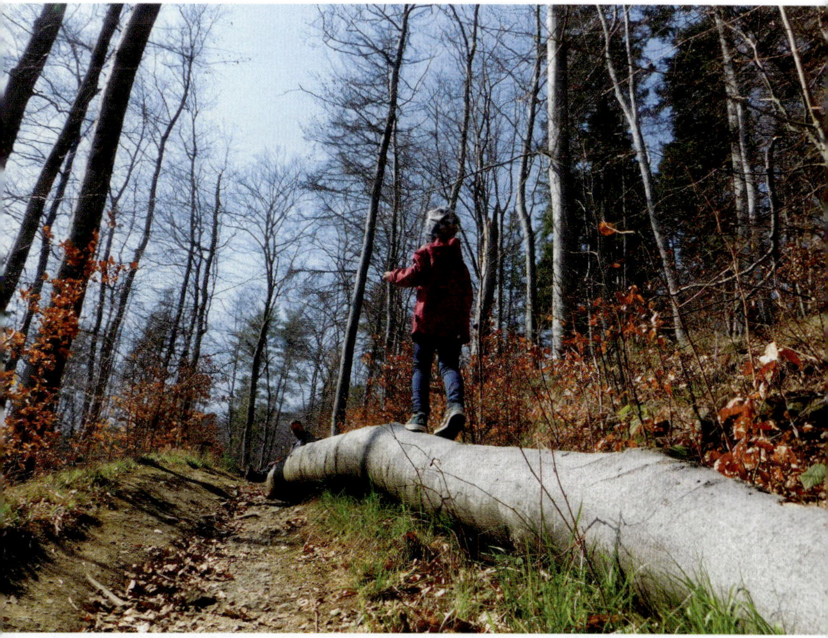

Auf solchen Baumstämmen balancieren (nicht nur) Kinder gern.

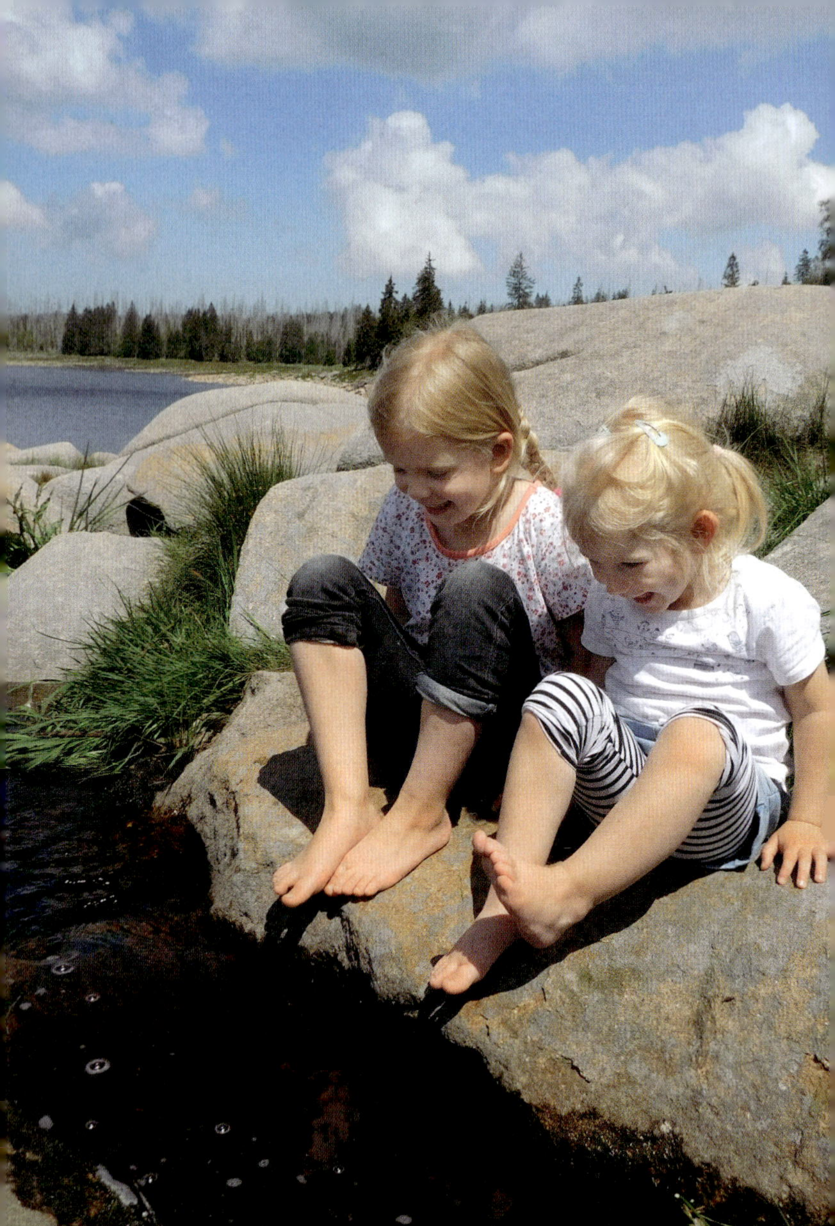

Wasser und Kinder – das funktioniert immer!

Wandern mit Kindern im Harz

Der Harz fasziniert. Ja natürlich, mit seinen Wäldern und Bergen. Aber auch mit hohen Klippen über tiefen Tälern. Mit bizarren Felsformationen wie der Teufelsmauer. Mit sandigen Höhlen, umringt von Kiefernwald. Mit wundervoller landschaftlicher Weite im Südharz. Mit sagenumwobener Wildnis. Mit glucksenden Bächlein, blauen Teichen, großen Stauseen und manchmal auch reißenden Flüssen (wenn die Talsperren geöffnet werden). Mit verschlungenen Pfaden bergauf und bergab oder am Oberharzer Wasserregal entlang. Mit ritterlichen Burgen, verträumten Schlössern und weitläufigen Klöstern. Und: mit viel Wander- und Erlebnisspaß für die ganze Familie!

Auf den Weg kommt es an!

Wandern mit Kindern im Harz? (Gar nicht) so einfach! Oft sind die vielen für den wundervollen Harz beschriebenen Wanderungen für Kinder zu lang oder einfach zu langweilig, vor allem, wenn es sich hauptsächlich um Spaziergänge auf breiten Schotterwegen handelt.

Das Literaturangebot für Wanderungen mit Kindern im Harz ist derzeit (noch) sehr begrenzt. Während unzähliger Wanderungen in den letzten Jahren haben wir derweil viele schöne, abwechslungsreiche und vor allem für Kinder geeignete Wege durch den Harz entdeckt, die ich in diesem Wanderführer vorstelle. Bei diesen Wegen handelt es sich oft um schmale oder steinige Pfade durch wilde Natur – denn das ist es, was kleine und große Kinder lieben. Dort sind sie der Natur ganz nahe! Für Kleinkinder, die die Strecke noch nicht komplett schaffen, empfiehlt es sich also, eine Trage (statt Kinderwagen oder Karre) mitzunehmen. (Ein paar zusätzliche Touren speziell für Kinderwägen sind separat aufgeführt.)

Auf vielen der hier vorgestellten Touren sind einige Höhenmeter zu bewältigen, wodurch die Kinder am Zielpunkt aber oft stolz »nach unten« blicken und bewundern können, wie hoch hinaus sie aus eigener Kraft gelaufen sind.

Für ein Austüfteln der Streckenlänge hat sich bei uns die Formel »Alter mal 1,5« bewährt: Mit zwei Jahren können Kinder durchaus schon drei Kilometer auf eigenen Beinen zurücklegen, mit fünf Jahren sieben bis acht Kilometer usw. Dabei sollten die zu bewältigenden Höhenmeter nicht unterschätzt werden (100 Höhenmeter zählen bei der Faustformel in etwa so viel wie ein Kilometer)! Also: Lieber mit moderaten Touren starten, die dem Kind Lust auf mehr machen, und nach und nach ausprobieren, was (dem Kind) darüber hinaus möglich ist, anstatt es zu überfordern!

Zudem gilt es, auch für kurze Wege genügend Zeit einzuplanen. Natürlich kann man einen Kilometer mal in 15 Minuten zurücklegen. Und für den nächsten braucht man dann eine volle Stunde. Meist erweist es sich als sinnvoll, vor allem mit jüngeren Kindern, mit dem Mittelwert beider Extreme zu rechnen: Zwei bis drei Kilometer pro Stunde sind gut zu schaffen, wenn man hier und dort innehalten möchte, um Ameisen zu beobachten, Blätter aufzulesen, Moos zu befühlen, auf Steine zu klettern und zu bestaunen, was am Wegesrand liegt und steht und webt und sich bewegt – all das eben, was die Wanderung für Kinder oft erst attraktiv macht.

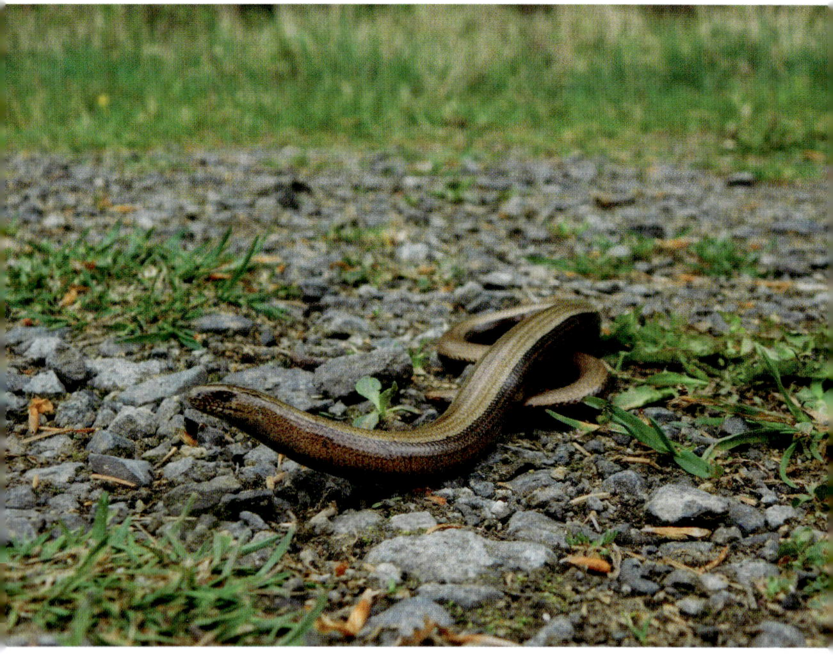

Heimische Tiere: Neugierige Blindschleichen …

Sofern es sich anbietet, gebe ich bei der Beschreibung der Touren kürzere bzw. längere Varianten an. So lassen sich kürzere Touren für größere Kinder erweitern und längere Touren für kleinere Kinder abkürzen. Natürlich sind die Alters- und Gehzeitangaben nur Richtlinien – Sie können Ihre Kinder am besten einschätzen!

Wanderkarten

Zur Vorbereitung und Begleitung der Touren hat sich bei uns das Kartenset des Schmidt-Buch-Verlags bewährt: *Der Harz in 4 Teilen: Oberharz, Mittlerer Harz, Südharz, Ostharz*. Hieran orientiert sich auch die Einteilung der Touren im Buch, unter Kombination von Süd- und Ostharz.
Kartenmaterial zu den Touren bei Langenstein ist ggf. in der Halberstädter Tourist-Information erhältlich.

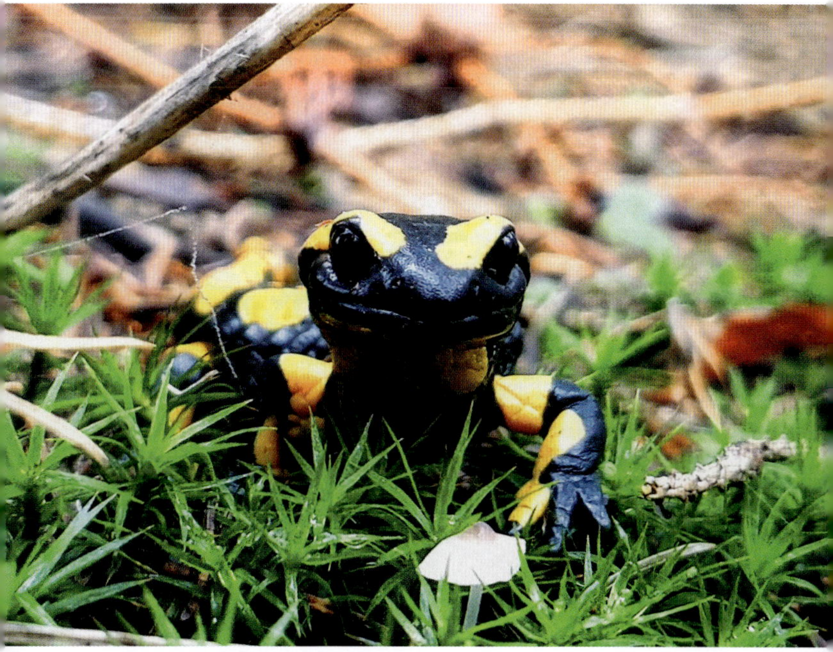

… und wachsame Salamander kreuzen den Weg.

Ich packe meinen Wanderrucksack …

… und nehme – neben festen Wanderschuhen, die die Grundvoraussetzung für jede Harzwanderung sind – mit: eine Erste-Hilfe-Tasche (inklusive Zeckenpinzette). Es erleichtert viele Situationen ungemein, wenn man Kindern bei einem kleinen Wehwehchen ein Trostpflaster anbieten kann. Außerdem könnte man anderen Wandersleuten begegnen, die Erste Hilfe benötigen. Zum Schutz vor Sonne und Wind sollten Kopfbedeckungen mit dabei sein. Eine zusätzliche Fleecejacke o. Ä. tut oft Not, da es in höheren Lagen des Harzes deutlich kälter und windiger sein kann als im Flachland (manchmal liegt der Temperaturunterschied bei über 10 °C!). Bei Touren am Wasser empfiehlt es sich, Wechselkleidung einzupacken, bei einigen Klippentouren sind Sicherungsgurt und Kletterseil hilfreich – vor allem für kleinere Kinder (ich weise an den entsprechenden Stellen darauf hin).
Als Verpflegung bieten sich neben Wasser als Durstlöscher (lieber mehr als zu wenig) vor allem Obst, Nüsse, Möhren, Gurkenscheiben sowie belegte Brote oder Brötchen an, aber auch kleine Naschereien dürfen bei einem Picknick nicht fehlen.

Verhalten im Wald – umweltbewusst wandern

Bei allen Aktivitäten im Wald ist das Bewusstsein wichtig, dass wir uns *als Gäste* im Wald aufhalten. Achtsamkeit vor allem Lebendigen können Kinder hier besonders gut lernen. So werden Ameisen und Käfer nicht zertreten, Blumen und andere Pflanzen nicht aus dem Boden gerupft. Müll wird mit nach Hause genommen oder im nächsten Müllbehälter entsorgt. In dem Teil des Harzes, der zum Nationalpark Harz gehört, gelten darüber hinaus einige weitere Regeln, um die Bergwildnis zu erhalten. So darf der Natur nichts entnommen werden (jedes Tier und jede Pflanze darf in ihrem geschützten Lebensraum weiter existieren!). Zudem ist geboten, sich in der Natur möglichst ruhig zu verhalten und die beschilderten Wege nicht zu verlassen. Feuer dürfen nicht entzündet werden, Hunde müssen angeleint mitgeführt werden, Campen und Rauchen sind im Nationalpark untersagt (letzteres wegen Waldbrandgefahr von Frühjahr bis Herbst). Ähnliche Vorschriften gelten in den Naturparks und -schutzgebieten außerhalb des Nationalparks. Während einer Wanderung schalten wir Handys in den Flugmodus oder zumindest stumm (hin und wieder kann ein Blick in eine mitunter nur online

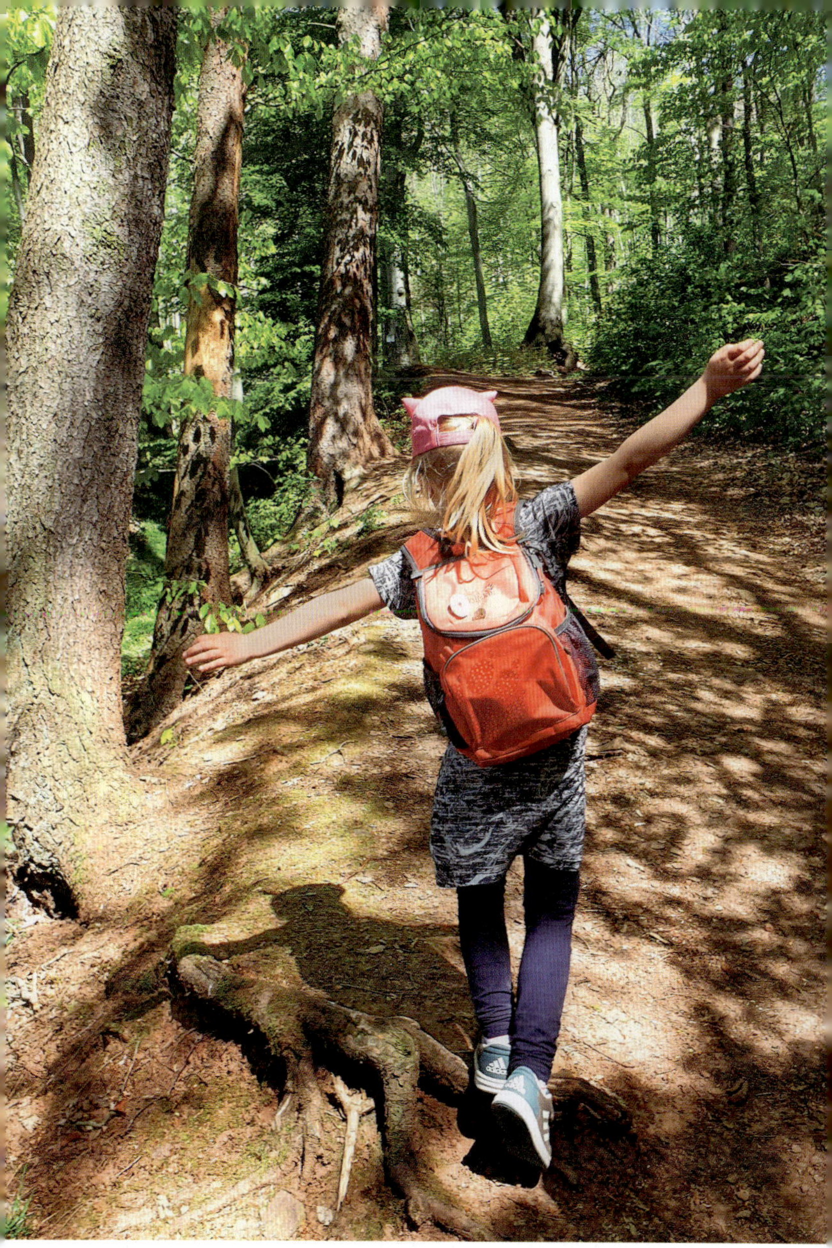

Balancieren funktioniert nicht nur auf großen Stämmen.

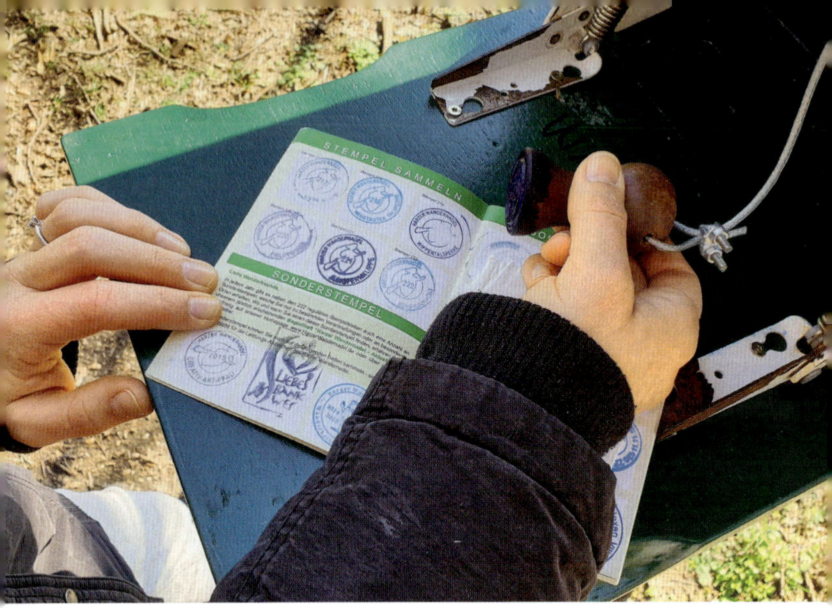

Mit 222 Stempeln ist der Wanderpass der Harzer Wandernadel komplett.

nutzbare Wege-App hilfreich sein); Anrufe von Freunden und Bekannten braucht es im Wald nicht. Die Zeit der Wanderung gehört uns.

Auf Stempeljagd mit der Harzer Wandernadel

Ein besonderer Anreiz für kleine und große Wanderer ist das Stempelsammeln mit der Harzer Wandernadel (HWN): Über den gesamten Harz verteilt stehen an besonderen Orten grüne Stempelkästen, an denen man sich einen Stempel in das Stempelheft (den Wanderpass) setzen kann. Mit dem Nachweis von elf Stempeln dürfen sich Kinder bis elf Jahre »Wanderprinz*essin« nennen; sie erhalten eine Urkunde und einen Wanderprinz*essinnen-Button. Ambitionierte Stempelsammler können mit dem Nachweis entsprechender Stempel weitere Wanderabzeichen (u. a. zu speziellen Themenheften) erwandern. Wird mit mehreren Kindern gewandert, sollte jedes Kind ein eigenes Heft mit sich führen – zum einen, weil jedes Kind auch stempeln möchte, zum anderen, weil für jedes Heft jedes Abzeichen nur einmal vergeben wird.

Besonders attraktiv für den »modernen Wanderer«: Passend zum HWN-Stempelheft gibt es eine HWN-App fürs Handy namens *Harzer Wander-*

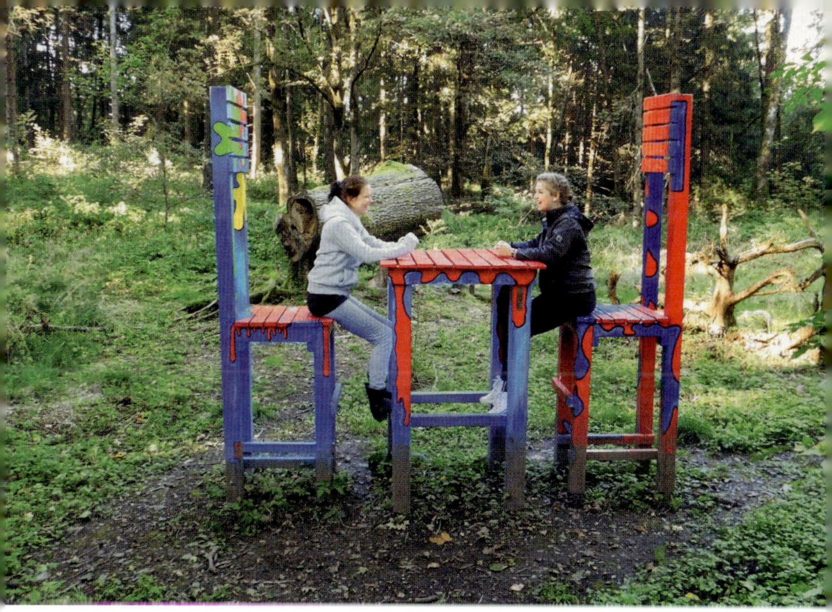

Kreative Erlebnispfade eröffnen neue Perspektiven.

nadel Community (Kosten: 4,99 Euro), mit der er Stempelstellen per GPS orten, digital stempeln und seine Wanderfortschritte nachvollziehen kann. Die App ersetzt allerdings nicht den Nachweis der Stempel im Stempelheft. Heft und Abzeichen sind gegen eine Schutzgebühr in vielen Harzer Tourist-Informationen und Kultureinrichtungen erhältlich. Weitere Informationen gibt es beim Service-Büro der Harzer Wandernadel (Schnappelberg 6, 38889 Blankenburg, Tel. 03944/954 71 48) oder unter www.harzer-wandernadel.de. Führt eine im Buch vorgeschlagene Tour an Stempelstellen vorbei, gebe ich dies jeweils an (als »HWN« plus Stempelstellennummer).

Und danach? Walderlebnisse konservieren!

Eine schöne Idee, auch schon für die Kleinsten, ist die Gestaltung eines Wandertagebuchs. Dazu braucht es nicht viel: ein leeres Buch, ausgedruckte Fotos, Schere und Klebstoff, Buntstifte, Aufkleber, evtl. getrocknete Blätter-Mitbringsel aus dem Wald. Mit diesen einfachen Materialien entsteht über einige Zeit hinweg ein ganz individuelles, sehr persönliches Werk, mit dem sich Kinder an Erlebtes erinnern können und sich an ihren Wandererfolgen noch lange erfreuen!

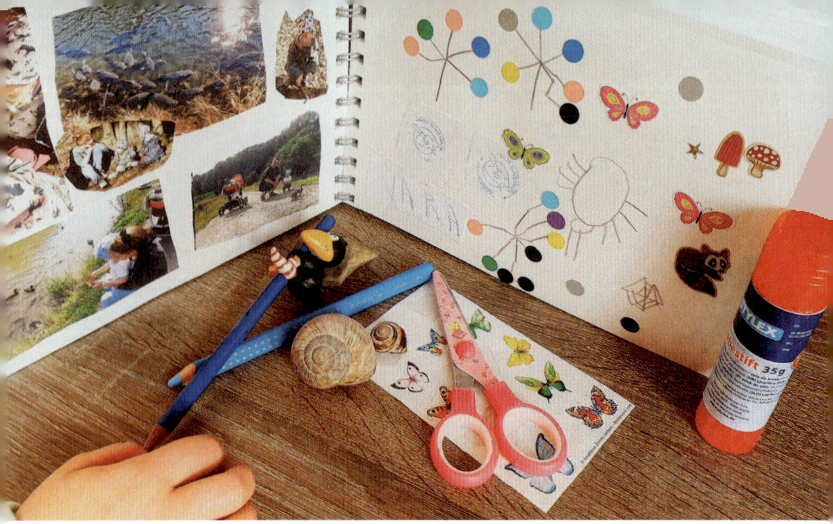

Mit einfachen Mitteln entsteht ein wunderschönes Erinnerungsbuch erlebter Wanderungen.

Bereits Dreijährigen kann man bei der Gestaltung eines Wandertagebuchs weitgehend freie Hand lassen, um sie in ihrer Autonomie zu stärken: Sie können Fotos auswählen, die sie ins Buch kleben möchten, selbst bestimmen, wie sie sie ausschneiden und auf den Seiten drapieren. Etwas größere Kinder können besonders spannende Erlebnisse schriftlich festhalten oder malen oder den Streckenverlauf mit den wichtigsten Punkten (hier lag ein umgestürzter Baum, dort stand eine urige Hütte …) aus ihrer Erinnerung nachzeichnen.

Ein paar Tipps zum Wandern mit Kids

- Die Aussicht auf ein spannendes Ziel (eine Höhle, einen Kletterfelsen, einen Riesenbaum, einen Spielplatz) oder auf ein leckeres Eis kann Kindern Flügel verleihen. Auch Wasser und Tiere kommen immer gut an.
- Kinder an der Planung von Wanderungen sowie an der Wegweisersuche beteiligen! Wenn die Kids die Tour selbst aussuchen dürfen, steigert das bereits vorab ihre Motivation. Die Suche des »richtigen« Weges während der Tour sorgt für Spaß, und zugleich kommen alle zügig voran!
- Für längere Wege bietet es sich an, Großeltern oder Freunde mitzunehmen. Das sorgt für Abwechslung, und die Oma hat mitunter einen Hauch mehr Geduld, wenn das Enkelkind denselben Stein zum zwölften Mal umdrehen muss.

- Auch kleine Kinder tragen ihren eigenen Wanderrucksack. Der ist am Anfang leer und kann vom Kind nach und nach mit allem gefüllt werden, was sich sammeln lässt. Und was nicht in den Kinderrucksack passt oder zu schwer ist, wird liegen gelassen oder für das nächste Wanderkind am Wegesrand deponiert.
- Zwischendurch die qualmenden Wanderstiefel ablegen und barfuß laufen! Das fördert nicht nur die Durchblutung, sondern lässt die Natur auf noch andere Art erleben: Wie fühlen sich diese Wurzel, dieser Kiesweg, dieser von Fichtennadeln bedeckte Waldboden für Füße und Körper an?
- Spielend wandern! Die Schwierigkeit einer längeren Wanderung mit Kindern liegt meist nicht in ihrer körperlichen Konstitution begründet, sondern vielmehr in fehlender Motivation. Kleine Spiele beim Wandern lockern auf: »Ein Hut, ein Stock, ein Regenschirm«, »Ich sehe was, was du nicht siehst«, »Ich packe meinen Koffer«, Lieder trällern, Wörterkette (Banane – Erdbeerkuchen – Nuss …), Rechenkette, Geschichten erfinden (ggf. passend zum Wanderziel). Es gibt unzählige Möglichkeiten, spielend vom Gehen abzulenken. Bei uns hoch im Kurs steht das »Möp-Spiel«: Wir zählen reihum von 1 an aufwärts. Bei allen Zahlen, die eine 3 oder 7 beinhalten (Variante: die eine 7 beinhalten oder durch 7 teilbar sind), darf nur »möp« gesagt werden – das fördert zugleich Konzentration und Zahlvorstellung.

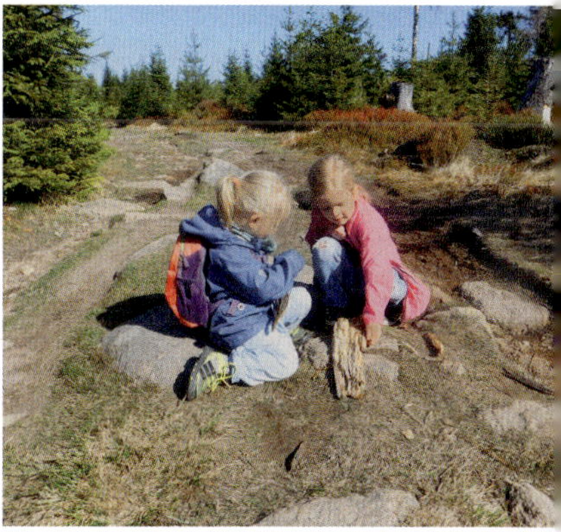

Für eigene Entdeckungen sollte immer genügend Zeit sein.

- Am Ziel einen kleinen Schatz zu verstecken, erhöht die Motivation, anzukommen. Der Schatz kann beispielsweise aus Snacks oder Aufklebern fürs Wandertagebuch bestehen.
- Und nicht zu vergessen: den vermeintlich benötigten Reiseproviant mit drei multiplizieren!

In diesem Sinne: AUF IN DEN HARZ!

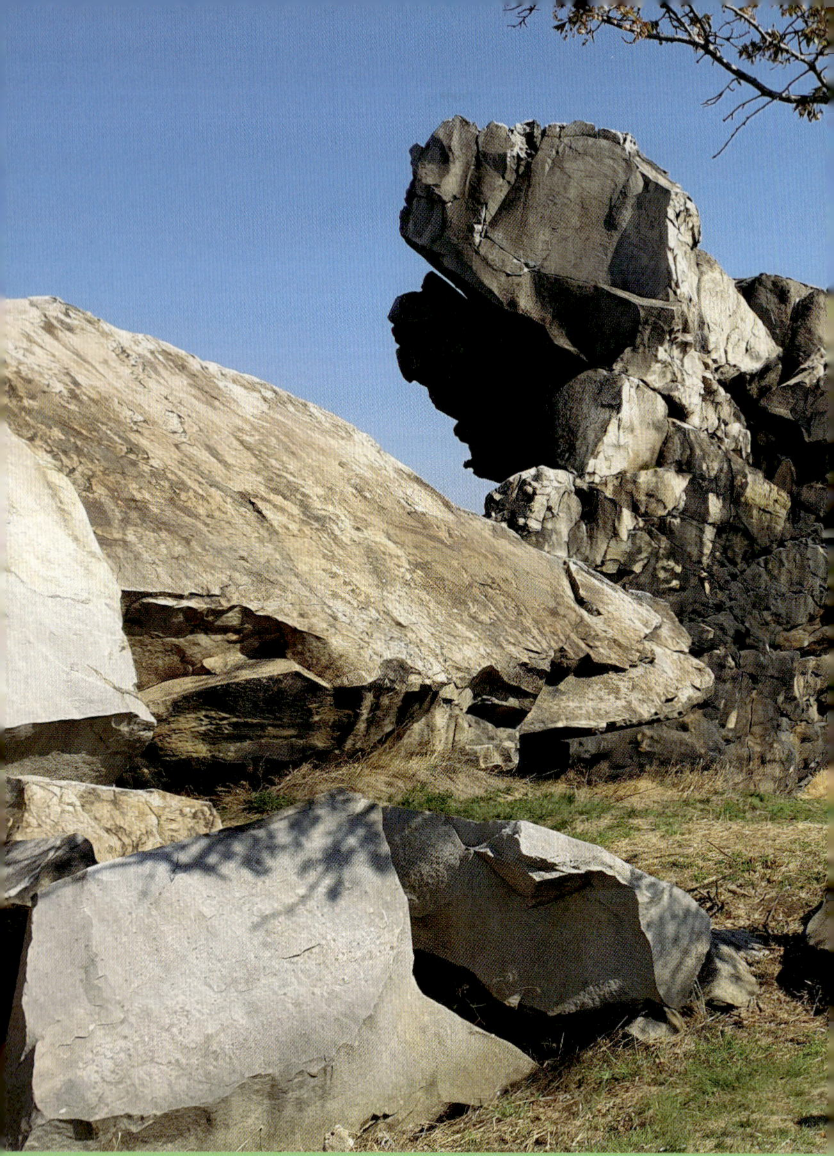

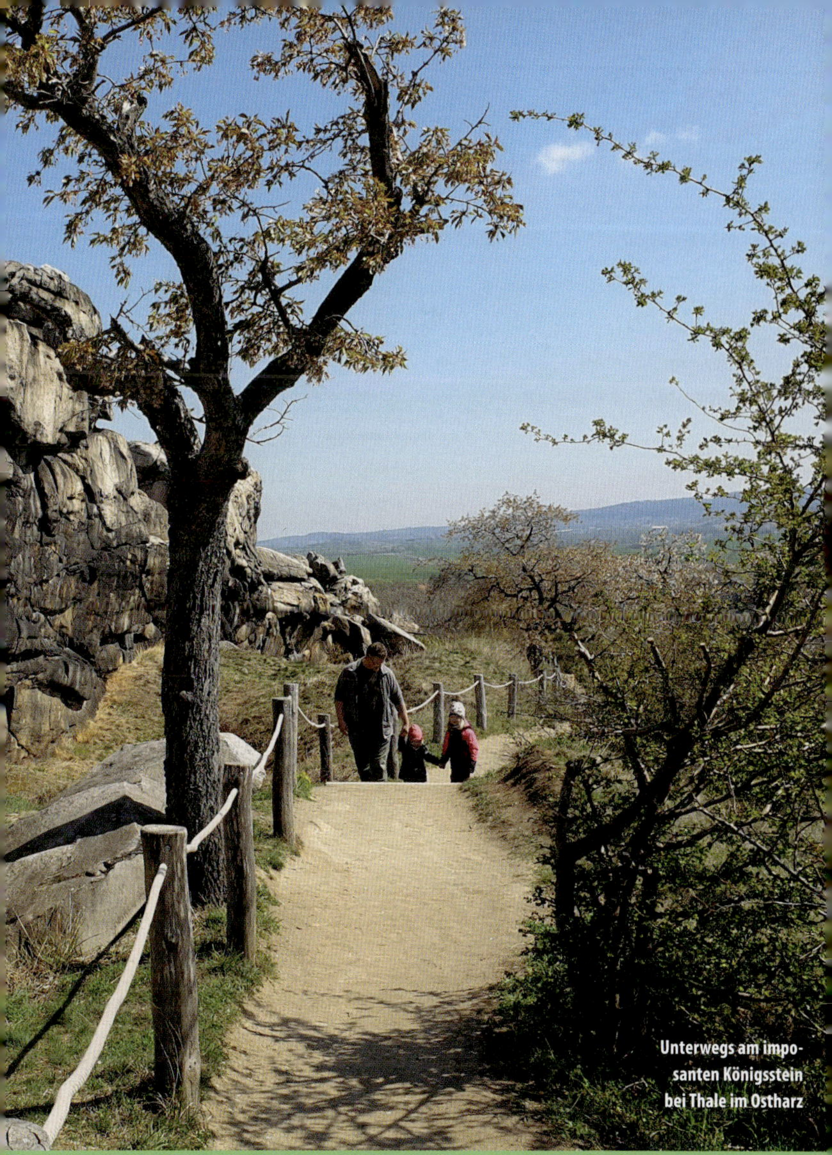

Unterwegs am imposanten Königsstein bei Thale im Ostharz

Süd- und Ostharz

1 Es war einmal ...

VOM KLOSTER WALKENRIED ZU SACHSENBURG UND ZWERGENLÖCHERN

Diese recht einfach zu gehende Tour führt durch die wunderschöne Karstlandschaft des Südharzes. Klosterteiche, Höllsteinklippenweg, Sachsenburg, Karsthöhlen (die »Zwergenlöcher«) und imposante Klosterruinen machen die Wanderung zu einem Highlight für Klein und Groß!

Vom Parkplatz gehen wir links über einen Fußweg in Richtung Klostermuseum, am »BischoffsEck« geradeaus und dann links, am Jagdschloss vorbei. Wir queren die Straße und die Bahngleise und wandern rechter Hand zum idyllischen Röseteich. Bereits auf diesem Wegstück befinden wir uns auf dem Karstwanderweg, dessen weißes »K« auf rotem Untergrund uns fast

mittel | 8 km | 3 Std. | 70 Hm

Tourencharakter Mittelschwere Tour mit abwechslungsreichen Wegen und Wegepunkten, teilweise mit Steilabhängen **Altersempfehlung** Ab 7 Jahren (bei entsprechender Kondition auch eher) **Ausgangspunkt** Parkplatz Am Kloster (südlich des Klosters Walkenried) **Endpunkt** Kloster Walkenried **GPS-Daten** N 51.581843, E 10.620499 **Anfahrt** Von Braunlage kommend über L 600/L 601 nach Walkenried, Beschilderung zum Kloster folgen. Mit Bus oder Bahn aus Ellrich, Bad Sachsa oder Braunlage kommend kann man am Bahnhof Walkenried hinter dem Röseteich in die Tour einsteigen. **Einkehr** Am Tour-Ende: Klostercafé und weitere Möglichkeiten am Klostergelände **Klostermuseum** Geöffnet von Apr. bis Okt.: Di.–So., 10–17 Uhr, Nov. bis März.: Mi.–So., 10–17 Uhr; Eintritt: Erw. 7 €, Kinder bis 17 J. 5 €, Familien 18 € **Information** ZisterzienserMuseum Walkenried, Tel. 05525/959 90 64, www.kloster-walkenried.de; Tourist-Information Walkenried, Tel. 05586/96 29 91, www.walkenried-tourismus.de; Karstwanderweg, www.karstwanderweg.de

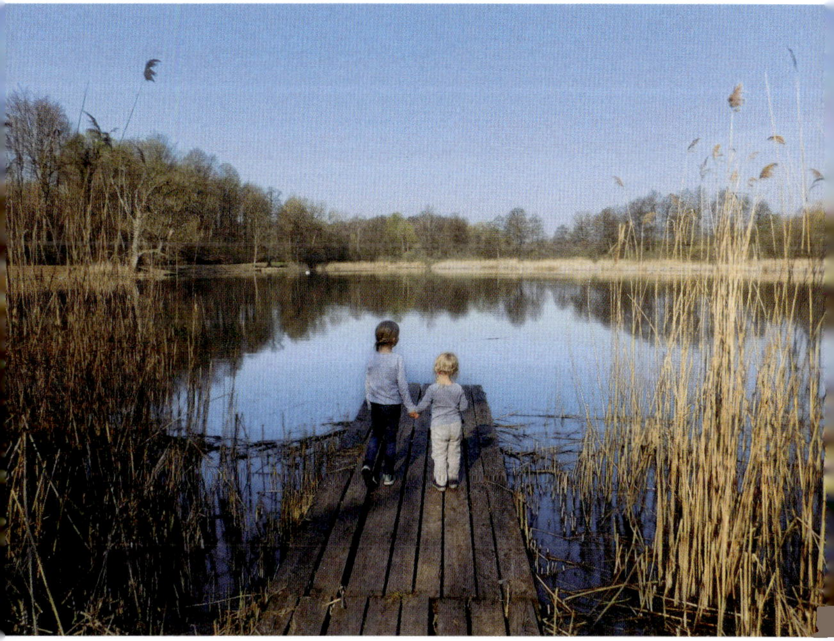

Schon zu Beginn der Tour verzaubert die idyllische Landschaft, hier am Röseteich.

die gesamte Tour auf den Wegweisern begleitet. Am Röseteich halten wir uns links, um über die L 603 hinweg zum Höllsteinklippenweg zu gelangen (er führt rechts bergauf zum Steilhang).

Auf dem Klippenweg behalten wir die Kinder genau im Auge: Sie dürfen die Wege wegen des Steilabsturzes des Geländes keinesfalls verlassen! Vorbei an der Andreas-Helbing-Bank mit Blick auf die Klosterteiche und an der 850 Jahre alten Sachsen-Eiche wandern wir gemütlich über den schmalen, mit

Totholz

Auf einigen Abschnitten des Karstwanderwegs wird vor herabstürzendem Totholz gewarnt, so auch auf dem Höllsteinklippenweg. Achten Sie also auf günstige Wetterverhältnisse für diese Tour!

in der Sonne weiß leuchtendem Karst gezierten Weg. Er mündet in einen breiten Weg, dem wir bis zur Spatenbornwiese folgen. Von hier führt der Karstwanderweg geradewegs über die Wiese und nach zwei Biegungen zum »Bahnübergang Drehkreuz«, an dem wir vorsichtig die Gleise queren und linker Hand bis zur Sachsenburgruine laufen. Mit Blick auf mächtige Karststeinfelsen lassen wir uns auf einer Bank zur Pause nieder.

Eigentlich wollen wir unseren Weg fortsetzen, da lockt gegenüber der Infotafel zur Burg das erste »Zwergenloch« (eine natürliche Quellungshöhle). Fast hätten wir es übersehen! Die Kinder kriechen in die kleine Karsthöhle, aus ihrem Dachloch wieder heraus, versetzen ein paar lose Steine, entdecken noch einen Marienkäfer … Dann können wir weiter. Wir gehen zurück, über die Gleise am Drehkreuz, und wenden uns nun nach rechts, um gleich vor der nächsten weißen Quellungshöhle zu stehen; hier informiert eine Schautafel über ihre Entstehung. Der Karstwanderweg führt uns, weitere Zwergenlöcher passierend, zur Karl-Helbing-Hütte, in der uns unsere Kleine einen bunt bemalten Stein entgegenhält: ein »HarzStein«!

> **Zurück ins Mittelalter!**
>
> **Im ZisterzienserMuseum Walkenried könnt ihr mit einem KinderAudioGuide Interessantes zur Geschichte der Mönche in Walkenried erfahren und bei einer Rallye das Kloster erkunden!**

Wir treten aus der Hütte und verlassen erstmals den Karstwanderweg zugunsten des geradeaus verlaufenden Harzer Grenzwegs. Als breiter Wald-

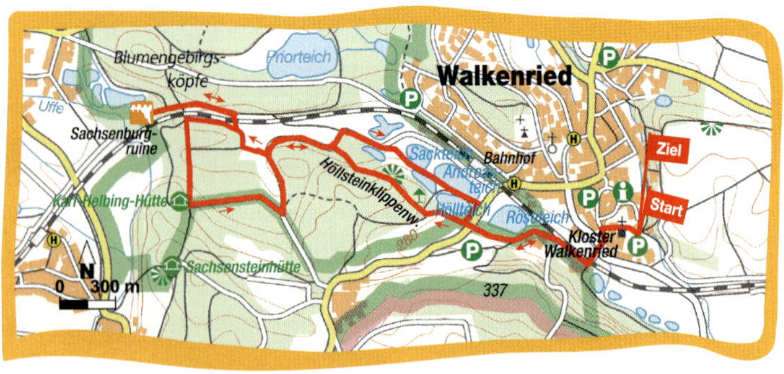

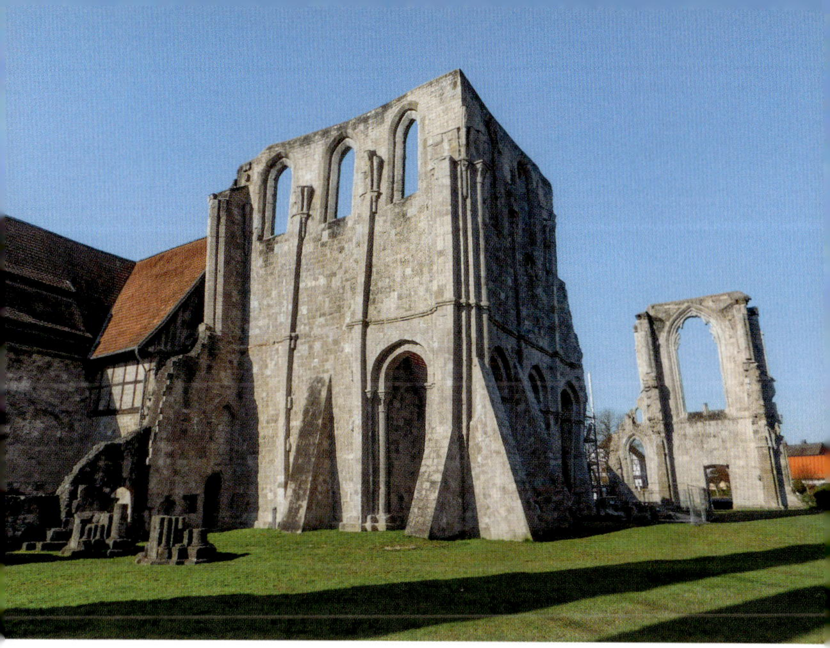

Die imposanten Ruinen des Zisterzienserklosters Walkenried

weg führt er bald in einem Bogen um die Spatenbornwiese (hier waren wir schon!) herum, bevor er auf den Karstwanderweg trifft, dem wir entsprechend dem Hinweg nun in Gegenrichtung folgen, wobei wir uns vor den Teichen aber links halten. Den breiten Weg verlassen wir erst in der darauffolgenden Linkskurve, um geradeaus über Graswege zwischen den Klosterteichen hindurch zu laufen – hier ist es so schön! Wenn wir ganz leise sind, können wir durchs hohe Schilf Frösche quaken, Fische aus dem Wasser springen, Grillen zirpen und Insekten vor sich hin brummen hören!
An der L 603 führt uns ein Trampelpfad nach rechts auf den Karstwanderweg vom Beginn: Wir überqueren die Straße, passieren Röseteich, Bahngleise und Jagdschloss und sehen alsbald auf der rechten Seite die zum UNESCO-Weltkulturerbe gehörende Klosterruine, die es nun ausgiebig zu erkunden gilt. Sie lässt staunend erahnen, in welch prächtiger Blüte das Kloster im Mittelalter einst gestanden haben muss, in dem Zisterziensermönche nach den strengen Regeln des Benediktinerordens lebten, beteten und arbeiteten, und der luxuriösen Maßlosigkeit anderer mittelalterlicher Mönchsorden trotzten!

2 In Fels gebaut

AUF DEM KARSTWANDERWEG ZU EINHORNHÖHLE UND BURGRUINE SCHARZFELS

Die kurzweilige Rundtour zur Einhornhöhle und zur Burgruine Scharzfels führt über schmale und teils naturbelassene Wege. Überreste der in und auf Felsen gebauten mittelalterlichen Burg vermitteln eindrucksvoll, wie ihre früheren Bewohner in der dunklen Felsenwelt gelebt haben!

Vom Parkplatz wandern wir zur nur 250 Meter entfernten Einhornhöhle (HWN 101) samt skelettartiger Einhornskulptur. In den Saisonzeiten kann die Höhle im Rahmen einer Führung besichtigt werden.
Für unsere Rundtour wenden wir uns vor der Einhornhöhle nach links auf den Karstwanderweg. Auf einem Pfad geht es nun am Hang entlang, vorbei am Fuß der mächtigen Kaiserklippe. An der nächsten Wegkreuzung verlassen wir den Karstwanderweg und schlagen nach links einen breiten,

mittel | 5 km | 2.30 Std. | 200 Hm

Tourencharakter Aufgrund der Steigungen mittelschwere Tour über meist schmale Wege **Altersempfehlung** Ab 4 Jahren **Ausgangs-/Endpunkt** Parkplatz Einhornhöhle, Herzberg am Harz **GPS-Daten** N 51.637407, E 10.404344 **Anfahrt** B 27 bis Herzberg-Scharzfeld, Zufahrt über »Im Rott« **Einhornhöhle** Geöffnet Apr.–Okt.: Mi.–So., 11–16 Uhr, 27.12. bis Weihnachtsferienende: tgl. 11–16 Uhr; Eintritt: Kinder 0–5 J. 2 €, 6–15 J. 6 €, ab 16 J. 10 € **Einkehr** Gaststätte Burgruine Scharzfels (Mo.+Di. Ruhetag, im Winter auch Mi.); Waldcafé Haus Einhorn **Ausrüstung** Taschenlampe **Information** Einhornhöhle & Haus Einhorn, Tel. 05521/99 75 59, www.einhornhoehle.de; Burgruine Scharzfels, Tel. 05524/99 70 99, www.burgruine-scharzfels.de

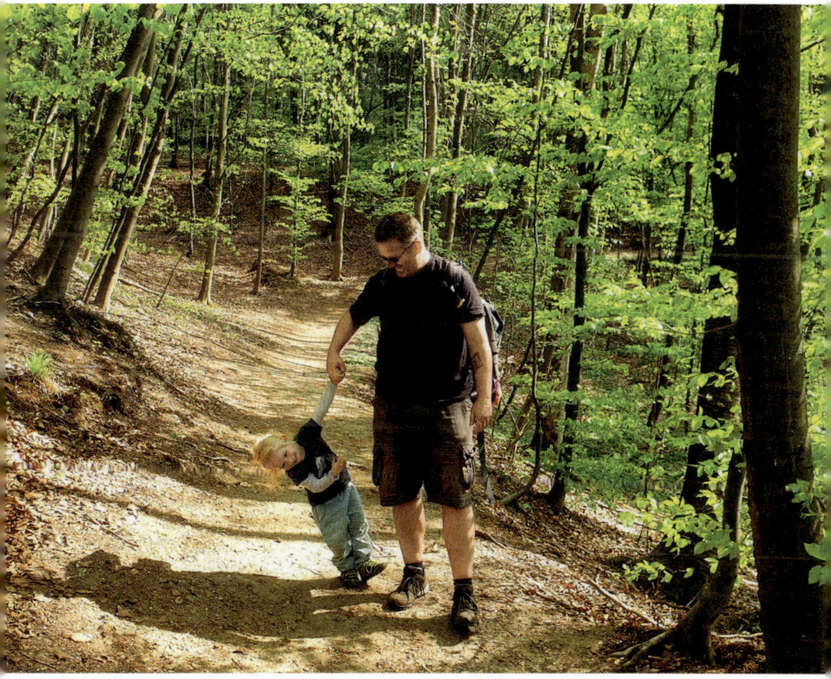

(Auch) auf dem Karstwanderweg entwickeln Kinder mitunter ganz eigene Laufstile.

federnden Waldweg ein. Er führt uns leicht bergab, an der nächsten Gabelung nach links, kurz nach Scharzfeld hinein, wo wir der Straße Hasenwinkel folgen. Unmittelbar hinter dem letzten Haus führt die Ausschilderung zur Burgruine Scharzfels nach rechts über einen Grasweg.

Wir queren das Bächlein Hasenwinkel und kommen auf einen Forstweg, dem wir linker Hand folgen. Nach wenigen Metern (am Ende der Linkskurve) ent-

Die Einhornhöhle

Die Einhornhöhle trägt ihren Namen, seitdem hier im 16. Jahrhundert Knochen entdeckt wurden, die man dem Fabelwesen Einhorn zuordnete. Vermutlich handelte es sich bei den Skelettfunden um Überreste von großen Säugetieren wie Bären.

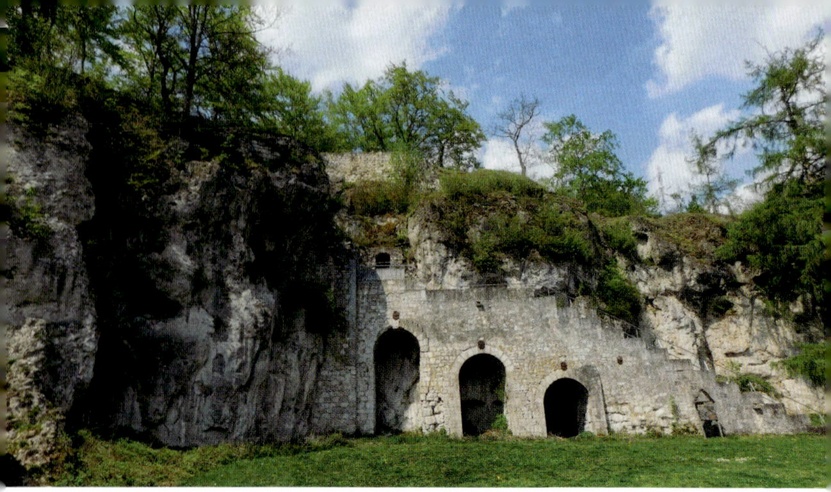

Der Zugang zu den in Fels gehauenen Burgräumen erfolgt über diese lange Steintreppe.

deckt unsere Tochter das in den Bäumen versteckte Schild zur Burgruine (O-Ton Tochter: »Ich hab gute Augen, oder? Ein Abenteuerweg!«). Also verlassen wir den Forstweg nach rechts auf einen naturbewachsenen Pfad. Er führt uns recht steil hinauf zum Schlossbergweg, dem wir nach links für 100 Meter folgen, bevor wir an der nächsten Kreuzung nach links zur ehemaligen Schanze Schandenburg (14. Jahrhundert, ohne Überreste) abbiegen. Wir folgen dem Weg weiter bergan und erreichen den Karstwanderweg. Von hier sind es nur noch 50 Meter bis zum Burggelände (HWN 151).

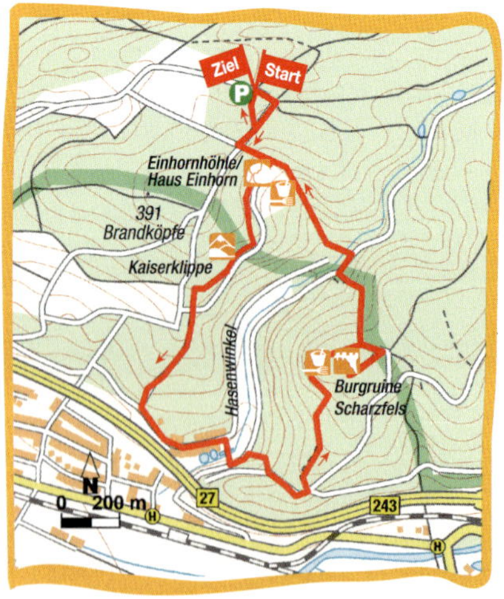

Bevor wir das Areal betreten, unternehmen wir einen Rundgang um die Burg. Die meterhohen Felswände führen vor Augen, weshalb die Burg im Mittelalter als uneinnehmbar galt: Hier kam niemand hinauf! (Heute können die Felswände zum Klettern genutzt werden.) Der unebene, teils steile Rundweg führt uns ans Burgtor. Beim Hindurchschreiten sind wir

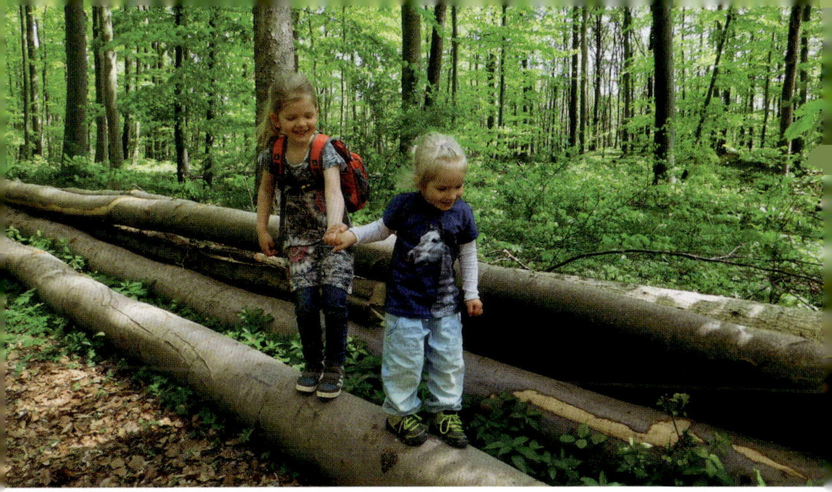

Gefällte Buchen am Wegesrand … bei Kindern immer willkommen!

ganz hingerissen von dem Anblick, der sich hier bietet: Diese Ruinen sind einmalig!

Über eine lange Treppe steigen wir in die Oberburg auf. Von ihrem Felstunnel zweigen mehrere in Fels gehauene Räume ab, darunter das Gefängnis St. Georg, das einst zur Verwahrung von Übeltätern gedient haben soll. (In späteren Zeiten wurde die gesamte Oberburg zum Staatsgefängnis.) Hier schaudert es die Kinder, als wir mit einer Lampe durch die Gitterstäbe leuchten und der Lichtschein auf etwas fällt, das wie ein übergroßer Mensch aussieht. Auch die übrigen dunklen Räume wollen erkundet werden, bevor wir weiter auf den Scharzfels aufsteigen und das Umland bewundern können. Wieder unten auf dem Burggelände angekommen, lockt eine Einkehr in die Ausflugsgaststätte. Auf der von Gänseblümchen bedeckten Grasfläche vor der fabelhaften Burgkulisse könnten wir noch ewig verweilen! Schweren Herzens treten wir den Rückweg an, indem wir hinter dem Burgtor links auf dem Karstwanderweg steil bergab ins Hasenwinkeltal laufen. Am Forstweg wenden wir uns, weiterhin auf dem Karstwanderweg, nach rechts, um bei nächster Gelegenheit links den Bach zu queren und hinauf zu Einhornhöhle und Parkplatz zu wandern.

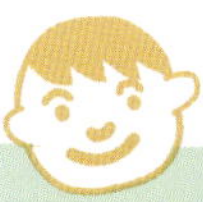

Taschenlampe

Nehmt eine Taschenlampe mit, um die Räume in den Felsen der Burgruine auszuleuchten!

3 Gänseschnabel und Wetterfahne

AUF SCHMALEN PFADEN ZUM AUSBLICK ÜBER ILFELD

Die skurrile Felsformation »Gänseschnabel« und das Wahrzeichen von Ilfeld – die Ilfelder Wetterfahne – warten auf mit herrlichen Aussichten auf Teile des Südharzes und seine Wälder! Über schmale Wege führt die Rundtour durch Laubwald zu diesen bezaubernden Orten.

Mit Blick gen Netzkater steigen wir vom Parkplatz aus dem Beretal zunächst über den Otto-Hertzer-Weg in die Tour ein (Hertzer war Ehrenvorsitzender des Harzclub-Zweigvereins Nordhausen). Über schmale Wege wandern wir in mehreren Kehren recht stramm bergan in Richtung »Gänseschnabel« (das Kartenmaterial ist hier etwas ungenau, da die Biegungen des Weges unberücksichtigt bleiben) – etliche am Wegesrand liegende Felsbrocken sorgen für Ablenkung vom Anstieg, den die vierjährige Tochter ohne eine einzige

mittel | 4,5 km | 2 Std. | 240 Hm

Tourencharakter Mittelschwere, hoch hinausgehende und spannende Rundtour, die auch schon für kleinere Kinder geeignet ist **Altersempfehlung** Ab 4 Jahren **Ausgangs-/Endpunkt** Parkplatz am Ortseingang von Ilfeld **GPS-Daten** N 51.586797, E 10.785702 **Anfahrt** Von Netzkater kommend befindet sich der Parkplatz in Ilfeld kurz vor den Bahngleisen auf der linken Straßenseite. Der Bahnhof Ilfeld liegt 600 m entfernt. **Einkehr** Am Tour-Ende: Eiscafé und weitere Möglichkeiten in Ilfeld **Information** Service-Büro der Harzer Wandernadel, Tel. 03944/954 71 48, www.harzer-wandernadel.de

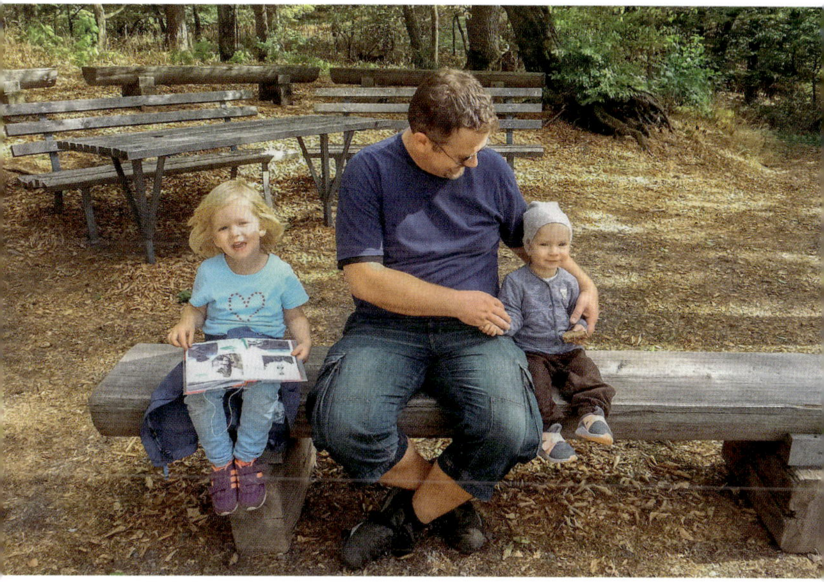

Selten und schön: An der Ilfelder Wetterfahne finden wir ein bebildertes Gipfelbuch.

»Wann sind wir da?«-Frage in Kauf nimmt. Den Gänseschnabel erreichen wir nach gut 1 Kilometer; er ist ein Naturdenkmal und trägt seinen Namen aufgrund seiner Form, die an einen Gänseschnabel erinnert. An seinem Aussichtspunkt haben wir einen fantastischen Blick auf die Wälder des Beretals!

Wir setzen unseren Weg über den schmalen Waldweg im Zickzack bergan fort und gelangen auf einen breiteren Weg, dem wir linker Hand etwa 500 Meter

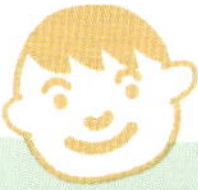

Die Sage vom Gänseschnabel

Der Sage nach lebten in Ilfeld einst ein Mönch und eine Gänsehirtin, die sich ineinander verliebten. Eine böse Hexe sah das Glück der beiden, als sie sich gerade über das Beretal zuwinkten, und verzauberte sie daraufhin zu Felsgestein: den Mönch (in Form eines Mönchs) am einen Hang, die Gänsehirtin (in Form eines Gänseschnabels) am gegenüberliegenden.

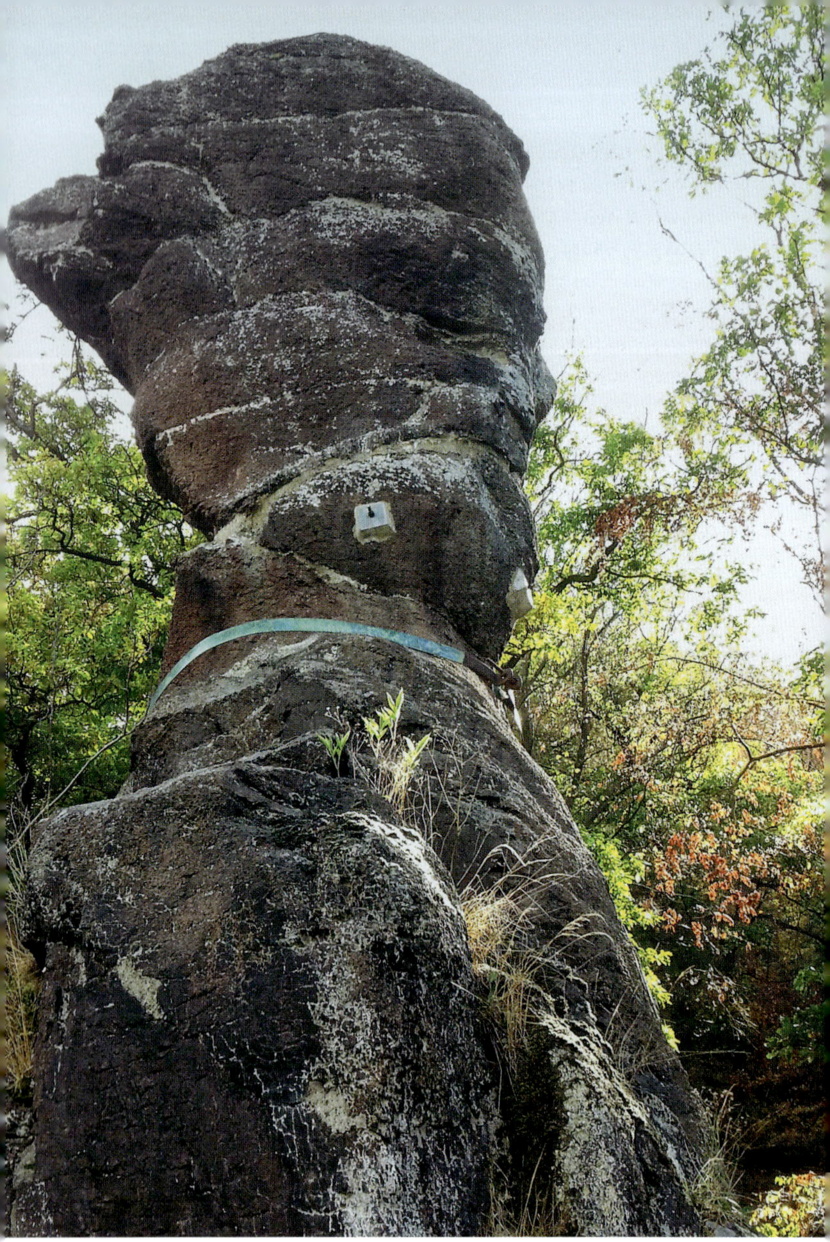

Die Bezeichnung »Gänseschnabel« ist durchaus nachzuvollziehen.

folgen, um bei nächster Gelegenheit nach rechts abzubiegen auf einen schmalen Hangweg, der (nach zwischenzeitlicher Überquerung eines breiteren Waldwegs) weiter bergan bis hoch zur Ilfelder Wetterfahne (HWN 95) führt. Sie zeigt an, aus welcher Richtung der Wind weht. Nach gut 2 Kilometern und etwa 200 Höhenmetern legen wir hier eine wohlverdiente Rast ein, mit Blick über Ilfeld hinweg bis zum Kohnstein-Bergwerk von Niedersachswerfen – welch grandiose Aussicht! Die Tochter staunt, welche Höhe sie aus eigener Kraft zu erreichen imstande ist! Im Stempelkasten der Harzer Wandernadel entdecken wir schließlich ein Gipfelbuch. Wir stöbern darin, lesen uns einige Texte vor und sind beeindruckt von den vielen persönlichen Notizen der Wandersleute – eine tolle Idee!

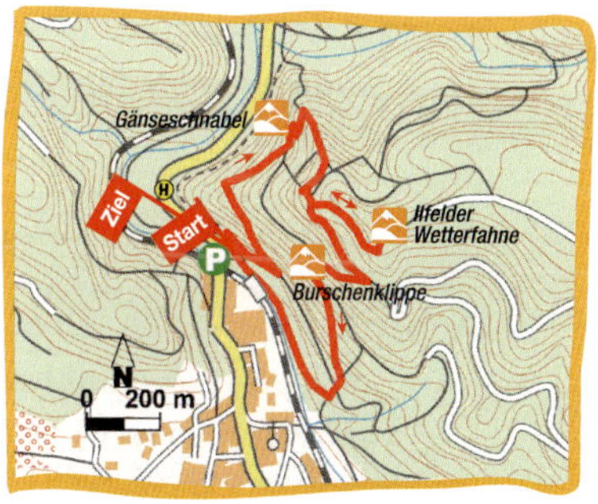

Für den Rückweg gehen wir ein kurzes Stück den Weg zurück, den wir gekommen sind, überqueren aber nicht wieder den breiten Weg, sondern folgen ihm nun linker Hand, bis nach etwa 400 Metern der erste Pfad rechts hinab zur Burschenklippe führt. Von einer hölzernen Bank aus lassen wir noch einmal unseren Blick bis nach Ilfeld schweifen.

An der Klippe halten wir uns aus ursprünglicher Gehrichtung nun wieder links, um über den schmalen, holprigen Weg immer weiter hinab ins Tal zu laufen. Kurz vor Erreichen des Beretals treffen wir auf einen breiteren Weg. Ihm folgen wir rechter Hand, sodass wir bald neben dem idyllischen Flüsschen Bere und den Gleisen der Harzer Schmalspurbahn weiterwandern (ob noch eine Bahn an uns vorbeituckert?) und auf direktem Weg den Parkplatz erreichen.

Erlebniswelt Rabensteiner Stollen

In Netzkater, dem nächsten Nachbarörtchen von Ilfeld, könnt ihr euch mit einem Grubenzug unter Tage fahren lassen! Während einer spannenden Führung im Steinkohlen-Besucherbergwerk erfahrt ihr, wie die Bergleute einst gearbeitet haben. Die Temperatur im Bergwerk beträgt 8 °C – zieht euch also warm an!

4 Ab ins Mittelalter!

HINAUF ZU KRISTINCHENS KELLER UND BURGRUINE HOHNSTEIN

Der Rundweg vom Neustädter Kurpark zu einer der größten Burgruinen des Harzes führt vorbei am idyllischen Gondelteich, an einem Riesenbaum mit faszinierendem Wurzelgeflecht, an »Kristinchens Keller« und am Waldbad – hier ist für jeden Geschmack etwas dabei!

Wir starten im Neustädter Kurpark. An den aus Holz geschnitzten Tieren gehen wir vorbei, am Kappelbach (oder auch: Hardtbach) entlang, bevor rechts eine Brücke zum Gondelteich führt. Von ihm aus können wir bereits unser Ziel in hoher Ferne erblicken: Ruine Hohnstein. Wir umrunden den Teich zur Hälfte, während wir einigen Tretbooten beim Schippern zusehen, und betreten rechter Hand von Kiosk und Spielplatz den Wald; ab hier ist die Burgruine ausgeschildert.

mittel | 4,3 km | 2 Std. | 150 Hm

Tourencharakter Mittelschwere Tour, teils holprige Wege, ein steiler Pfad beim Abstieg **Altersempfehlung** Ab 3 Jahren **Ausgangs-/Endpunkt** Kurpark Neustadt im Harz **GPS-Daten** N 51.564951, E 10.833658 **Anfahrt** B 4 bis Ilfeld, dort links nach Neustadt, kurz vor dem Ortsausgang Neustadt-Osterode erst der Beschilderung zur Burgruine nach links folgen, dann rechts zum Kurpark abbiegen. Mit dem Bus aus Ilfeld und Nordhausen bis Neustadt Wendeplatz (800 m entfernt). **Einkehr** Burggasthof Hohnstein (Mo.+Di. Ruhetag), Kiosk am Gondelteich **Waldbad Neustadt** Geöffnet 1.5.–15.9.: tgl. 12–18 Uhr; Eintritt: Kinder 6–15 J. 2 €, ab 16 J. 3 €, Erw. 4 €, Familienkarte 9 €; Tel. 09161/24 16, www.waldbad-neustadt.de **Information** Burggasthof Hohnstein, Tel. 036331/490 49, www.burghohnstein.de

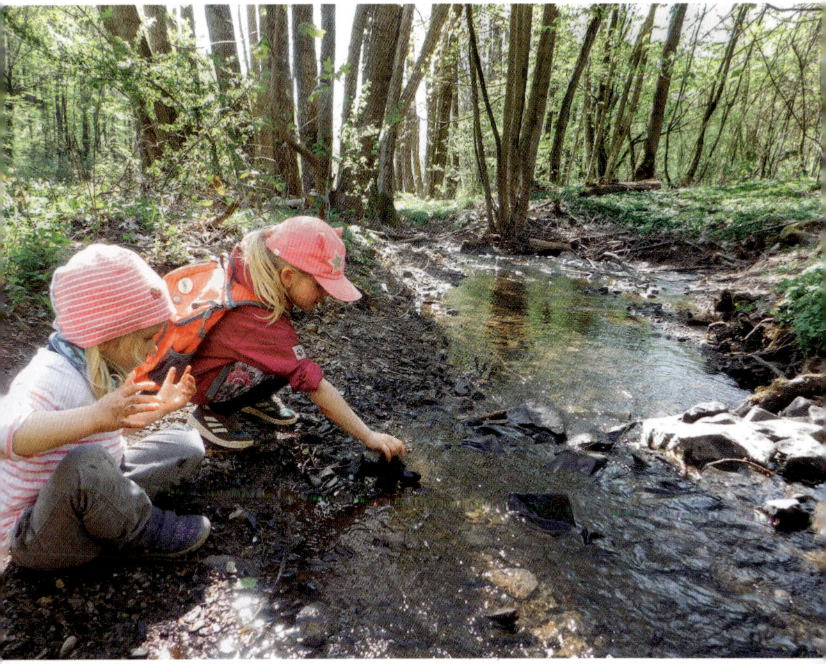

Wasserspiele am Kappelbach

Immer geradeaus führt uns der wurzelige Weg 600 Meter stetig bergan auf den Fahrweg zur Burg. Da kommt den Kindern eine Rast auf halber Strecke gerade recht: Ein riesiger Baum mit unglaublichem Wurzelgeflecht fordert zu einer Kletterpartie heraus!

Oben auf dem Fahrweg angekommen, folgen wir ihm nach schräg rechts auf die Kreuzung (schon hier O-Ton der Tochter: »Das ist eine spannende, voll coole Wanderung!«). Nach links geht es die letzten 200 Meter

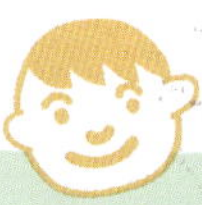

Pack die Badesachen ein!

Nach Besteigung der Burgruine lädt in Sommermonaten das Waldbad Neustadt zu einer Erfrischung ein!

hoch zur Burgruine. Wir unternehmen einen kleinen Abstecher: An der Infotafel »Wege deutscher Kaiser und Könige des Mittelalters« folgen wir dem breiten Waldweg nach rechts etwa 25 Schritte, bevor links ein Trampelpfad hoch ins Gelände zu »Kristinchens Keller« führt. Etwas zögerlich betreten die Kinder das Dunkel der einstigen Kellerschänke (16./17. Jahrhundert). Durch den Eingang und zwei Luftlöcher an den Seiten fällt Licht auf den mit Laub bedeckten Kellerboden – ein uriges Fleckchen!

Nun geht es zur Burgruine (HWN 98). Nach Durchschreiten des Burgtors befinden wir uns auf einem fantastischen Gelände: Im Vergleich zu anderen Burgen im Harz sind hier noch viele Mauerreste erhalten. Der über Treppen begehbare Aussichtsturm eröffnet großartige Blicke über den Südharz! Und die Kinder lieben es, über die Felsen und Steine der Anlage zu laufen.

Nach einer Einkehr im Burggasthof gehen wir den Fahrweg wieder ein Stück hinab, bis auf etwa halber Strecke zur Kreuzung links ein Pfad abgeht; aus dieser Gehrichtung ist er etwas schwer zu erkennen. Ein Wegweiser Richtung »Ilfeld (oberer Waldweg)« führt uns über Steine auf den Pfad, der bald im Zickzack steil nach unten verläuft (Achtung: abschüssiger Wegesrand). Wir »purzeln« auf einen breiten Waldweg, dem wir linker Hand folgen, um

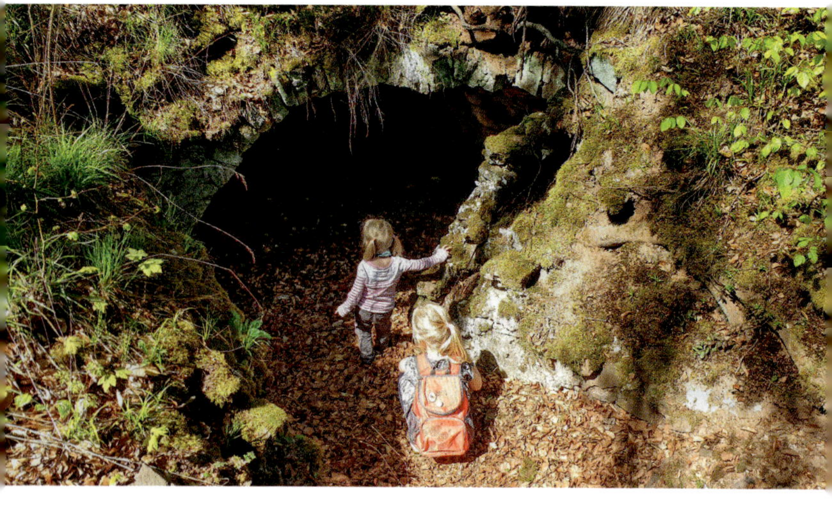

Sich in »Kristinchens Keller« hineinzutrauen, erfordert schon etwas Mut.

bei nächster Gelegenheit die Wiese zu unserer Rechten zu überqueren. Hierbei erblicken wir bereits die hölzerne Brücke, welche uns erneut über den Kappelbach führt. Vom flachen Bachufer angelockt, werfen die Kinder Steine ins Wasser, angeln sie wieder heraus, werfen sie wieder hinein, und planen schon den Bau eines Staudamms, bevor sie sich schweren Herzens von dem Gewässer lösen.

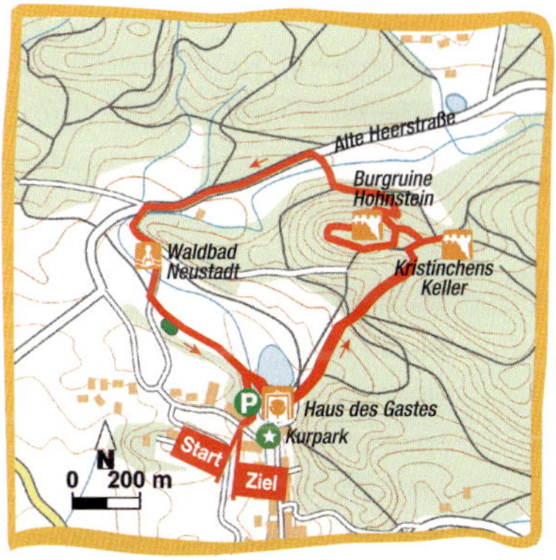

Hinter der Brücke führen uns wenige Schritte auf die Alte Heerstraße, der wir nach links folgen. In ihrer ersten Linkskurve gelangen wir über eine Brücke auf einen kleinen Parkplatz. Den überqueren wir und wenden uns, vor dem Eingang des Waldbads stehend, nach rechts, um nun zum vierten Mal den Bach zu queren. Nach links kommen wir auf einen Fußweg, der uns zwischen Waldbad und Campingplatz hindurch zurück in den Kurpark führt.

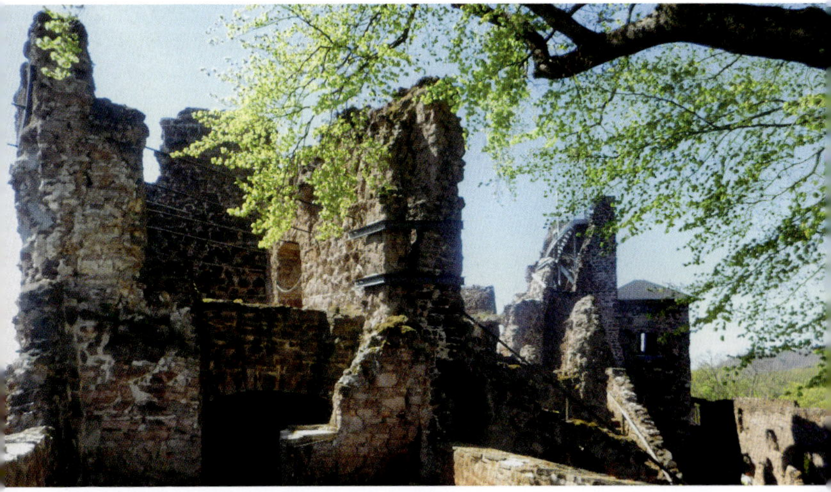

Die Burgruine Hohnstein gilt als eine der größten Burgruinen im Harz.

5 Weite Wiesen

VOM ALBRECHTSHAUS ZUM SCHLOSS STIEGE

Nach einer spannenden Fahrt mit der Selketalbahn führt diese One-Way-Tour durch Laub- und Nadelwald, über weite Wiesen und an Teichen entlang, bevor sie am Schloss Stiege endet.

Vom Bahnhof Albrechtshaus gehen wir einige Schritte die Zufahrtsstraße zurück, um links in den Wald einzubiegen (und damit auf dem Selketalstieg zu bleiben). Nach wenigen Metern verläuft der Selketalstieg nach rechts weiter, unser Weg führt geradeaus. Zu unserer Linken sehen wir 200 Meter später durch die Bäume hindurch die Brandruine des Albrechtshauses, einer ehemaligen Lungenheilstätte. Zur Rechten stand einst eine wunderschöne Holzkirche, die 2021 in mühevoller Kleinarbeit in den Ort Stiege versetzt wurde; das Denkmal kann am Ende der Tour in unmittelbarer Nähe vom Bahnhof besichtigt werden.
Immer auf dem Hauptweg bleibend, folgen wir ihm in einigen Biegungen durch den Wald. Sobald wir aus dem Wald heraustreten, sehen wir eine für

leicht | 5,3 km | 2.30 Std. | ↑ 120 Hm ↓ 85 Hm

Tourencharakter Einfach zu gehende One-Way-Tour über Wald- und Wiesenwege; mit längerer Rundwegvariante **Altersempfehlung** Ab 4 Jahren **Ausgangspunkt** HSB-Bahnhof Albrechtshaus **Endpunkt** Schloss Stiege **GPS-Daten** N 51.642509, E 10.928908 **Anfahrt** Der Bahnhof Albrechtshaus befindet sich nahe der Harzhochstraße (B 424) zwischen Stiege und Güntersberge; Parkplätze vorhanden. Besser: Mit der Selketalbahn vom Bahnhof Stiege (auch hier Parkplätze vorhanden) bis Albrechtshaus. **Selketalbahn** www.hsb-wr.de **Einkehr** Schlosscafé Stiege **Ausrüstung** Evtl. Frisbees mitnehmen **Information** Schloss Stiege, www.schloss-stiege.de; Stabkirche Stiege, www.stabkirche-stiege.de

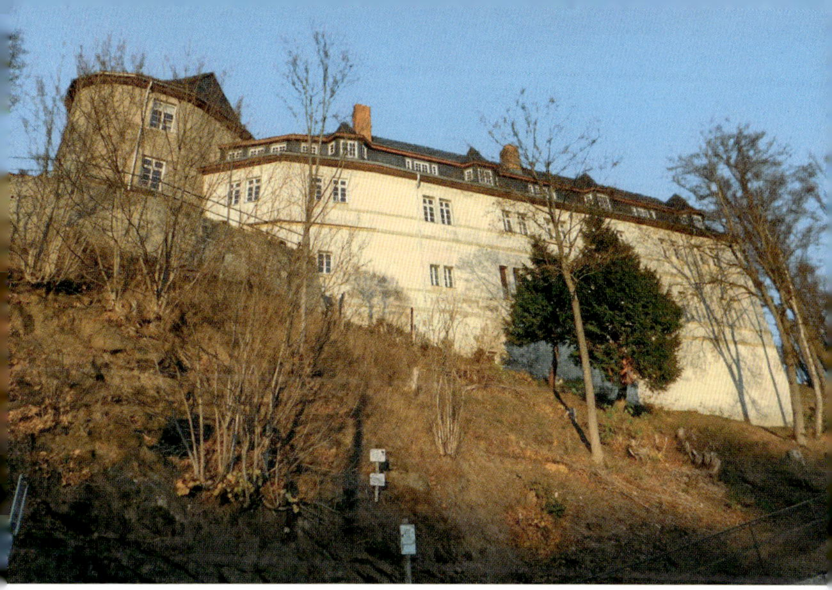

Das Schloss Stiege im Schein der Abendsonne – Ziel dieser Wanderung

den Südharz typische weite Wiese vor uns. Der Wegweiser weist uns den Weg nach Stiege geradeaus, ein echter Weg ist jedoch kaum erkennbar, und so wandern wir immer geradeaus über den im Schatten des Waldes anfangs noch von Raureif gezierten Wiesengrund: Ein tolles Gefühl von Freiheit überkommt uns auf dieser fantastischen Strecke, während »die Großen des Harzes« – Brocken und Wurmberg – die gesamte Zeit über direkt vor uns liegen. Auf dieser weiten, ebenen Fläche kommen endlich unsere Frisbee-»Wurfgeräte« zum Einsatz (die sich ja im Wald nicht so gut machen, den Kindern hier aber einen ungeahnten Antrieb verleihen).

Nach gut 1 Kilometer über die Wiesen treffen wir wieder auf den Selketalstieg, dem folgend wir die HSB-Gleise vorsichtig überqueren, bevor wir ihn nach wenigen Metern Richtung Wäldchen schräg rechts bergaufwärts verlassen. Wir gehen gen Uhrzeigersinn um das Wäldchen herum, bis wir eine grandiose Sicht auf Stiege mit seinem

Variante

Mit etwas größeren Kindern können Sie gut den in etwa doppelt so langen Rundweg gehen: Schloss–Selketalstieg–Stabkirche/Albrechtshaus–Wiesenweg–Schloss.

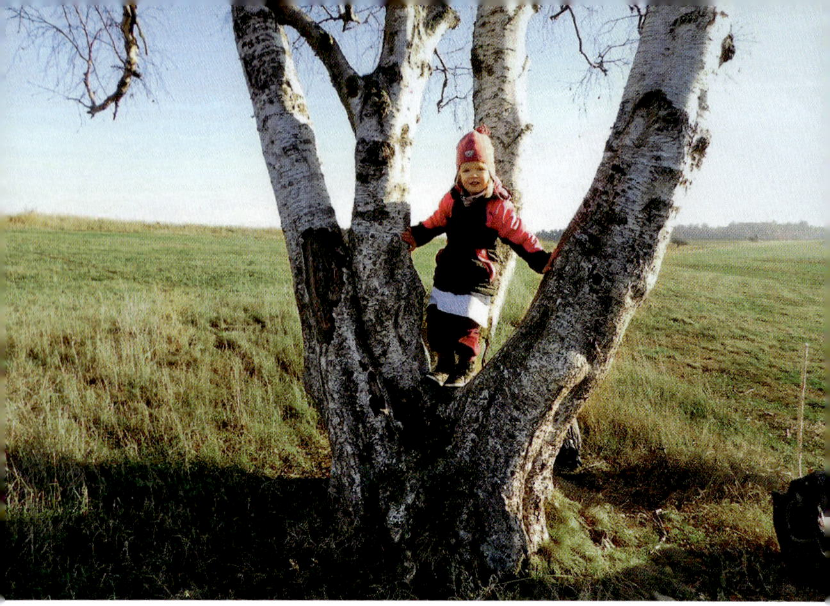

Eine einzelne Birke auf weiter Flur – die muss einfach erklommen werden.

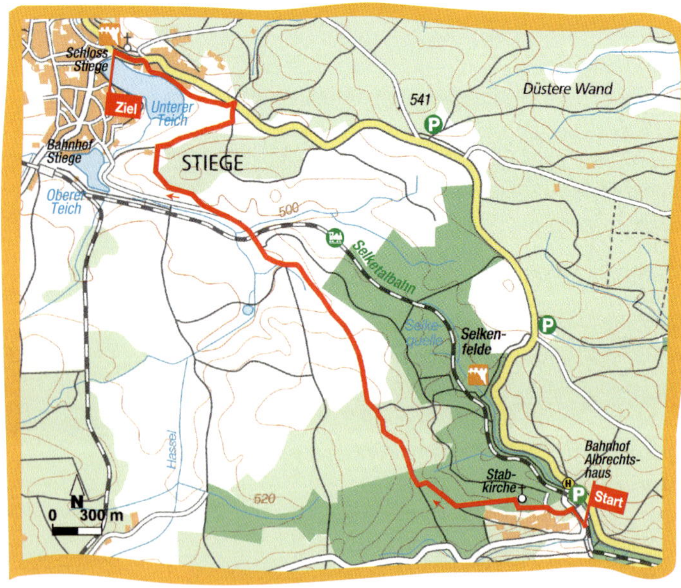

Oberen Teich haben. Eine Bank lädt zum kurzen Verweilen ein. Weiter im Uhrzeigersinn geht es am Waldrand entlang und über einen Wiesenweg ans östliche Ende des Unteren Teichs – ein toller Anblick im Sonnenschein! Dem schmalen Teichrundweg folgen wir bis unterhalb des Schlosses. Hier geht es über die Straße und über Treppen bergauf zur Kirche und zum Schloss, an dem uns ein kleiner Spielplatz und ein süßes, kinderfreundliches Café erwarten. Vom Schloss aus kommen wir zum Bahnhof Stiege entweder durch den Ort über die Lange Straße (1 Kilometer) oder am Ortsrand entlang (vorbei am Unteren Teich, Spielplatz und Oberen Teich, 1,5 Kilometer).

Bibi & Tina im Südharz

Wusstet ihr, dass die Bibi & Tina-Filme hier im Südharz gedreht wurden? Kaum sonst in Deutschland gibt es nämlich so weitläufige Feld- und Wiesenflächen ohne Bezäunung – perfekt für spannende Wettreiten auf Amadeus und Sabrina!

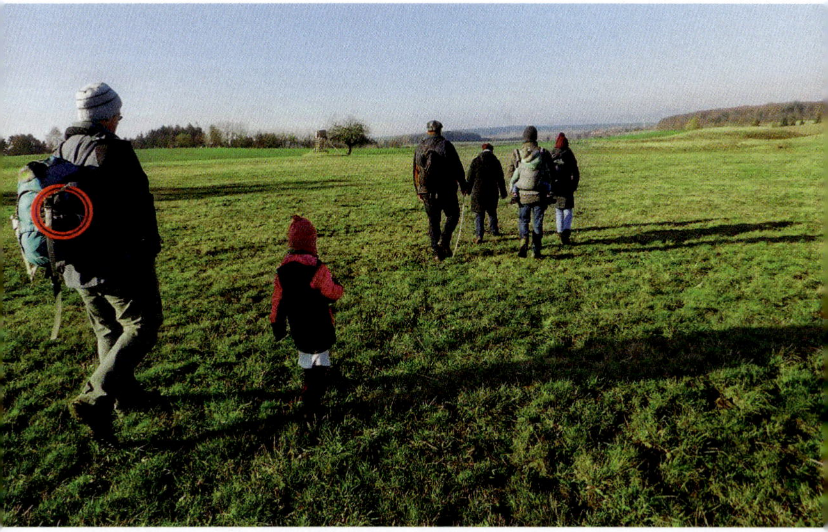

Kein Zaun weit und breit in der wundervollen Weite des Südharzes

6 Grün, grüner, Selketal

AUF KLIPPENTOUR UND DURCHS SELKETAL ZWISCHEN ALEXISBAD UND MÄGDESPRUNG

Zwischen Alexisbad und Mägdesprung verläuft einer der schönsten Abschnitte des Selketalstiegs. Auf idyllischen und abenteuerlichen Wegen geht es zu hohen Klippen mit grandiosen Aussichten, durch einen in den Fels geschlagenen Tunnel und durchs Selketal zurück nach Alexisbad.

Vom Parkplatz aus queren wir die Straße, die Bahngleise und die Selke. An der strahlend gelben Petruskapelle wenden wir uns nach rechts und wandern etwa 500 Meter an der Selke entlang, bis wir kurz vor der Landstraße nach Harzgerode auf einen schmalen Pfad gelangen. Ab hier befinden wir uns auf dem Selketalstieg, dem wir bis nach Mägdesprung folgen werden. Zunächst leitet er uns, bald recht steil bergan, zur Verlobungsurne (HWN 117). Das 1845 errichtete Denkmal erinnert an die glückliche Zeit, die sechs adlige Pärchen während eines Alexisbad-Aufenthalts miteinander verbrachten.

Der Selketalstieg führt uns über den grasbewachsenen Klippenweg vorbei am urigen Birkenhäuschen und (mit kurzem Abstecher vom Klippenweg über einen steinigen Pfad) zum Friedensdenkmal.

mittel | 10,6 km | 4.30 Std. | 250 Hm

Tourencharakter Mittelschwere Tour über teils schmale und steinige Wege mit teilweise ungesicherten Steilabhängen und Gleisübergängen; alternativer Rückweg via HSB oder Bus ab Mägdesprung **Altersempfehlung** Ab 7 Jahren **Ausgangs-/Endpunkt** Parkplatz schräg gegenüber der Petruskapelle in Alexisbad **GPS-Daten** N 51.651011, E 11.117545 **Anfahrt** Von B 242 auf B 185 nach Alexisbad. Mit HSB oder Bus von Quedlinburg und Stiege bzw. Sangerhausen bis Alexisbad Bhf. **Ausrüstung** Evtl. Wechselkleidung **Information** Stadtinformation Harzgerode, Tel. 039484/72 32 87, www.harzgerode.de

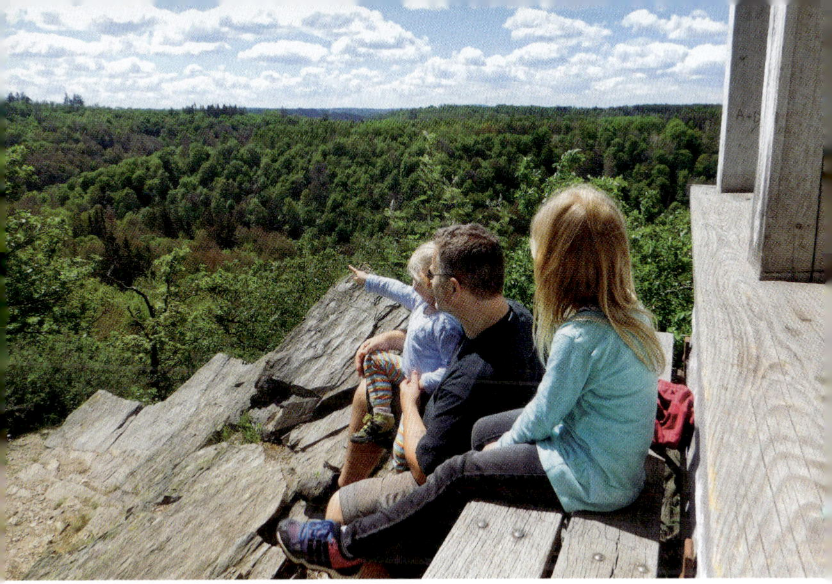

Hoch über dem Selketal – und ringsherum alles grün!

Dann biegt der Stieg nach links auf den Pionierweg ab. Vorbei an der Luisenklippe erreichen wir den Luisentempel. Der 1823 erbaute Rundtempel wurde nach einer Tochter des Herzogs Alexius Friedrich Christian von Anhalt-Bernburg benannt, dem Namensgeber von Alexisbad.

Als schmaler, steiniger Pfad führt uns der Selketalstieg/Pionierweg bald leicht bergab und wieder bergauf zum Pioniertunnel. Etwa 10 Meter laufen wir in geduckter Haltung durch das Gestein hindurch – ein Abenteuer für die Kinder!

Nun beginnt der schönste Abschnitt des Pionierwegs: Vorbei an der Pionierklippe führt der schmale Weg über Steine und entlang etlicher Felsen, dann über einen wunderschönen Laubwaldweg hinauf zur Köthener

Tunnel der Pioniere

Als »Pioniere« bezeichnet man jene Abteilung eines militärischen Verbandes, die auf bautechnische Einsätze spezialisiert ist, um die Bewegungsfähigkeit der Truppe zu sichern. So bauen Pioniere bspw. Brücken und setzen Eisenbahnstrecken oder Rollbahnen instand. Den Pioniertunnel im Selketal schlug ein Magdeburger Pionier-Bataillon im Jahr 1900 während einer mehrtägigen Übung in das Gestein.

Hütte (HWN 195). Die mit ihrem kleinen Glockenturm wie eine Kapelle wirkende Hütte ist auf einer Felsklippe hoch über dem Selketal erbaut – ein herrlich idyllisches Plätzchen! Nach bisher zurückgelegten 5,4 Kilometern machen wir auf den Klippenbänken eine ausgiebige Rast mit wunderbarem Blick über das grünende Selketal.

Dann folgen wir erneut dem Klippenweg, um, kurz nach Erreichen der Freundschaftsklippe, nach links zur sagenumwobenen Mägdetrappe abzubiegen. Tatsächlich erinnert diese Felsvertiefung an einen großen Fußabdruck! Unsere Tochter kommt nicht umhin, ihren Fuß ebenfalls in das Gestein zu drücken.

Dem steinigen Weg folgen wir weiter steil bergab, bis wir den Selketalstieg unmittelbar vor der Straße Mägdesprung–Harzgerode verlassen. Ein Grasweg führt uns nach links hinab an die B 185. Für 200 Meter folgen wir dem

Die Sage von der Mägdetrappe

Um die Mägdetrappe ranken sich mehrere Sagen. Eine von ihnen erzählt, dass sich eine Riesenjungfrau nicht traute, über das Selketal zu springen, auf dessen gegenüberliegender Seite ihre Freundin wartete. Von einem vorbeifahrenden Bauern verspottet, packte sie den Bauern mitsamt Wagen und Pferden in ihr Gewand und wagte den Sprung über das Tal. Zurück blieben ihre Fußstapfen, die sich tief in den Felsen gedrückt hatten, sowie ein ratloser Bauer, der nicht wusste, wie er wieder zurückkommen sollte.

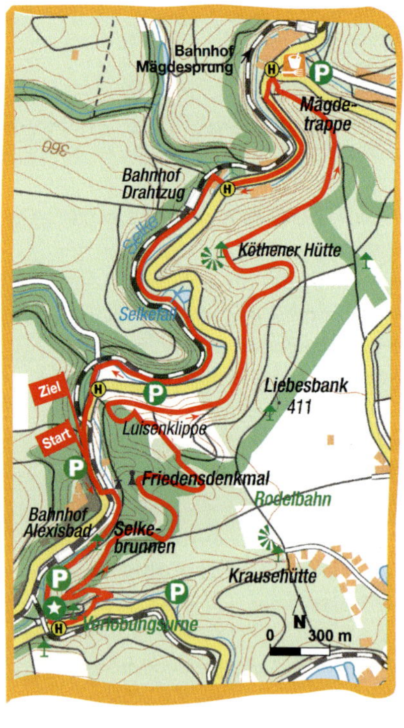

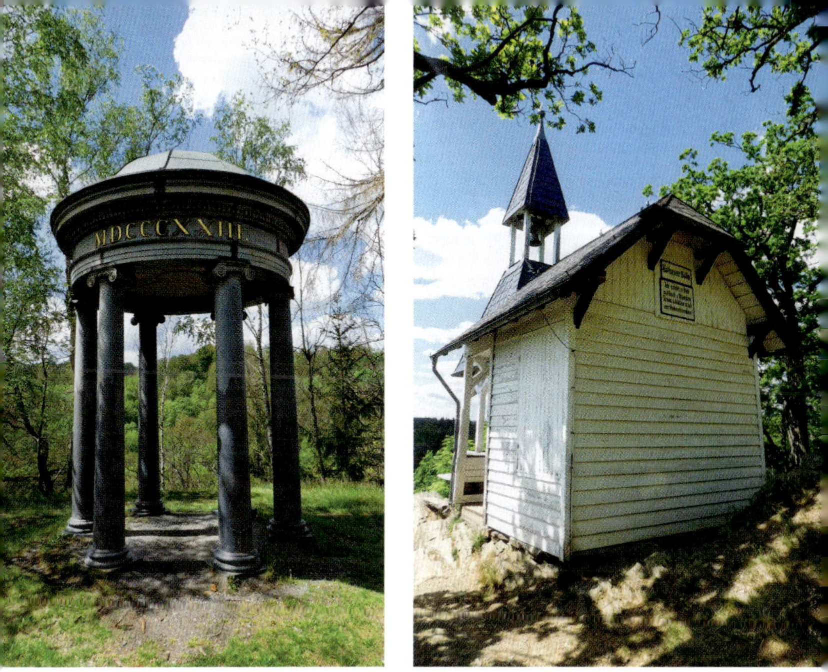

Luisentempel (links) und Köthener Hütte (rechts), Relikte aus dem 19. Jahrhundert

Fußweg Richtung Alexisbad. Um uns weitere 600 Meter an der Straße zu ersparen, weichen wir vor Überquerung der Selke nach links auf den Bernburger Weg aus. In Richtung Köthener Hütte führt der abenteuerliche Pfad noch einmal in den Wald hinauf (Vorsicht, teils abschüssiger Wegesrand!) – die Kinder finden es hier super! Nach etwa 500 Metern folgen wir der Ausschilderung zum »Drahtzug« nach rechts hinab zur Bundesstraße. Wir queren sie vorsichtig, um, vorbei an Scheunencafé und HSB-Haltepunkt Drahtzug, über einen Pfad abwechselnd links und rechts der Gleise und bald an der Selke entlang stets in Richtung Alexisbad zu wandern.
Nach etwa 1,5 Kilometern hören wir rauschendes Wasser. Ein nach links abgehender (nicht ausgeschilderter) Trampelpfad führt uns zum idyllischen Selkefall, dessen flaches Flussbett zu einem erfrischenden Fußbad einlädt! Am Rand des kleinen Wasserfalls steigen wir zurück auf den Weg. Er mündet bald in einen Forstweg, an dem wir uns nach links wenden, um gleich rechts auf den Horst-Schöne-Weg abzubiegen, der uns auf die Kreisstraße von Alexisbad führt. Von hier sehen wir bereits den Parkplatz.

7 Selke in Sicht!

HINAUF ZUR SELKESICHT AN DER ACKEBURG

Der Aussichtspunkt Selkesicht überrascht mit einem phänomenalen Blick auf das Selketal und auf die Burg Falkenstein. An unzähligen Ameisennestern am Wegesrand können die Kinder das emsige Treiben der kleinen Krabbeltiere unter die Lupe nehmen.

Zwischen Parkplatz und Gasthaus überqueren wir über eine Brücke die Selke, hinter der wir relativ schnell steil links hinauf in den Wald zum Lumpenstieg gelangen. Diesem folgen wir über unebenen Waldboden in Richtung Ballenstedt etwa 600 Meter steil bergan. An der ersten Weggabelung

mittel	4,4 km	2 Std.	210 Hm

Tourencharakter Kurze Tour durch Mischwald über abwechslungsreiche Wege, auf denen einige Höhenmeter zurückgelegt werden müssen **Altersempfehlung** Ab 3 Jahren **Ausgangs-/Endpunkt** Gasthof Zum Falken, bei Meisdorf **GPS-Daten** N 51.688614, E 11.275142 **Anfahrt** Von Meisdorf Richtung Pansfelde/Burg Falkenstein, kurz vor der ersten großen Linkskurve führt rechts ein Weg zum Gasthof. **Einkehr** Am Tour-Ende: Gasthof Zum Falken (Mo.+Di. Ruhetag) **Ausrüstung** Evtl. eine Lupe (für die Ameisen) **Information** Service-Büro der Harzer Wandernadel, Tel. 03944/954 71 48, www.harzer-wandernadel.de

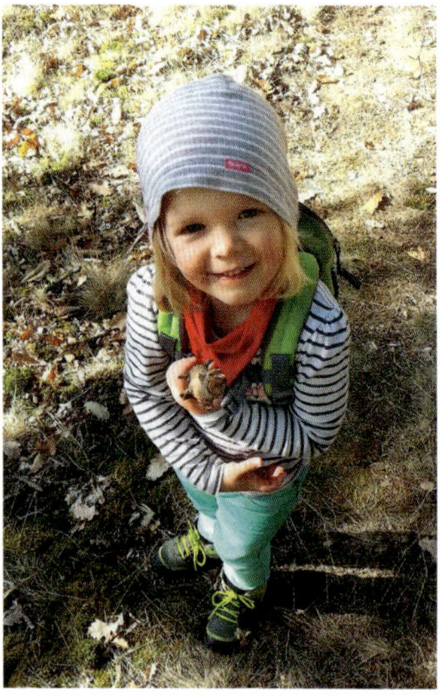

Rucksack auf den Schultern, Stock in der Hand, Lächeln im Gesicht

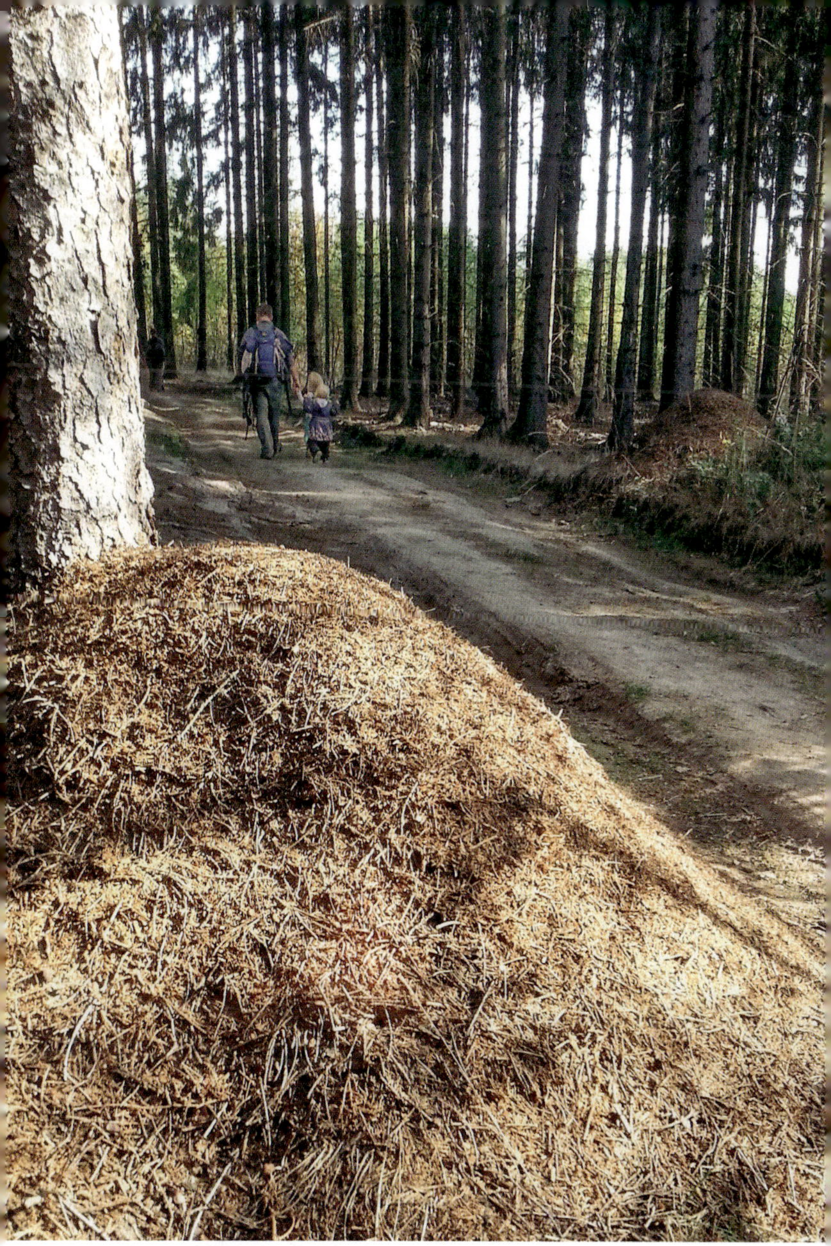

Am Wegesrand können zahlreiche große Ameisennester bestaunt werden.

wenden wir uns nach links und wandern, vorbei an etlichen Ameisenhaufen, über einen breiten Waldweg, der nach circa 200 Metern rechts weitergeht (das wissen wir erst im Nachhinein; wir laufen stattdessen geradeaus und verfranzen uns somit etwa eine Stunde). Der breite Weg führt auf einen schmaleren Pfad, und hier ist die Selkesicht (HWN 204) endlich ausgeschildert: nach links, und nur noch 700 Meter! Über holprigen Waldboden geht es nun geradewegs zum Aussichtspunkt, an dem wir die Kinder wegen des Steilabsturzes an den Händen halten, während unser Blick hinab über das Selketal schweift – welch grandiose Aussicht! –, bis zur Burg Falkenstein, die auf dem gegenüberliegenden Hang deutlich zwischen den Bäumen hervorschaut. (Es reizt ja schon, sie in die Wanderung einzubeziehen …)

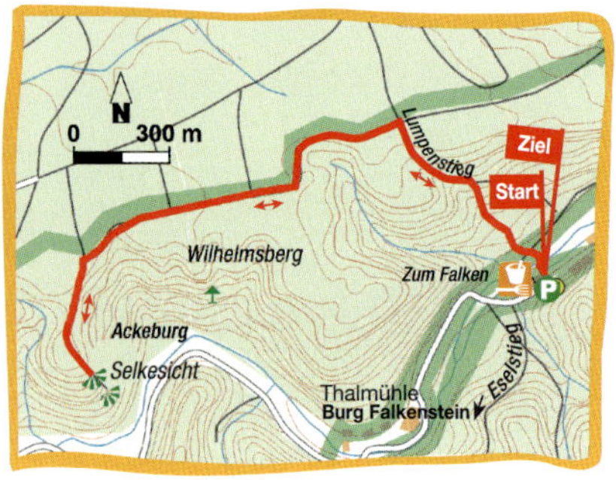

Wo die Eltern noch ewig verweilen könnten, werden den Kindern schon die Beine kribbelig. Also geht es genauso zurück wie hin. Da die Entscheidung gefallen ist, die Tour am Gasthof zu beenden, nehmen wir uns auf dem Rückweg

Waldameisen

Wusstest du, dass in einem einzigen Waldameisennest zwischen 100 000 und 1 Million Ameisen leben? Dabei erfüllt jede Ameise ihre ganz eigene Aufgabe (ob Nestbau oder Verteidigung, Jagd oder Aufzucht junger Ameisen) – das scheinbare Gewusel ist also eigentlich ein hoch durchorganisiertes Arbeiten! Mit einer Lupe kannst du die Arbeiterinnen genauer beobachten!

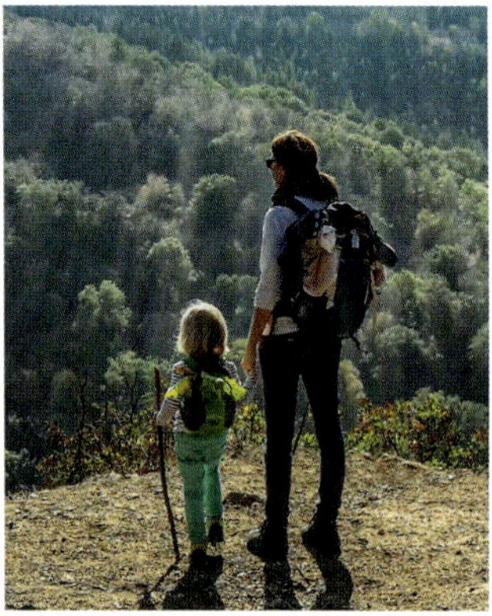

An der Selkesicht, mit Blick gen Burg Falkenstein

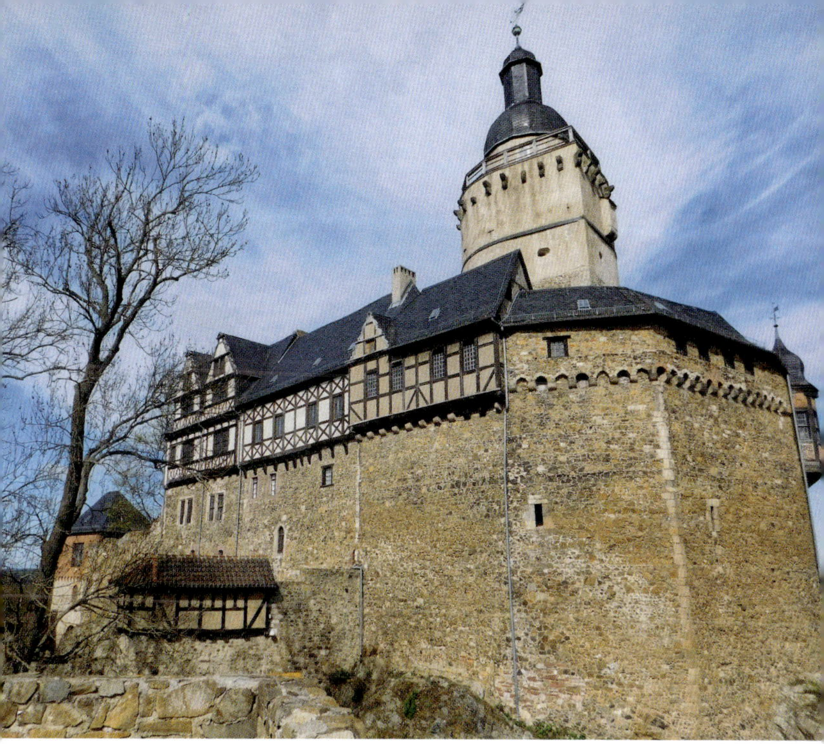

Variante: Die Burg Falkenstein ist ein lohnenswertes Wander- und Ausflugsziel.

nun eine Extraportion Zeit für ausgiebige Ameisenbeobachtungen an den erwähnten Ameisenhaufen. Wie schnell die kleinen Tierchen von A nach B krabbeln! Und was sie alles auf ihren kleinen Körpern über den Waldboden schleppen! Wie viele von ihnen wohl gemeinsam an einem solchen Hügelnest bauen!? Wir versuchen sie zu zählen … Klappt nicht. Natürlich nur, weil sie so schnell sind. Am Ende unserer Tour gönnen wir uns im Gasthof Zum Falken einen kleinen Abschlussimbiss samt Eis – lecker!

Burg Falkenstein

Ihr könnt die Tour zu etwa doppelter Strecke verlängern, indem ihr anschließend vom Gasthaus auf der gegenüberliegenden Talseite über den Eselstieg 100 Höhenmeter hinauf zur Burg Falkenstein (HWN 200) und zurück wandert. Hier lockt neben der Besichtigung der Burganlage auch eine Falknerei (Öffnungs-/Vorführungszeiten und Preise beachten!).

8 Drei auf einen Streich

DREI-BURGEN-WANDERUNG ZU STECKLENBURG UND KLEINER UND GROSSER LAUENBURG

Der Drei-Burgen-Rundweg führt über schmale Waldwege hinauf zur Stecklenburgruine und zu den weitläufigen Ruinen der Lauenburgen. Abseits ausgetretener Pfade können hier im herrlich anzusehenden Mischwald Überbleibsel einer längst vergangenen Zeit entdeckt werden.

An der Kirche Stecklenberg gehen wir ein paar Schritte geradeaus über die Straße Stecklenberger Wurmtal. Zwischen den Häusern mit den Nummern 26 und 28 führt, etwas unkenntlich, ein Durchgang hinauf auf einen Grasweg mit Treppen. Von hier geht es rechter Hand über einen schmalen Weg im Zickzack hinauf zu einem Aussichtspunkt über Stecklenberg. Auf einer Bank lassen wir uns zu einer kurzen Verschnaufpause nieder, bevor wir in Gehrichtung links weiter zur Stecklenburgruine wandern. An den Überresten der Burg laden mehrere kleine Trampelpfade zum Erkunden des Terrains ein (Kleinkinder wegen steiler Abhänge hier und da lieber an die Hand nehmen!).

Die Ausschilderung zur Lauenburg führt uns über einen ebenen Waldweg zu einer Gabelung, an der wir uns entscheiden müssen, ob wir den Rundweg zur Lauenburg linker oder rechter Hand antreten wollen. Wir wählen die Variante nach rechts und wandern über einen stetig leicht

mittel	3,5 km	2 Std.	200 Hm

Tourencharakter Wegen der Steigung mittelschwere Tour über schmale und breitere Waldwege **Altersempfehlung** Ab 3 Jahren **Ausgangs-/Endpunkt** Kirche Stecklenberg **GPS-Daten** N 51.732105, E 11.086455 **Anfahrt** A 36-Abfahrt Thale, in Thale im Kreisverkehr links nach Neinstedt, dort zweimal rechts nach Stecklenberg, an der nach links verlaufenden Vorfahrtsstraße geradeaus bis zur Kirche. Mit dem Bus aus Thale bis Stecklenberg Ortsmitte (100 m entfernt). **Information** www.stecklenberg.de

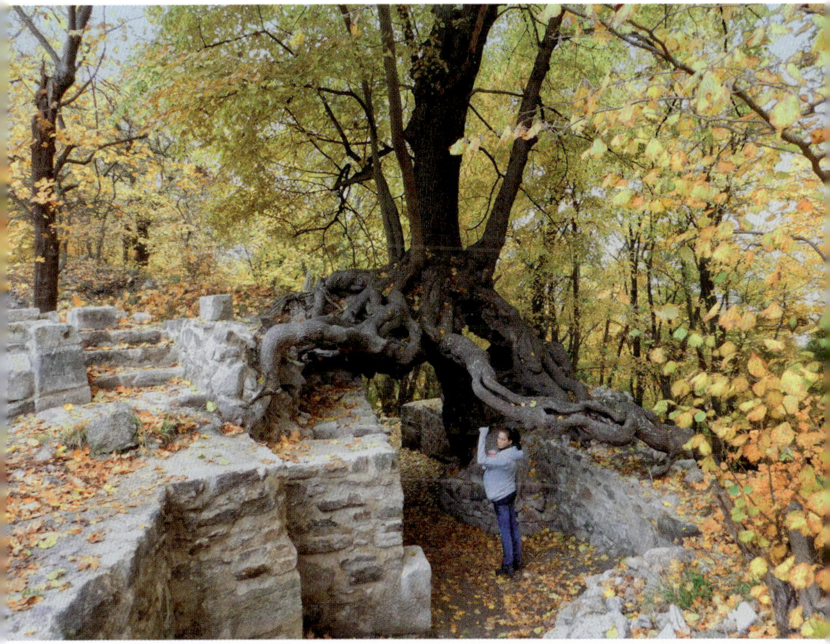

An der Ruine der Großen Lauenburg geht es auch mal »unter« Bäumen hindurch.

bergauf verlaufenden Waldweg hinauf zum Burggelände. Zunächst zieht es uns auf den Turm an der Ruine der Kleinen Lauenburg (HWN 187) mit weiter Aussicht ins Harzvorland. Er kann über ein Gerüst bestiegen werden.

Nachdem wir das Gelände der Vorburg verlassen haben, queren wir den Hauptweg nach schräg links zu einer ausgiebigen Erkundungstour der weitläufigen Ruinen der Großen Lauenburg. Hier ist es einzigartig schön: Eine alte Steintreppe

Rutschpartie

Legt die letzten Meter mit Vollspeed über zwei riesige Rutschen zurück! Wetten, dass ihr die Anhöhe gern noch ein paar weitere Male nach oben steigt?

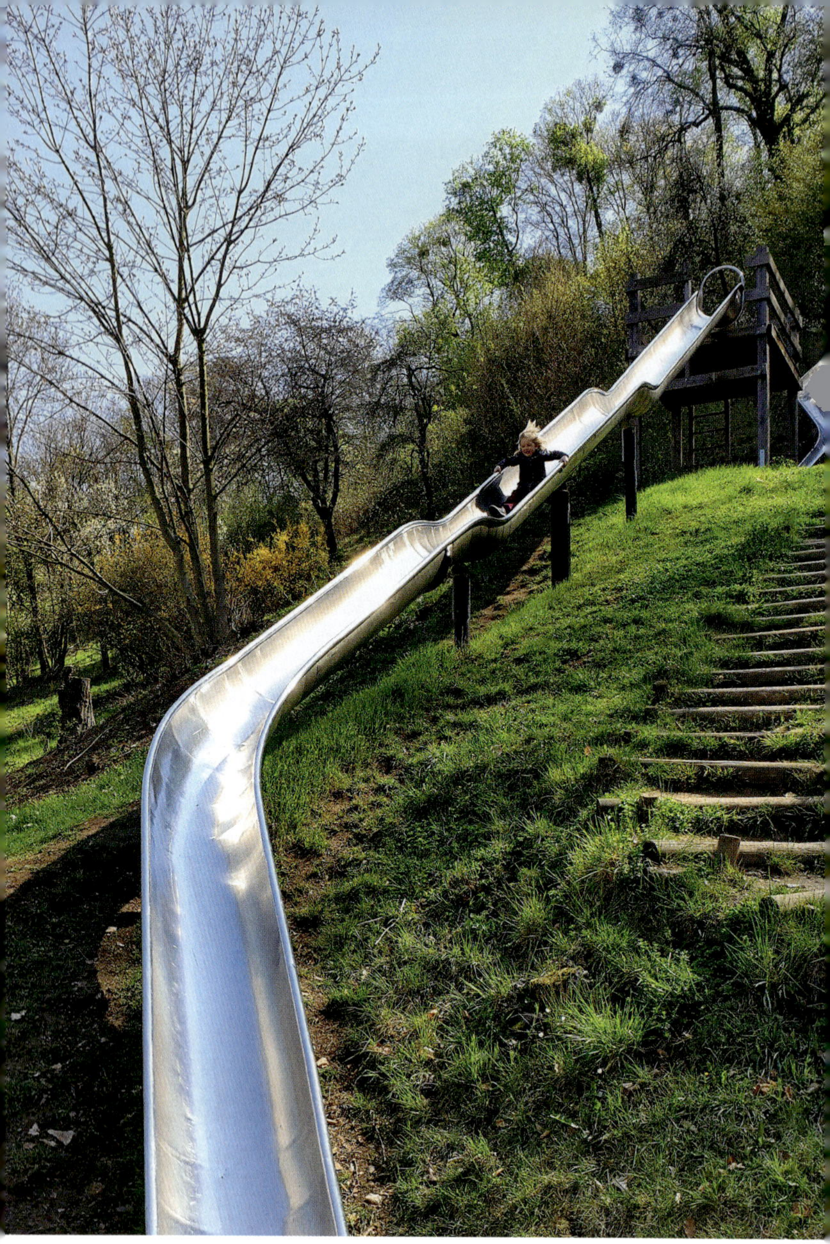

Selten machen die letzten Höhenmeter des Abstiegs so viel Spaß!

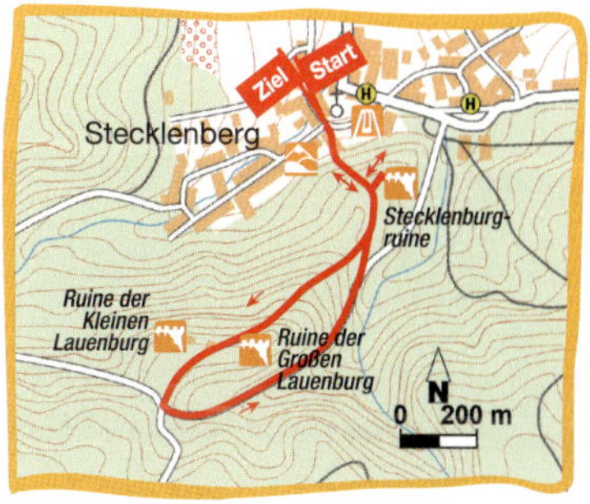

führt erst hinab in den alten Burggraben, dann hinauf aufs Burggelände. Unter einer riesigen Linde mit imponierendem Wurzelgeflecht geht es zwischen den Mauerresten der Burg hindurch und an Trümmern ehemaliger Türme vorbei.

Nach dem Rundgang und einem Picknick auf einer Bank zwischen den Burgen folgen wir dem Kaiserweg in Gehrichtung weiter geradeaus und biegen bei nächster Gelegenheit links ab. Vorbei am ehemaligen Burgbrunnen führt der Rundweg zur oben genannten Weggabelung (an der wir uns für die rechte Abzweigung entschieden hatten) zurück. Den übrigen Weg gehen wir, nun in Gegenrichtung, geradeaus und im Zickzack bergab, nehmen statt des am Anfang benutzten Grasweges allerdings eine so noch nicht gekannte Abstiegsmöglichkeit: Wir schlittern auf zwei Riesenrutschen die letzten Höhenmeter hinab auf einen Spielplatz vor der Kirche! (Kinder sollten hier wissen, wie sie bremsen können, da die Rutschen ordentlich steil sind.) Ein neben dem Spielplatz aufgestelltes Miniaturmodell der Großen Lauenburg lässt erahnen, wie prachtvoll diese Burg einst gewesen sein mag.

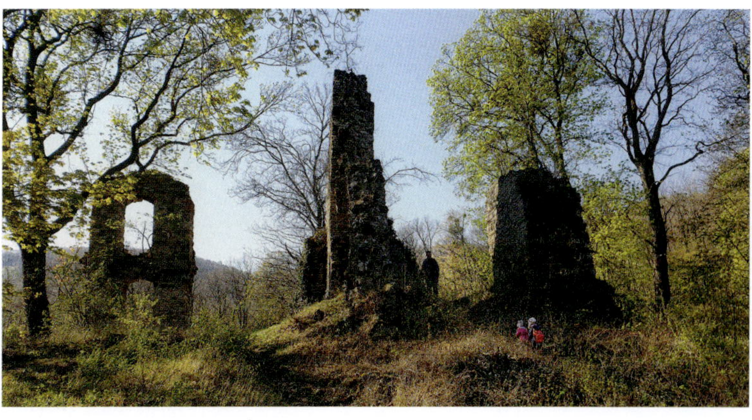

Viel blieb nicht übrig von der Stecklenburg.

9 Das hat dir der Teufel gebaut!

ÜBER DEN TEUFELSMAUERSTIEG BEI THALE

Die sagenumwobene Teufelsmauer zählt zu den unverzichtbaren Attraktionen im Harz! Sie erstreckt sich von Ballenstedt bis Blankenburg. Zwischen Thale und Neinstedt wandern wir zu den markanten Felsformationen Königsstein, Mittelsteine und Papensteine.

Am Kloster Wendhusen folgen wir der gepflasterten Wendhusenstraße geradeaus, bis schräg links die Ziegeleistraße abgeht. Über die kurze Zwischenstraße kommen wir auf die Mühlenstraße, der wir linker Hand folgen, bis wir bei erster Gelegenheit scharf nach rechts abbiegen. Diesem zunächst breiten, dann schmaler werdenden Weg folgen wir über 2,7 Kilometer immer geradeaus. Als Kaiser- und Klosterwanderweg führt er uns, bald nah am Bodeufer entlang und zur Linken mit der Teufelsmauer im Blickfeld (dort wollen wir gleich hin!), auf den Teufelsmauerstieg.

An ihm wenden wir uns nach links und sehen bereits die zahlreichen Stufen (hinter HWN 188), über die wir, vorbei am Teufelsmauergarten, zum »Königsstein« aufsteigen – welch imposantes Naturgebilde! Es verwundert nicht, dass sich um diese außergewöhnliche Gesteins-

mittel	8 km	3 Std.	70 Hm

Tourencharakter Recht einfache Tour über teils sandige Pfade, am Königsstein mit zahlreichen Stufen **Kurzvariante** 2 km Rundweg Königsstein (Parkplatz Teufelsmauer Weddersleben) **Altersempfehlung** Ab 5 Jahren **Ausgangs-/Endpunkt** Kloster Wendhusen, Thale **GPS-Daten** N 51.756558, E 11.047756 **Anfahrt** A 36-Abfahrt Thale/Friedrichsbrunn, L 240 bis Thale, von Blankenburger Straße links auf Schmiedestraße, parken am Schänkeplatz. Mit dem Bus aus Thale bis Wendhusenkloster. **Information** Bodetal-Information Thale, Tel. 03947/77 68 00, www.bodetal.de

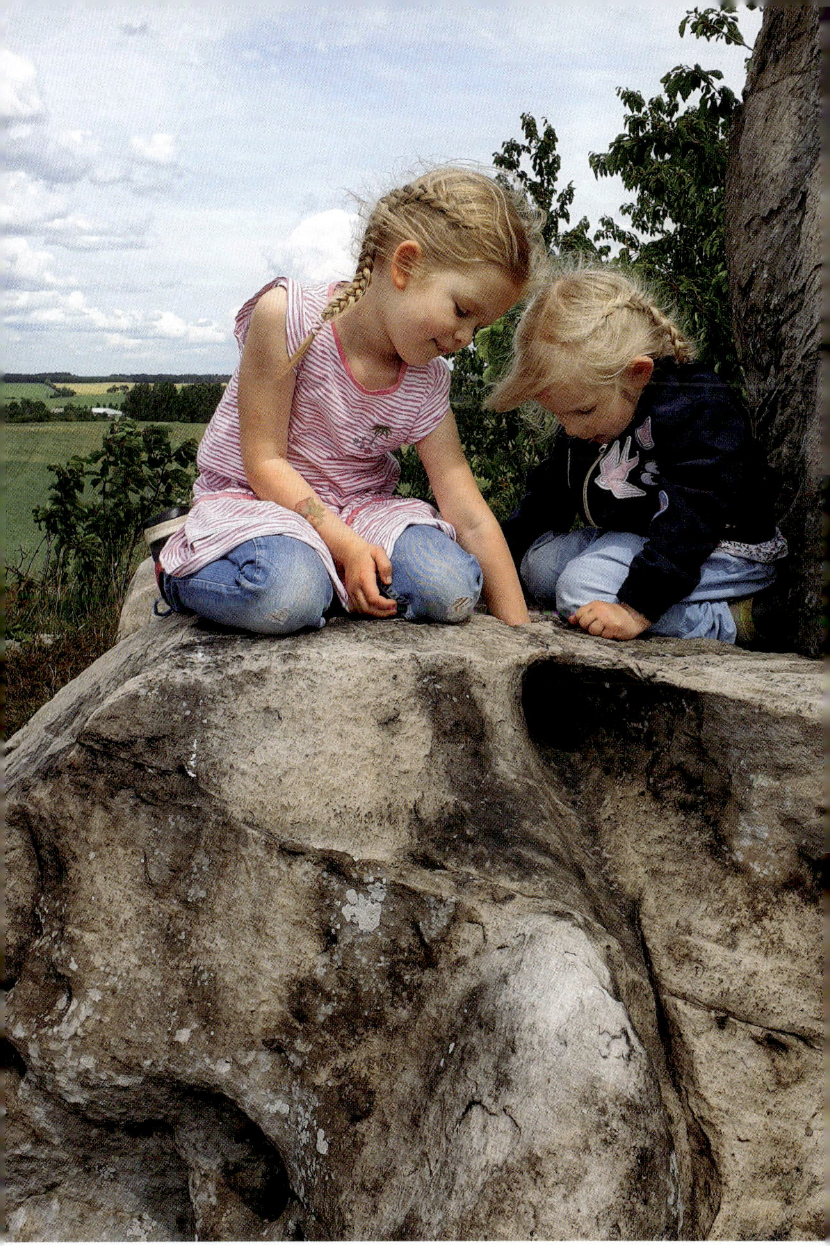

Was krabbelt denn hier? Untersuchungen auf der Teufelsmauer

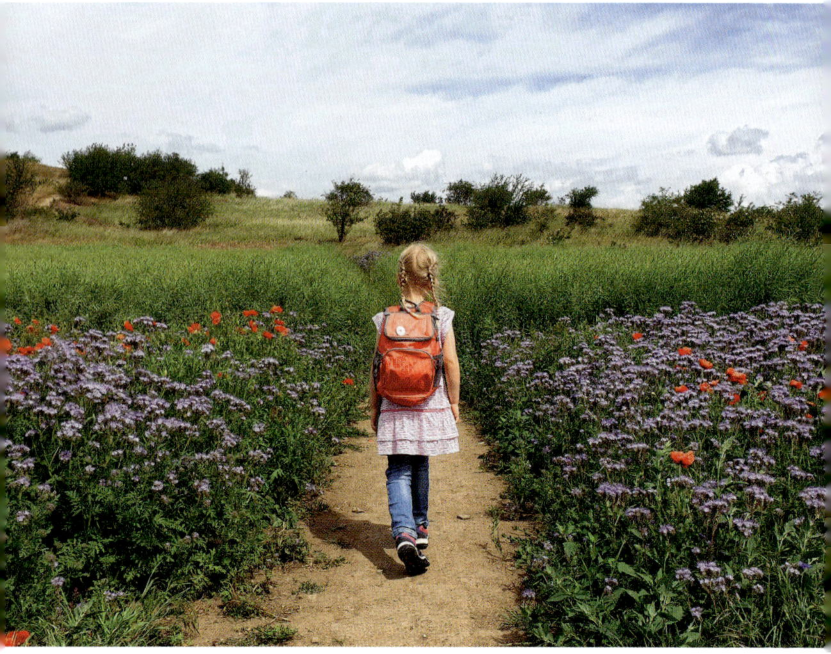

Es grünet so … lila: auf dem Teufelsmauerstieg zwischen Mittelsteinen und Papensteinen.

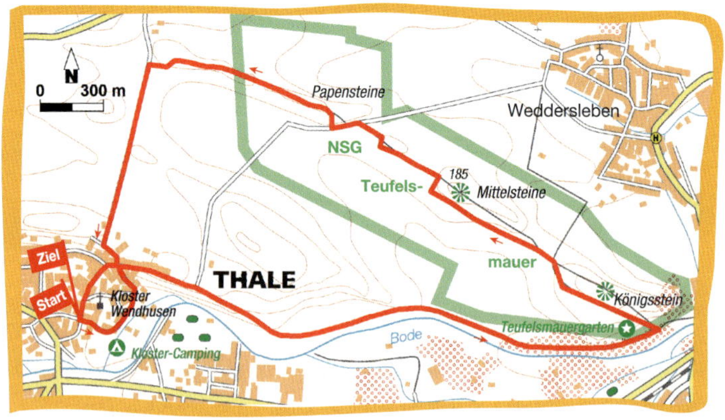

formation viele Sagen ranken! Tatsächlich wirken die riesigen Steine, die ganz unvermittelt, fast deplatziert, zwischen den Feldern stehen, wie willkürlich in die Landschaft gesetzt!
Bereits 1852 wurde die Teufelsmauer bei Weddersleben durch den Landrat von Quedlinburg als eine »als seltene Naturmerkwürdigkeit berühmte Felsgruppe« unter Schutz gestellt; 1935 wies man sie zum Naturschutzgebiet aus. Neben Heidelbeeren und Heidekraut wachsen hier seltene Flechtenarten und Enziangewächse, die dem grauen Gesteinsbild großartige Farbkleckse verleihen!
Wenn wir die Stufen hinter dem Königsstein treppab gehen (und an der Gabelung den linken Graspfad, vorbei am Rastplatz, wählen), verläuft der Teufelsmauerstieg geradeaus unterhalb der Mittelsteine weiter. Es verlockt natürlich, sich auf die vom Hauptweg erkennbaren Trampelpfade auf die Mittelsteine zu begeben, die hier vorhandene Absperrung zum Naturschutzgebiet hindert uns jedoch daran. Wenige 100 Meter weiter weist die Ausschilderung endlich auf den Kammweg und wir laufen über sandige Pfade unmittelbar an der Teufelsmauer, hier den Papensteinen, entlang. Die immensen Gesteinsbrocken und der weite Blick zurück auf Königsstein und Mittelsteine bieten eine perfekte Kulisse für ein Picknick!
Über den sandigen Pfad wandern wir weiter, bis wir auf einen Asphaltweg treffen, der uns linker Hand geradewegs zurück nach Thale führt. Am Ortsrand angelangt, folgen wir der Ausschilderung zum Kloster Wendhusen. Zunächst laufen wir geradeaus weiter hinab in den Ort und erreichen dann rechts über Kantorstraße und Schänkeplatz unseren Ausgangspunkt.

Die Sage über die Teufelsmauer

Der Sage nach schlossen Gott und Teufel vor Urzeiten einen Pakt, die Erde unter sich aufzuteilen. Dem Teufel sollte all das Land zufallen, um das er über Nacht bis zum ersten Hahnenschrei des Morgens eine Mauer errichten konnte. Des Nachts war aber eine alte Frau aus Timmenrode mit einem Hahn im Arm unterwegs, um ihn auf dem Markt zu verkaufen. Als sie stolperte, erschrak der Hahn und krähte. Der Teufel, noch nicht fertig mit seinem Werk, dachte, dies sei der erste morgendliche Hahnenschrei, und riss seine bisher erbaute Mauer vor Wut wieder ein. Die Überbleibsel jener Mauer werden heute »Teufelsmauer« genannt.

10 Bode und Bob

DURCHS BODETAL UND ZUM HEXENTANZPLATZ THALE

Die anfangs entspannte, bald erlebnisreiche Tour führt durchs wilde Bodetal, bevor es mit der Seilbahn hinauf zum Hexentanzplatz geht. Eine rasante Fahrt mit der Harzbobbahn und ein Besuch des Tierparks Hexentanzplatz beschließen den attraktiven Ausflug.

Vom Parkplatz aus laufen wir über einen Fußweg 650 Meter zur Seilbahnen-Erlebniswelt, bevor es hinter der Talstation der Seilbahn in die Schlucht des Bodetals geht. Unter den hinauf- und hinabfahrenden Gondeln betreten wir das Ufer der wild fließenden Bode. Und alle Geräusche von den Spielanlagen der nahen Erlebniswelt verstummen plötzlich, die Bode mit den in ihr

leicht | 4 km | 1.30 Std. | 90 Hm

Tourencharakter Einfache Tour durchs Bodetal mit anschl. Seilbahnfahrt auf den Hexentanzplatz; mit anspruchsvolleren Varianten **Altersempfehlung** Ab 3 Jahren **Ausgangs-/Endpunkt** Parkplatz der Seilbahnen in Thale **GPS-Daten** N 51.746736, E 11.027539 **Anfahrt** In Thale am Bahnhof geradeaus, im Kreisverkehr rechts, Parkplatz auf der linken Seite. Mit Bus und Bahn aus Quedlinburg und Blankenburg bis Hauptbahnhof Thale. **Einkehr** Gasthaus Königsruhe, Gaststätte Kleiner Waldkater, viele Möglichkeiten an der Erlebniswelt **Seilbahnen Erlebniswelt** Geöffnet Ostern–Okt.: tgl. 9.30–18 Uhr, Wintersaison: wechselnde Öffnungszeiten; Preise Berg- und Talfahrt: Erw. 9 €, Kinder 4–14 J. 5,50 €; Preise Harzbob: Erw. 4 €, Kinder 4–14 J. 3 € **Tierpark** Saisonale Öffnungszeiten (9/10–16.30/18 Uhr); Erw. 9 €, Kinder 4–12 J. 6 €, Schüler 7 € **Ausrüstung** Evtl. Wechselsachen **Information** Seilbahnen Thale Erlebniswelt, Tel. 03947/25 00, www.seilbahnen-thale.de; Bodetal-Information Thale, Tel. 03947/77 68 00, www.bodetal.de

liegenden riesigen Steinen zieht uns voll in ihren Bann. So verweilen wir hier eine geraume Zeit, wenngleich wir kaum Wegstrecke zurückgelegt haben. Kleine Steine werden vom Ufer ins Wasser geworfen, große Steine beklettert … Neben uns möchte ein Vater seinem Sohn demonstrieren, wie man von einem

Regenwettertipp

Auf eurer Tour durchs Bodetal beginnt es zu regnen? Dann ersetzt den Ausflug auf den Hexentanzplatz durch einen Besuch in der mollig warmen Bodetal-Therme! Sie befindet sich direkt an der Seilbahnen Erlebniswelt.

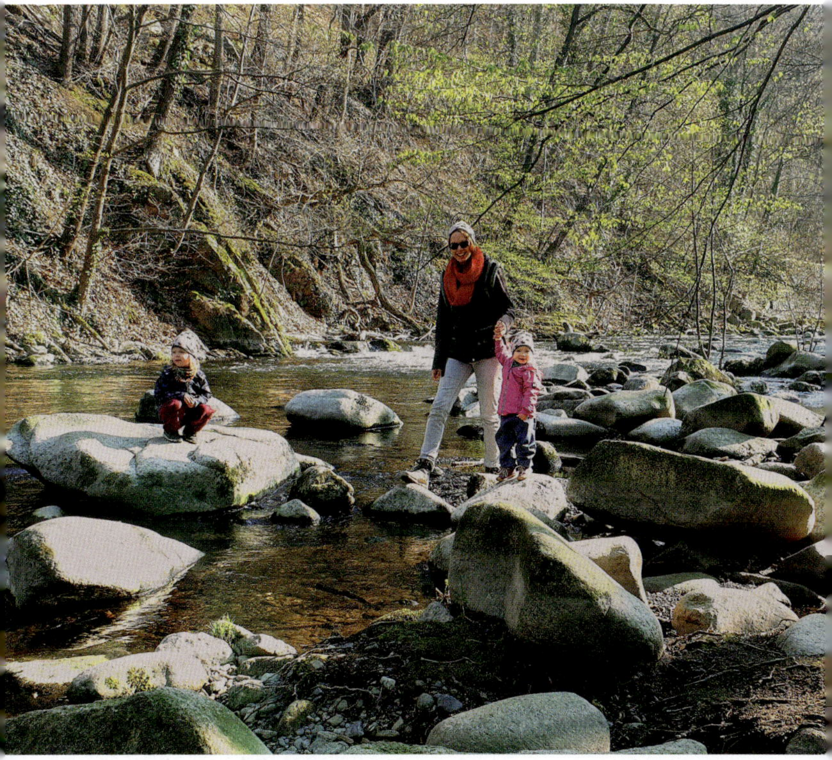

Bloß keinen Stein verfehlen: Die Bode ist eiskalt!

Stein auf einen anderen springt, und steht auf einmal im Wasser. Seine just hinzukommende Frau fasst sich nur mit rollenden Augen an die Stirn – an Wechselsachen für den Mann hatte sie wohl nicht gedacht.
Irgendwann können wir weiter. Vorbei an einer Quellhöhle laufen wir über den relativ breiten und ebenen Bodetalweg; er ist Teil des Harzer Hexenstiegs. Links neben uns die rauschende Bode, rechts steil heraufragende Felsen – ein unglaublich schöner Weg! Immer entlang der Bode (es gibt auch keine andere Option) wandern wir bis zum Gasthaus Königsruhe in den Hirschgrund (HWN 178).

Am Gasthaus überqueren wir die Bode über die idyllisch gelegene Jungfernbrücke und folgen dem zum Teil steinigen und leicht hoch und runter verlaufenden Pfad auf der anderen Seite der Bode, nun in Fließrichtung, zurück bis zur Gaststätte Kleiner Waldkater. Hier führt eine Brücke zurück auf die linke Seite der Bode.
Das kurze Stück bis zur Seilbahnstation ist zügig zurückgelegt – riesig ist die Vorfreude auf die bevorstehende Seilbahnfahrt hoch auf den Hexentanzplatz! Mit der Kabinenbahn geht es nun 244 Meter in die Höhe. Eine Runde um den Hexentanzplatz erlaubt einzigartige Aussichten auf Bodetal und Thale, zahlreiche Imbiss- und Souvenirbuden locken die Kinder, aber wir wollen ja noch weiter. Also ziehen wir dem Teufel einmal am Zeh und machen uns dann auf zu einigen schnellen Runden Harzbob und einem Besuch des direkt gegenüberliegenden

Variante

Für eine anspruchsvollere Tour können Sie aus dem Bodetal auf Höhe der Seilbahnen oder an der Jungfernbrücke zum Hexentanzplatz aufsteigen. Auf schmalen, in vielen Kehren am Hang verlaufenden Wegen sind auf jeweils 2 bzw. 3 Kilometern etwa 220 Höhenmeter zurückzulegen.

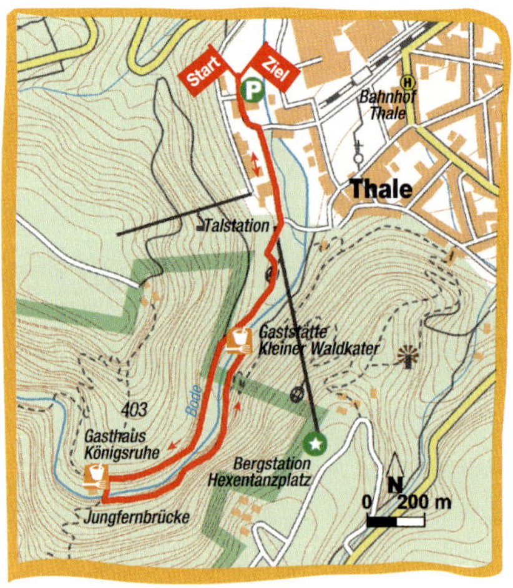

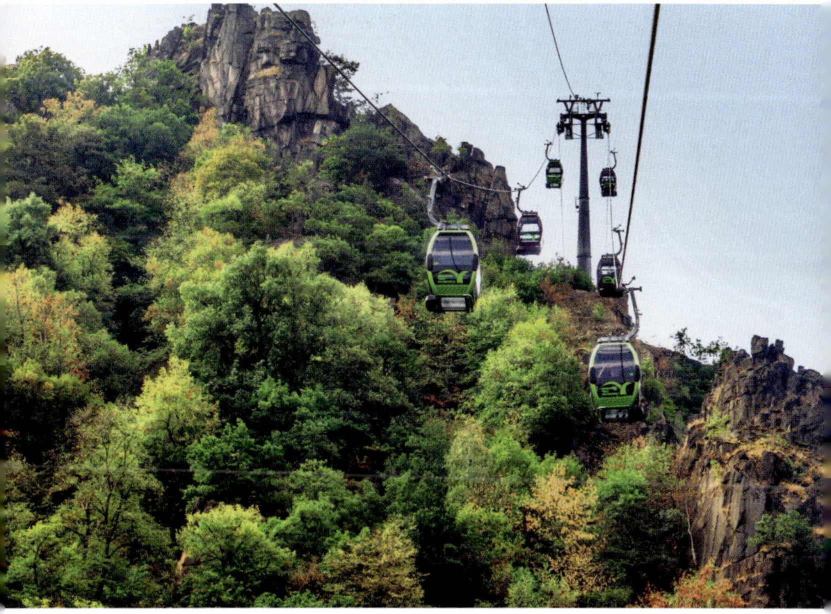

Die Seilbahnkabinen gondeln zwischen Thale und Hexentanzplatz.

Tierparks. Hier streicheln die Kinder kleine und große Ziegen, bestaunen flauschige Braunbären, beobachten ein »HexenGolf«-Spiel und sind nur schwer davon abzubringen, ins Wildschweingehege einzubrechen, um die ein paar Wochen jungen Frischlinge mit nach Hause zu nehmen.

Via Seilbahn treten wir den Rückweg hinab ins Tal an, womit ein rundum gelungener Tag mit vielen Attraktionen endet, den wir so schnell nicht vergessen werden!

Die Sage vom Hexentanzplatz

Der Sage nach fliegen alle Hexen in der Walpurgisnacht (Nacht vom 30. April auf den 1. Mai) auf Besen und Heugabeln hinauf auf den Hexentanzplatz bei Thale. Sie tanzen den letzten Schnee hinfort, bringen dem Teufel Opfer dar und spuken bis zum Morgengrauen.

SPIELE

Natur erleben

Käfer-Perspektive

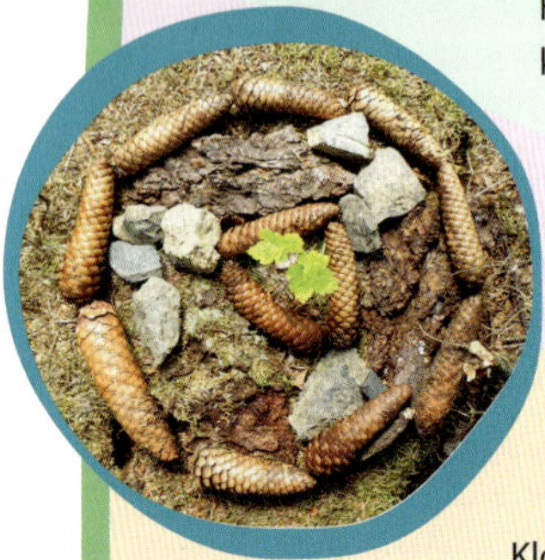

Habt ihr die Natur schon einmal aus der Sicht eines kleinen Käfers wahrgenommen? Legt euch dafür unter Bäume auf den Waldboden oder auf eine Wiese und schaut nach oben in die Baumkronen: Wie viel größer sie auf einmal aussehen! Wie sanft sich ihre Äste im Wind wiegen! Wie schnell die Wolken über den Himmel ziehen! Wie leicht einzelne Blätter auf euch hinab segeln! Lasst euch Zeit! Seid mucksmäuschenstill! Welche Geräusche hört ihr, die ihr sonst nicht wahrnehmt? Klopft da ein Specht? Wie laut rauscht der Wind durch die Baumkronen? Und summt da plötzlich eine Hummel ganz laut neben euch durch die Gräser?

Dann wechselt ihr die Blickrichtung. Legt euch auf den Bauch! Wo war die Hummel doch gleich? Was webt und schwebt hier über den Waldboden? Wie fühlt sich das Gras an, wie die Fichtennadeln, wie die Kiefernzapfen? Betastet alles ganz in Ruhe mit nur einer Fingerkuppe!

Am Ende sprecht ihr darüber, was ihr erlebt habt: Wie war es so als kleiner Marienkäfer? Was war beeindruckend, überraschend, vielleicht etwas beängstigend, und was war besonders schön?

Natur-Art: Mandalas legen

Aus Naturmaterialien ein kleines Kunstwerk erschaffen – das können schon die ganz Kleinen, macht aber auch den Großen viel Spaß! Sammelt dafür Fichten- oder Kiefernzapfen, kleine Äste, Eicheln, Bucheckern, lose Baumrinde, leere Schnecken-

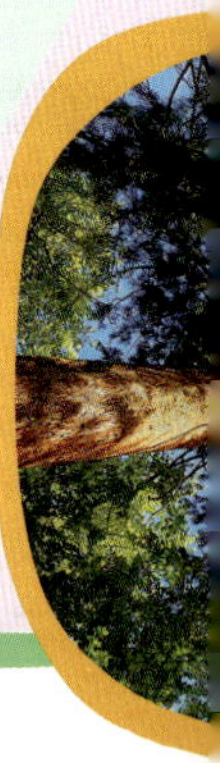

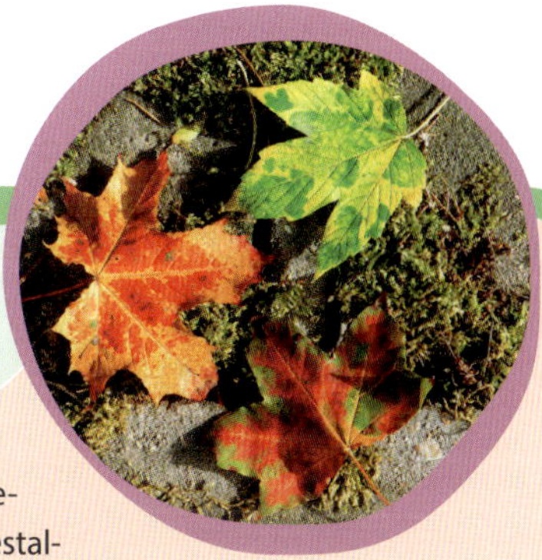

häuser, bunte Blätter … Verwendet werden darf alles, was die Natur entbehrt (lebende Pflanzenteile werden also nicht aus der Erde oder vom Baum gerupft!). Aus diesen Materialien könnt ihr nun ein Kunstwerk gestalten: Sucht euch einen schönen Mittelpunkt für euer Werk aus, von dem ausgehend ihr kreisförmig ein Natur-Mandala legt. Hierbei könnt ihr einzeln oder gemeinsam werkeln, wie ihr mögt! Wenn ihr fertig seid, gönnt euch etwas Zeit, um eure »Natur-Art« gemeinsam zu bestaunen, fotografiert sie für euer Wandertagebuch und überlasst sie dann dem Wald und den Tieren oder anderen Wandersleuten, die sich später über das kleine Kunstwerk im Wald freuen!

Schatzsuche

Habt ihr Lust auf eine Schatzsuche? Macht euch hierzu (eventuell bereits zu Hause) eine Liste mit Dingen, die in der Natur zu finden sind. Auf der Liste könnten stehen: eine Feder, ein Eichenblatt, ein Schneckenhaus, zehn Bucheckern, etwas Rotes, etwas Gelbes, etwas Rundes, etwas ganz Gerades, fünf Eicheln, etwas, das ein Geräusch macht, ein Stein, etwas, das euch gefällt. Während einer Wanderpause habt ihr nun Zeit, eure Schätze zu sammeln. Wenn ihr zu mehreren spielt, könnt ihr euch vorab kurz beraten und Aufträge verteilen, um euch während der Suche nur noch in Zeichensprache zu verständigen. Nach einer vereinbarten Zeit endet die Schatzsuche. Was habt ihr gefunden? Was nicht? Präsentiert euch eure Schätze und erzählt euch, wo ihr die Dinge gefunden habt! Ihr werdet staunen, wie vielfältig die Natur ist!

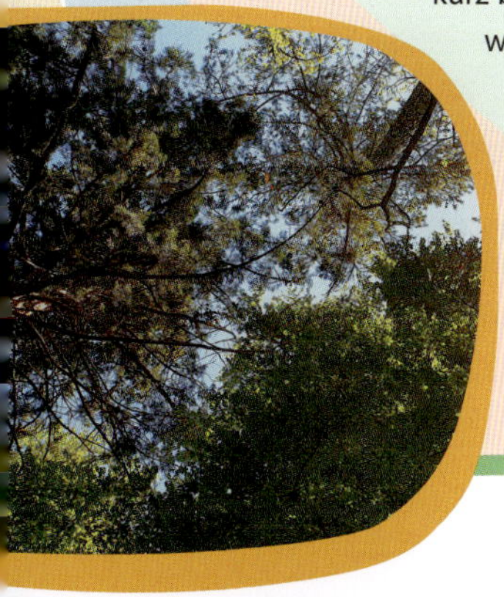

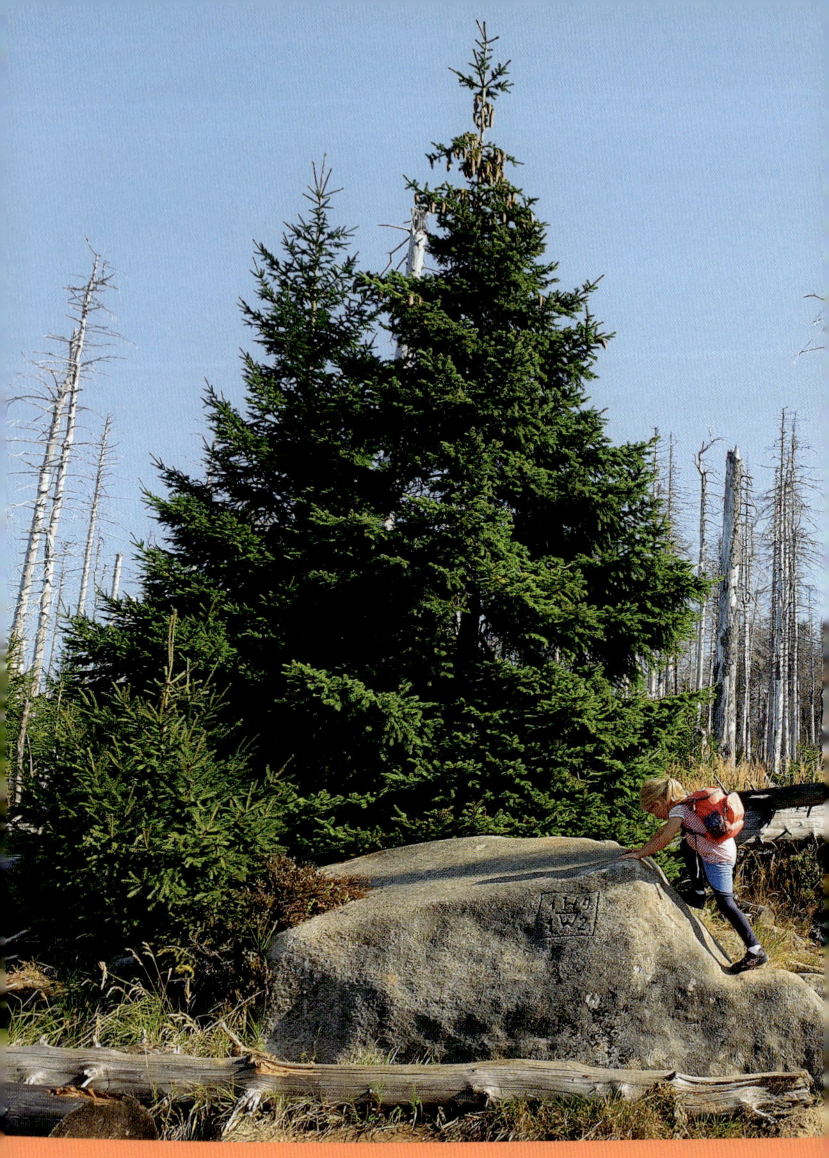

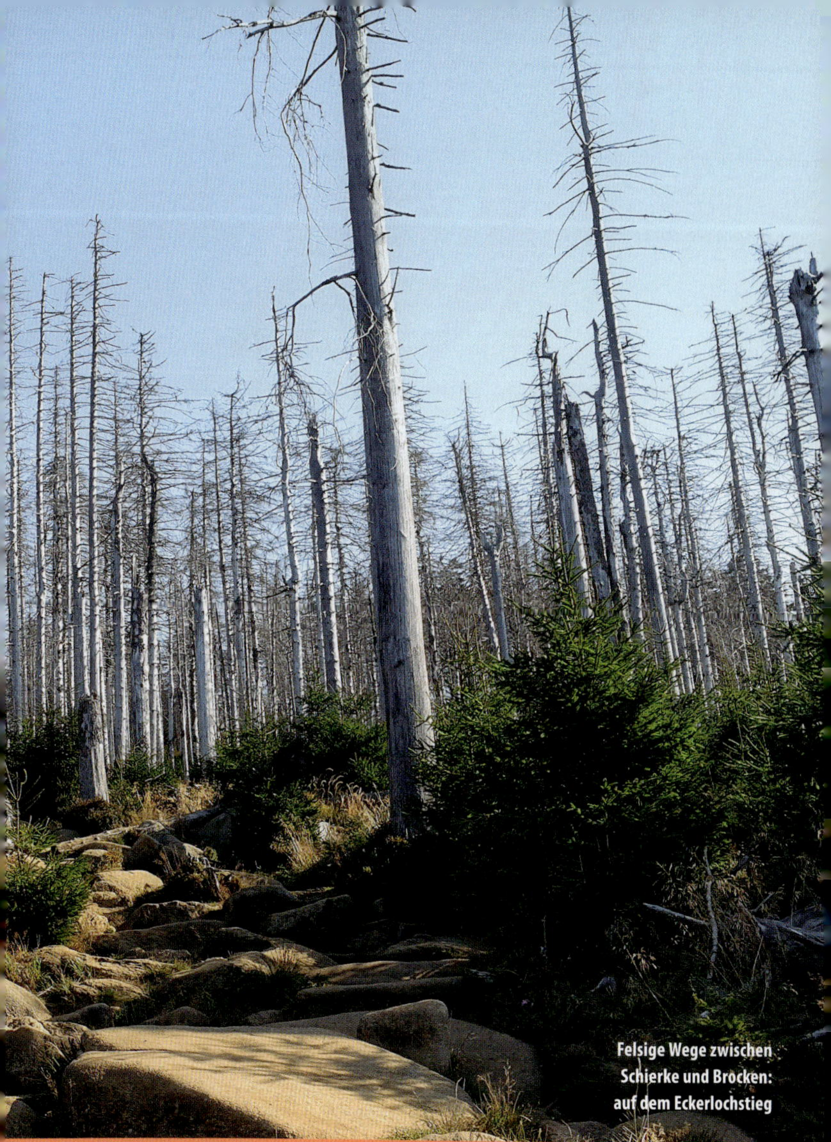

Felsige Wege zwischen Schierke und Brocken: auf dem Eckerlochstieg

Mittlerer Harz

11 Feuerland und Regenstein

ZU DEN SANDHÖHLEN IM HEERS UND ZUR BURG REGENSTEIN

Auf verschlungenen Wegen führt die Wanderung zu großartigen Sandsteinhöhlen und zur ehemaligen Festung Regenstein. Etliche Kletterfelsen und der wohl größte »Sandkasten« im Harz wollen von kleinen und großen Wanderbegeisterten erobert werden!

Vom Parkplatz aus überqueren wir die Zufahrtsstraße und wandern geradewegs über sandigen Untergrund in wundervollen Eichen- und Kiefernwald hinein. Bei erster Gelegenheit biegen wir links ab (die Ausschilderung zur Regensteinmühle befindet sich wenige Meter später an diesem Weg) und folgen dem Sandweg durch eine Rechtskurve zu einer Kreuzung, an der die Regensteinmühle sowohl nach schräg rechts als auch geradeaus ausgeschildert ist. Wir wählen die zweite Variante (Weg Nr. 6). Kurz darauf überqueren wir eine Brücke, die über den »Hohlweg« führt. Wir wenden uns sogleich

leicht | 6,4 km | 3 Std. | 120 Hm

Tourencharakter Einfache Wanderung über sandige Wege durch Kiefernwald und zu imposanten Sandsteinfelsen **Altersempfehlung** Ab 4 Jahren **Ausgangs-/Endpunkt** Wanderparkplatz an der Burg Regenstein **GPS-Daten** N 51.812554, E 10.953462 **Anfahrt** Aus Wernigerode kommend: A 36-Abfahrt Blankenburg-Zentrum/Elbingerode, im Kreisverkehr dritte Ausfahrt, an der Ampel geradeaus auf die Zufahrtsstraße zur Burgruine **Burg Regenstein** Wetterabgängig geöffnet, i.d.R. Apr.–Okt.: tgl. 10–18 Uhr, Nov.–März: Di.– So., 10–16 Uhr; Eintritt: Erw. 4 €, Kinder bis 6 J. frei, Kinder ab 6 J. 2 € **Einkehr** Kiosk auf dem Burggelände **Ausrüstung** Evtl. Sandspielsachen **Information** Burg Regenstein, Tel. 03944/612 90; Tourist-Information Blankenburg, Tel. 03944/36 22 60, www.blankenburg.de

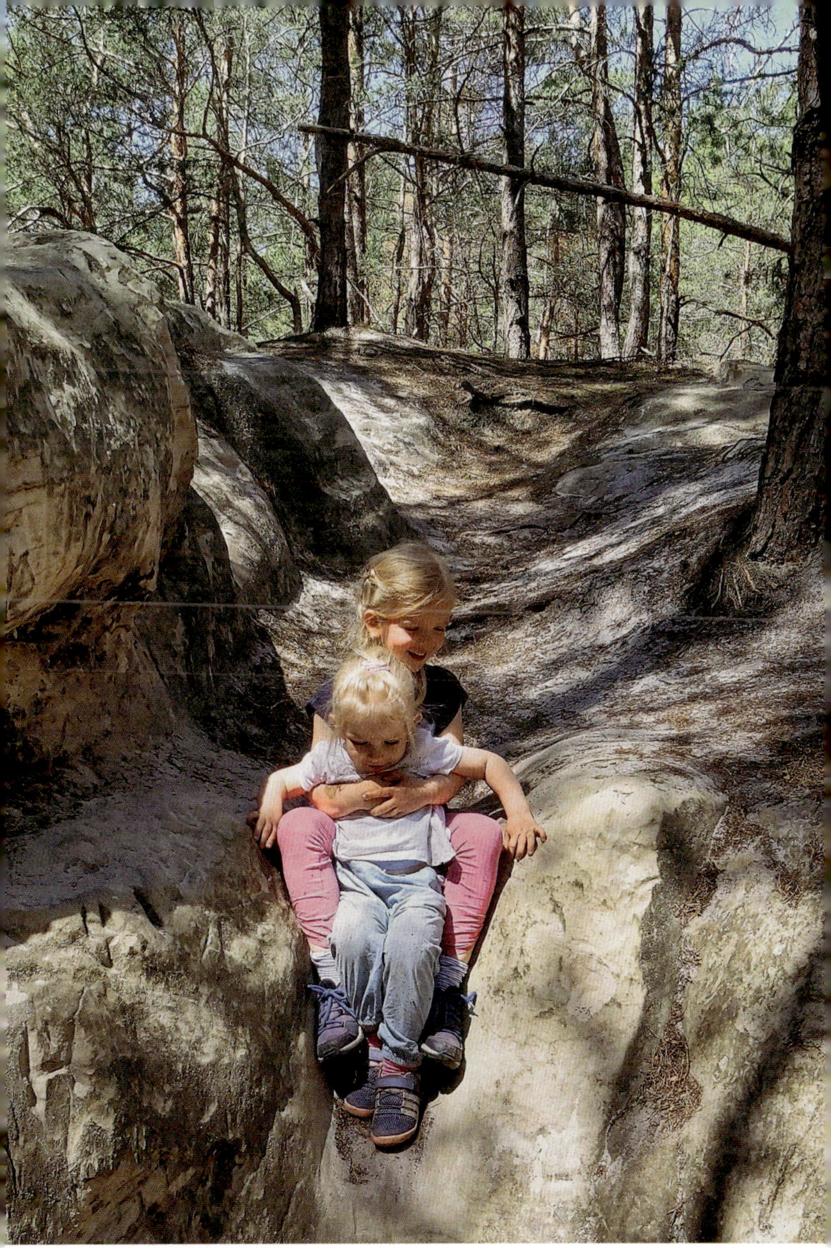

Nicht nur im Sand buddeln, rutschen kann man hier auch!

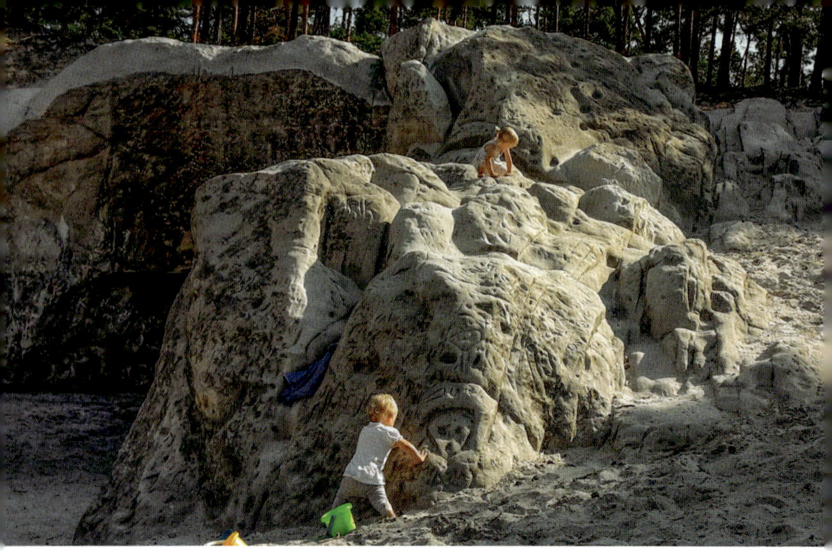

Am Rand des »Riesensandkastens«: bei den Großen Sandhöhlen im Blankenburger Heers

nach rechts und steigen in ihn hinunter. Im Mittelalter war dieser Hohlweg Teil des Wirtschaftsweges zur Regensteinmühle.
Am Ende des Hohlwegs wandern wir scharf nach links über Wurzeln und Steine bergab. Wir halten uns weiterhin links und gelangen bald zu einem Rastplatz mit Schutzhütte. Von hier sehen wir bereits die Regensteinmühle (HWN 82) mit ihren beiden großen Wasserrädern. Die Mühle wurde im 12. Jahrhundert erbaut und bis ins 15. Jahrhundert betrieben.

Feuerland

Die bei Blankenburg im Waldgebiet Heers gelegene feinsandige Lichtung, umrahmt von den Großen Sandhöhlen und Kiefernwald, wird im Volksmund auch als »Feuerland« bezeichnet. In frühgeschichtlicher Zeit soll dieser beeindruckende Platz als kultischer Versammlungsort gedient haben.

Hinter der Mühle steigen wir in einem Bogen und durch eine Rinne im Sandstein, welche für Maultierführer und ihre Tiere in den Stein getrieben wurde, auf den großen Sandstein. Zurück an der Schutzhütte, geht es über wenige Stufen hinab. Hier gabelt sich der Weg – bevor sich beide Wege wenig später wieder treffen. Wir folgen dem Weg in eine Linkskurve und biegen bei nächster Gelegenheit nach rechts auf einen sandigen Weg ab, der uns geradewegs zu den Kleinen Sandhöhlen führt. Sie bilden das Pendant zu den Großen Sandhöhlen und bieten auch schon für jüngere Kinder Klettermöglichkeiten samt Sandstein-»Rutschen«.

Auf den Hauptweg (die Alte Heerstraße) zurückgekehrt, folgen wir ihm gen Osten, bis die Ausschilderung nach links zu den Großen Sandhöhlen (HWN 81) weist. Sobald wir unter den Kiefern hervortreten, haben wir einen fabelhaften Blick auf die grandiose und leicht bizarr erscheinende Sandhöhlenkulisse samt einer davor befindlichen Lichtung, die wie ein riesiger Sandkasten anmutet!

Sand über Sand

Packt Schaufel und Eimer ein! In einem so riesigen »Sandkasten« habt ihr bestimmt noch nie gebuddelt!

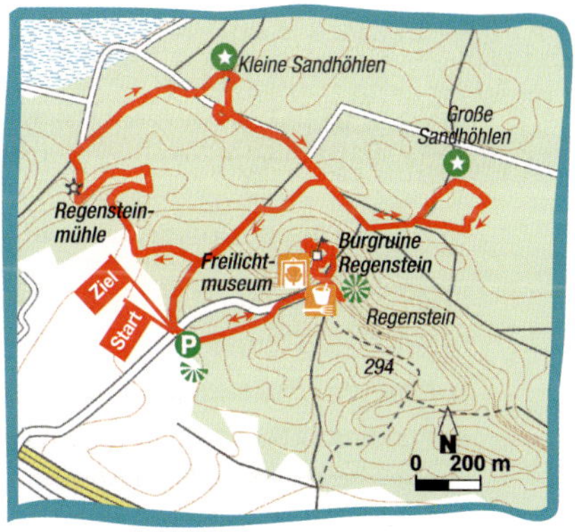

Über die Sandsteinfelsen vor uns steigen wir steil hinab, um die Höhlen ausgiebig zu erkunden, in ihnen Verstecken zu spielen und auf sie hinaufzuklettern. Dann lassen wir uns auf dem sandigen Untergrund zu einer Rast nieder – noch immer fasziniert von dieser zauberhaften Kulisse.

Nach unserem Aufbruch gehen wir zunächst zur Alten Heerstraße und laufen auf ihr einige Meter unseres Hinwegs zurück, um bei erster Gelegenheit links in Richtung Burg Regenstein abzubiegen. Dieser sandige, teils felsige Weg führt uns zurück zum Parkplatz (anfangs zweimal schräg rechts halten). Aber nach Hause wollen wir noch nicht! Stattdessen laufen wir auf dem Waldweg parallel zur Zufahrtsstraße der Burg nur 400 Meter hinauf zum Tor der Burg Regenstein (HWN 80). Dahinter erwartet uns ein weitläufiges Gelände mit etlichen großen und kleinen Sandsteinhöhlen und genialen Panoramablicken auf Blankenburg und die davorliegenden Wälder. Mehrere Tafeln informieren über die Geschichte der Burganlage, die uns quasi Jahrhunderte in der Zeit zurückkatapultiert – ein merkwürdiges und zugleich beeindruckendes Gefühl!

12 Dem Teufel trotzen

AUF DER TEUFELSMAUER ZWISCHEN TIMMENRODE UND BLANKENBURG

Die imposanten Felsen des »Hamburger Wappens« locken mit ihren Kletter- und Sandspielmöglichkeiten bereits kleine Kinder auf diese Tour. Größere Kinder dürfen sich über den atemberaubenden Klettersteig auf »des Teufels Mauer« wagen!

Vom Parkplatz aus folgen wir der Ausschilderung über die Lindestraße und biegen bald rechts ab, um etwa 700 Meter leicht bergauf bis zum Hamburger Wappen (HWN 74) zu wandern, einer markanten Felsformation der Teufelsmauer (Teufelsmauer-Sage in Tour 9). Hier gibt es etliche Felsen, die zum Klettern und Bestaunen einladen, Sand, der durch die Finger rieseln kann, und allerhand Kiefernzapfen, die sich sammeln und möglichst weit über die Steine werfen lassen. Nach längerem Verweilen wandern wir hoch über die Grünfläche und über den Bergkamm hinweg – irgendwo auf der anderen

schwer | 7,6 km | 3 Std. | 150 Hm

Tourencharakter Spannende Tour über imponierende Sandsteinfelsen; gute Grundkondition erforderlich; der Felsenklettersteig ist recht anspruchsvoll und verlangt unbedingt Trittsicherheit; mit kürzerer (leichterer) Variante. **Altersempfehlung** Ab 7 Jahren **Ausgangs-/Endpunkt** Parkplatz Teufelsmauer, Timmenrode **GPS-Daten** N 51.773417, E 11.007083 **Anfahrt** L 92 nach Timmenrode, dort auf die Westerhäuser Straße abbiegen und links auf die Lindestraße (Parkplatz). Mit dem Bus aus Wernigerode, Blankenburg und Thale bis Kegelhalle (400 m entfernt). **Einkehr** Ausflugsgaststätte Großvater **Ausrüstung** Taschenlampe, ggf. Sicherungsgurt/-seil **Information** Tourist-Information Blankenburg, Tel. 03944/36 22 60, www.blankenburg.de

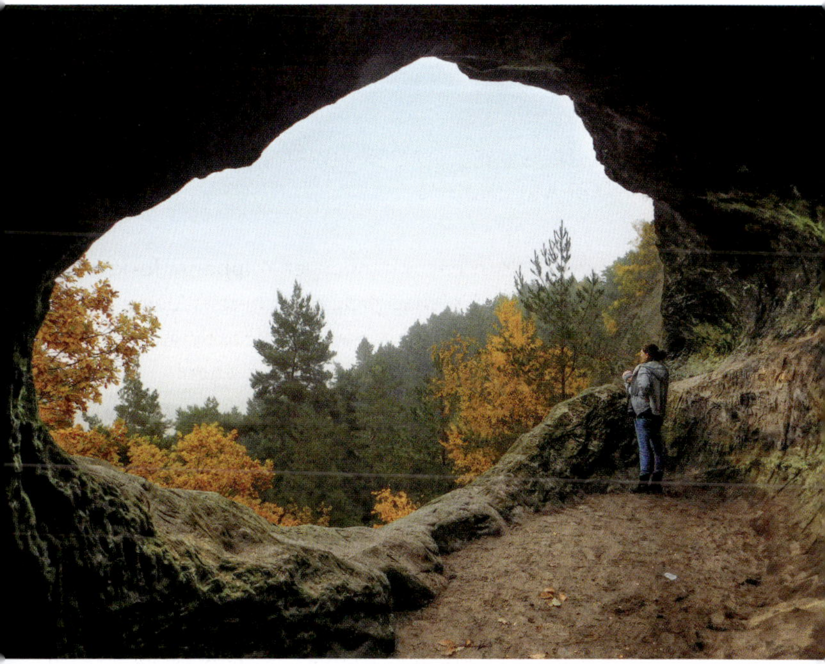

Am Hamburger Wappen: Das ist mal ein »Fenster mit Aussicht«!

Seite muss der »Fuchsbau« sein. Ein schmaler, nicht weiter ausgeschilderter Weg führt uns im Zickzack immer weiter bergab auf einen breiteren Weg, dem wir linker Hand folgen. An der ersten Kreuzung dieses breiteren Wegs halten wir uns geradeaus und sehen tatsächlich kurz darauf an einer zweiten Gabelung die wegweisende Info: Der Fuchsbau ist noch 400 Meter entfernt! Wir folgen der Ausschilderung und erreichen das zweite Etappenziel der Tour: den Fuchsbau. Er ist ein unterirdischer, über

Leuchten

Nehmt für den dunklen Gang des Fuchsbaus eine Taschenlampe mit!

Variante

Sie können die Tour auch splitten: einmal Hamburger Wappen mit Fuchsbau (4,4 Kilometer), ein andermal ab Großvaterfelsen über Kamm- und Südhangweg der Teufelsmauer (etwa 3,2 Kilometer). So haben Sie zwei bezaubernde kürzere Touren.

eine kleine steinerne Wendeltreppe begehbarer Raum mit Ausguck in den Wald – die Kinder freuen sich schon seit Verlassen des Hamburger Wappens darauf, den finsteren Gang des Fuchsbaus mit ihrer Taschenlampe auszuleuchten! Vom Fuchsbau wandern wir weiter geradeaus, an der Felsformation »Gewittergrotte« vorbei, das letzte Stück steil bergan, auf den Teufelsmauer-Kammweg, dem man linker Hand mit kleinen Kindern gut wieder zurück bis zum Hamburger Wappen folgen kann.

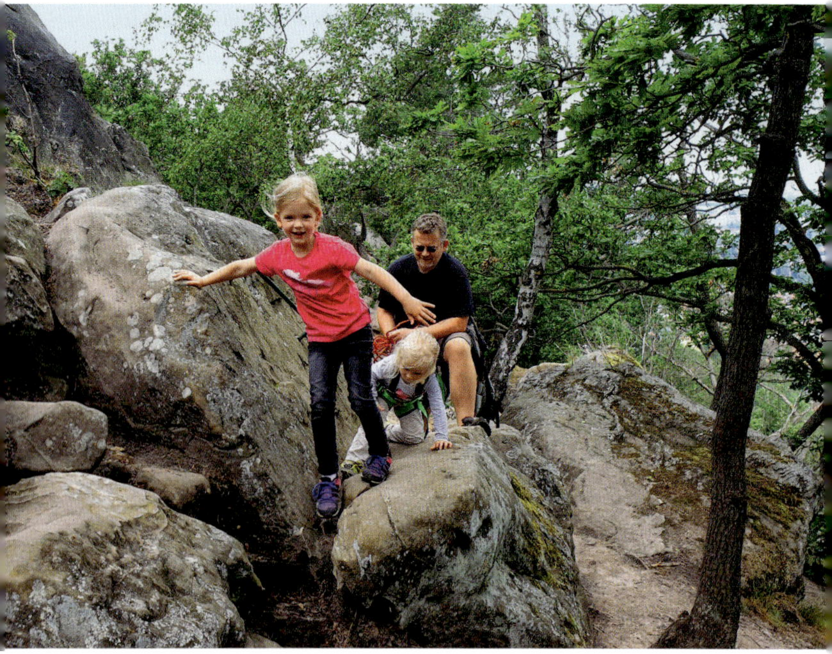

Kletterpartie auf der Teufelsmauer

Mit größeren Kindern wenden wir uns hier nach rechts in Richtung Blankenburg: Es geht auf die Teufelsmauer! Wir wählen den Felsenkletterstieg (»Kammweg«). Er führt mit einer Länge von etwa 1,6 Kilometern anfangs über Wurzeln, bald über riesige Felsformationen, über die wir uns zum Teil mithilfe von Geländern hangeln – ein unvergessliches Abenteuer, nicht nur für die Kinder! Stellenweise befinden wir uns oberhalb der Baumkronen mit herrlicher Aussicht auf das Umland – großartig! Die steilen Felsabhänge sind allerdings nicht ganz ungefährlich.

Ein massiver frei stehender Felsen kündigt das nahe Ende dieses Teufelsmauerabschnitts an: Wir sind am Großvaterfelsen (HWN 76). An seinem Fuß lassen wir uns zu einer wohlverdienten Rast nieder.

Für den Rückweg wählen wir den (laut Ausschilderung) »bequemen«, sonnigen Südhangweg. Als schmaler, wurzeliger Waldweg führt er uns unterhalb der Teufelsmauer entlang an jene Stelle, an der wir uns zuvor für den Teufelsmauerstieg (und gegen die Rückkehr in Richtung Timmenrode) entschieden hatten. Von hier aus geht es über den Bergkamm geradeaus durch Kiefernwald und bald in Waldrandnähe zurück zum Hamburger Wappen.

Um nicht denselben Weg wie anfangs zu gehen, wandern wir das letzte Stück ab dem Hamburger Wappen neben dem Holzteufel den Grasweg hinab nach Timmenrode und linker Hand über die Lindestraße zurück zum Parkplatz.

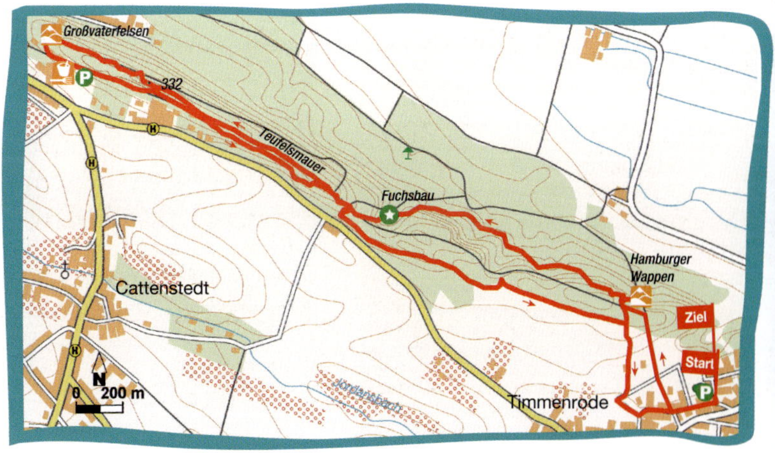

13 Anna Agnes und die Ziegen

ÜBER DEN AGNESBERG ZUM WILDPARK CHRISTIANENTAL

Der Agnesberg bietet einen einmaligen Ausblick auf das Schloss Wernigerode. Nach der Wanderung über tolle Waldwege locken ein Waldgasthaus, ein abenteuerlicher Spielplatz und Streicheltiere in den Wildpark Christianental.

Vom Parkplatz aus wenden wir uns in Richtung Wildpark-Eingang und gehen wenige Meter hinter dem Eingang rechts in den Wald hinauf. Der nach links ausgeschilderte Weg zum Agnesberg mündet bald in den Kleinen-Christianental-Weg. Ihm folgen wir am Berghang entlang (die blattlosen Bäume ermöglichen an Spätherbst- und Wintertagen ideale Aussichten ins Tal) und wandern nach etwa 500 Metern scharf rechts bergauf (hier vermissen wir eine entsprechende Ausschilderung). Kurz darauf halten wir uns scharf links, um alsbald den Annaweg zu queren. Ein kurzer, steiler Pfad lenkt die letzten Schritte hinauf zum Aussichtspunkt am Agnesberg (HWN 31). Von hier haben wir einen einmaligen Blick auf das Schloss Wernigerode, auf den Ortsteil Hasserode und bei klarer Sicht bis zum Brocken – ein wirklich schönes Fleckchen Erde, das man nicht verpassen sollte!

mittel	3,3 km	1.30 Std.	130 Hm

Tourencharakter Recht leichte Tour über schmale Pfade auf den Agnesberg, mit Besuch des Wildparks Christianental **Altersempfehlung** Ab 3 Jahren **Ausgangs-/Endpunkt** Parkplatz am Wildpark Christianental, Wernigerode **GPS-Daten** N 51.824924, E 10.806666 **Anfahrt** In Wernigerode B 244 Richtung Elbingerode folgen, nach links auf »Christianental«, Parkplatz am Ende der Straße. Mit dem Bus aus Wernigerode und Blankenburg bis Christianental (250 m entfernt). **Einkehr** Waldgasthaus Christianental (Mo.+Di. Ruhetag) **Wildpark Christianental** Ganztägig und ganzjährig geöffnet; Eintritt: 1 € **Information** Wildpark Christianental, Tel. 03943/252 92, www.christianental.de

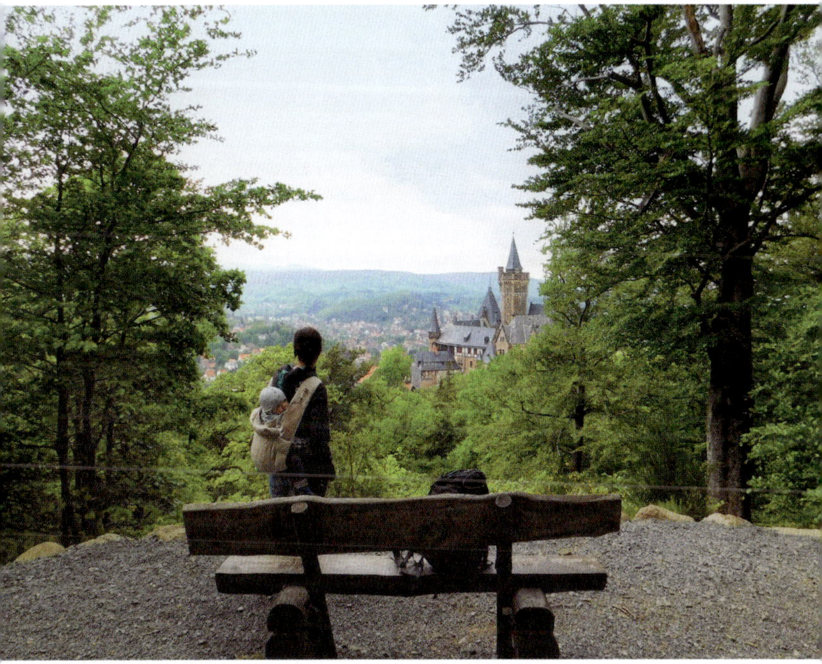

Fürstlicher Blick auf das Schloss Wernigerode, vom Agnesberg

Während uns auf dem Hinweg keine Menschenseele begegnete, ist hier am Aussichtspunkt ein erstaunliches Kommen und Gehen, also gönnen wir uns nur eine kurze Verschnaufpause. Hinter der Bank steigen wir über einen steinigen Pfad das letzte mögliche Stück bergauf, um über den Bergkamm zu wandern. Bei erster Gelegenheit gehen wir links leicht bergab

Einfach tierisch!

Im Wildpark Christianental könnt ihr viele einheimische Tiere beobachten! Neben unterschiedlichen Wildarten haben hier Luchse und Marder, Raben und Greifvögel, Waschbären und Meerschweinchen ein Zuhause gefunden. Ein Streichelgehege mit Ziegen gibt es auch!

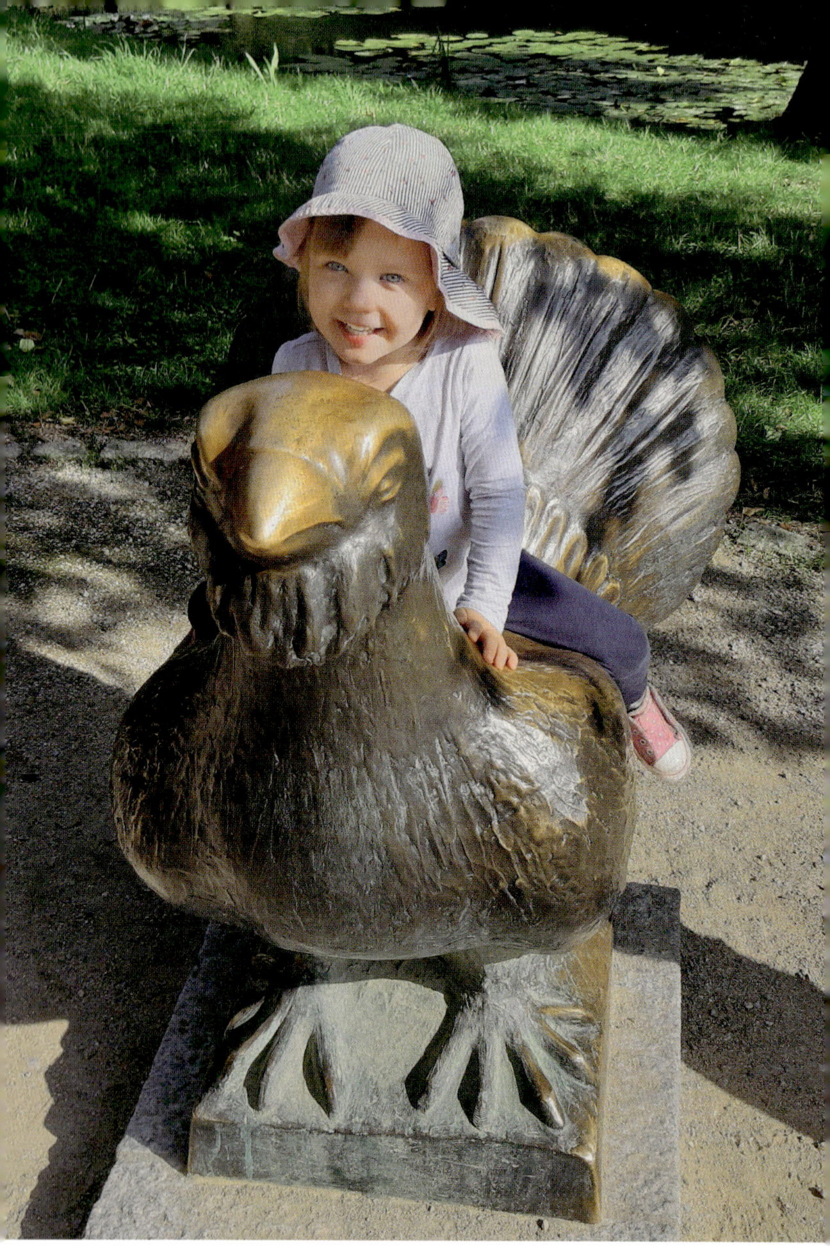

Nicht nur lebendige Tiere erfreuen die Kinderseele im Wildpark Christianental.

und gelangen so auf den Gräfinweg und zum »Altar der Wahrheit«; er wurde von der anhaltinischen Fürstin Christiane Anna Agnes zum Gedenken an ihren Ehemann in Auftrag gegeben. Wir folgen dem Gräfinweg rechter Hand bis zum Bothoweg, der uns, abermals nach rechts, zum »Schönen Eichenplatz« am Annaweg führt.

Am Eichenplatz steigen wir in Gehrichtung geradeaus steil hinab, das letzte Stück über Treppen, und finden uns im Wildpark wieder, direkt vor dem Waldgasthaus Christianental (HWN 32). Das Gasthaus lädt zur Einkehr ein, der davor befindliche, liebevoll gestaltete Spielplatz zu ausgiebigen Rutsch- und Kletterpartien. Dann zieht es die Kinder zu den Streicheltieren. Vorbei an verschiedenen Wildtier- und Vogelarten machen wir uns auf zu Ziege & Co., die in einem begehbaren Gehege auf dem Weg zurück zum Parkplatz untergebracht sind. Das letzte Wegstück legen wir bereits im Dunkeln zurück und hören noch die Teichenten am Eingang des Wildparks leise vor sich hin quaken, bevor diese erlebnisreiche Tour endet.

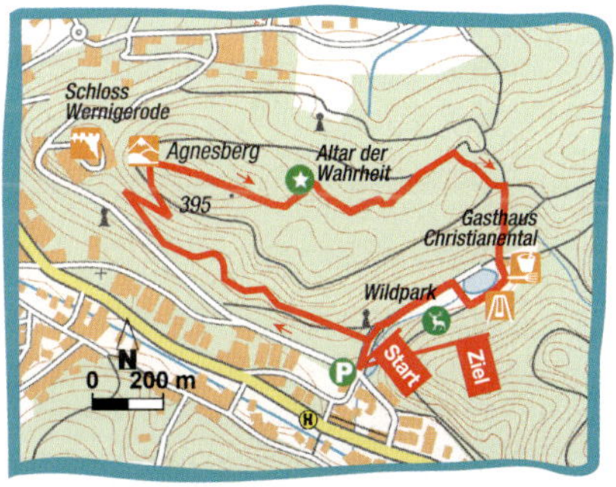

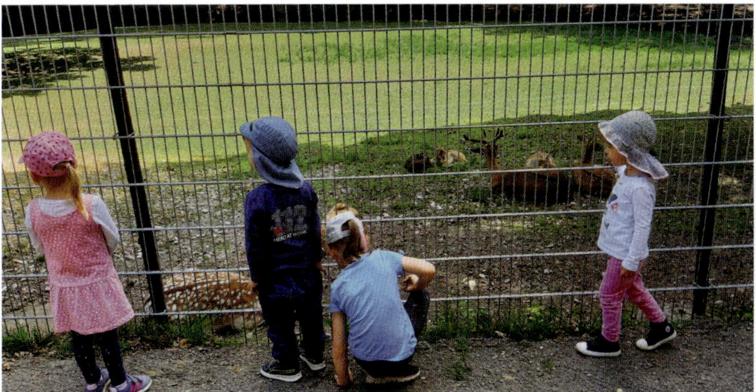

Im Wildpark lassen sich heimische Wildarten aus nächster Nähe beobachten.

14 Bei Rotkäppchen und Rapunzel

UNTERWEGS AUF DEM WERNIGERÖDER MÄRCHENWEG

Auf dem bezaubernden Wernigeröder Märchenweg erproben Kinder an attraktiv gestalteten Stationen eigene Fähigkeiten und beantworten Fragen zu Märchen und Natur. Am Ende winkt eine Belohnung im Gasthaus Armeleuteberg – eine schöne Wanderidee auf einem tollen Wanderweg!

Ausgestattet mit einem Stationszettel zum Naturlehrpfad (entweder an der Rezeption des Hasseröder Ferienparks oder an der ersten Infotafel des Märchenwegs erhältlich), starten wir unsere Tour hinter dem Brockenbad. Nach nur wenigen Metern erwartet uns eine erste Märchenmalerei: die des Rotkäppchens. Anbei findet sich auf einer kleinen Texttafel der Beginn des

leicht | 2,8 km | 2 Std. | ↑ 170 Hm ↓ 20 Hm

Tourencharakter Leichte One-Way-Tour über schmale und breite Waldwege, die stellenweise deutlich ansteigen, für Geländekinderwagen geeignet **Altersempfehlung** Ab 3 Jahren **Ausgangspunkt** Hasseröder Ferienpark/Brockenbad **Endpunkt** Gasthaus Armeleuteberg **GPS-Daten** N 51.820366, E 10.757905 **Anfahrt** In Wernigerode Richtung Schierke, dann der Ausschilderung zum Hasseröder Ferienpark folgen. Der Ferienpark ist von Bus- und HSB-Haltestelle in wenigen Gehminuten erreichbar. **Info Märchenweg** Ganzjährig geöffnet **Einkehr** Gasthaus Armeleuteberg **Ausrüstung** Stift für die Beantwortung der Stationsfragen **Information** Gasthaus Armeleuteberg, Tel. 03943/63 22 79, www.armeleuteberg.de/wernigeroeder-maerchenweg

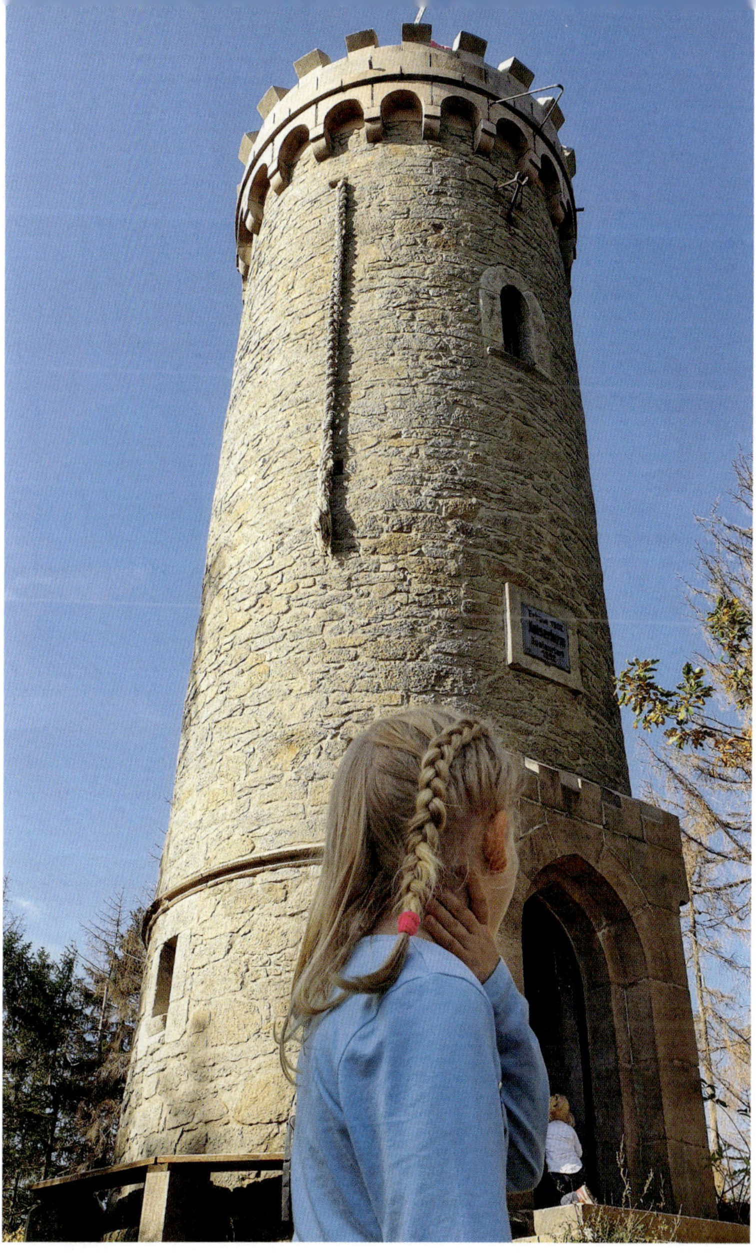

Am Ziel des Märchenweges: Rapunzel, lass dein Haar herunter!

Märchens, das an den nächsten Stationen weitererzählt wird. (Eltern kleinerer Kinder sollten im weiteren Verlauf gegebenenfalls improvisieren: Unsere Vierjährige gruselte es bei der zweiten Märchentexttafel, als Rotkäppchens Großmutter vom bösen Wolf verspeist wurde.)

Wir setzen unseren Weg fort, und erreichen sogleich die erste Mitmachstation. Hier geht es um ein Blumenspiel, bei dem die Kinder entdecken, welche giftige Pflanze einen Meter hoch wächst. Das Ergebnis schreiben sie auf ihren Stationszettel.

Station 2 ist eine unserer Lieblingsstationen: »Der Wolf« klärt über die Laufgeschwindigkeit des Tieres auf. Die Kinder sind gefragt, die eigene Geschwindigkeit mit der des Wolfs auf einem markierten Wegabschnitt von 25 Metern zu vergleichen: »Wie viele Sekunden benötigst du?«

Ähnliche Aufgaben erwarten uns an sechs weiteren reizvollen Stationen, an denen die Kinder jeweils ihre Ergebnisse notieren. Die Mitmachfragen wie auch der Umfang der erwarteten Antworten (jeweils ein bis zwei Wörter oder eine Zahl) sind so konzipiert, dass sie bereits für kleinere Kinder oder Schreibneulinge geeignet sind.

Lust auf Wasser und Reifenrutsche?

... dann besucht im Anschluss an die Tour das familienfreundliche Brockenbad im Hasseröder Ferienpark!

Der Gang zur letzten Station des vorbildlich ausgeschilderten Märchenwegs (einmal mit Variante für Kinderwagen) führt uns am Gasthaus Armeleuteberg

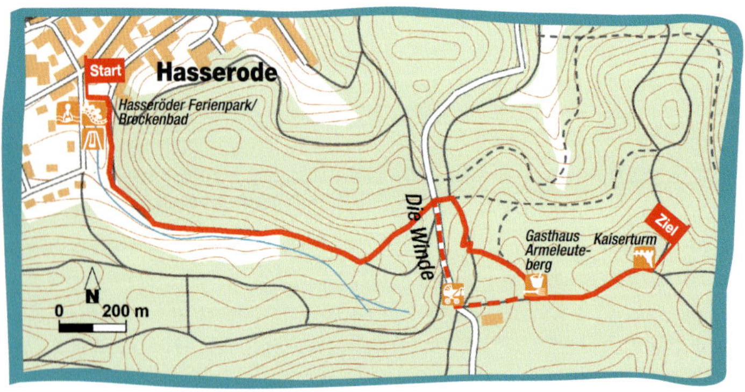

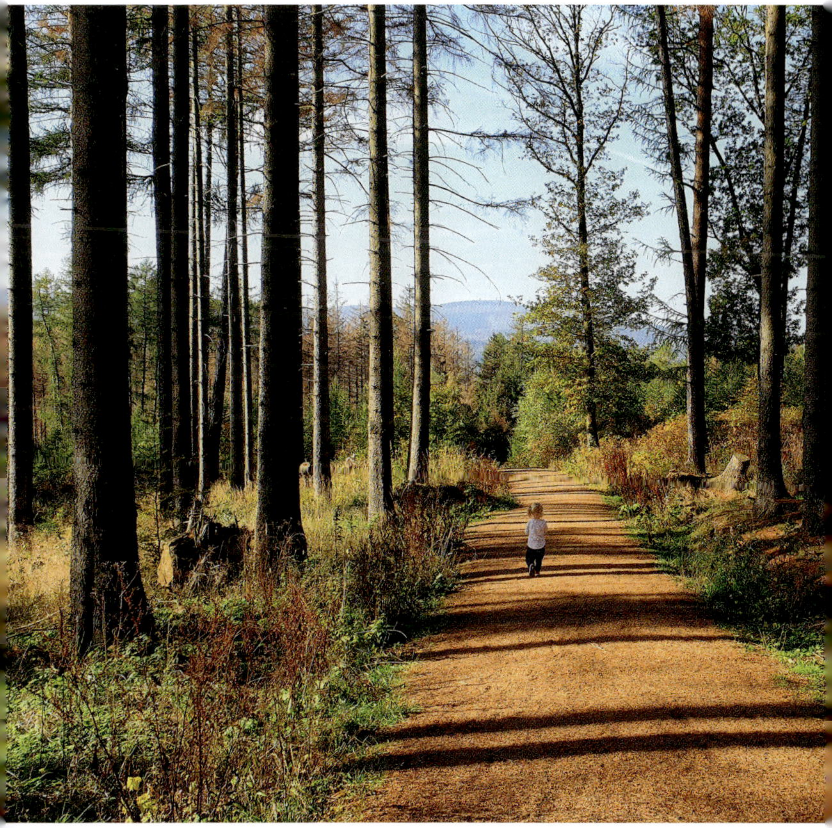

Märchen(hafter) Weg auch für die ganz Kleinen

(HWN 35) vorbei zum verträumten Kaiserturm, an dem Rapunzels Zopf herabhängt. Am Fuß des Aussichtsturms beantworten die Kinder die letzte Frage, steigen über die steile Treppe im Turm empor, um nach Rapunzel zu suchen, und laufen alsbald über den breiten, aber besonders im Herbst wundervollen Weg zurück zum Gasthaus. Hier erhalten sie als Belohnung für die erfolgreiche Lösung der Mitmachaufgaben eine kleine Holzmedaille. Ein leckeres Eis im Freisitz des Gasthauses macht den Tag perfekt!

15 Rennen an der Renne

DURCHS HOLTEMME-TAL ZUM GASTHAUS STEINERNE RENNE

Auf verträumten Naturpfaden führt diese Tour durch das Tal der Holtemme und entlang der »Kleinen Renne« hinauf zum Gasthaus Steinerne Renne. Nach einer Einkehr in den Freisitz des schicken Gasthauses geht es leichten Fußes über den Hippelhangweg zurück.

Vom Bahnhof bzw. Parkplatz aus gehen wir an der Batteriefabrik vorbei und queren die Gleise der Harzer Schmalspurbahn, die hier im Tal der Holtemme einen Schlenker fährt, bevor sie erst nach Drei Annen Hohne und dann zum Brocken hinaufschnauft. Am Wasserkraftwerk vorbei wandern wir geradeaus in den Wald hinein, immer entlang der Holtemme und immer leicht bergauf, wobei wir nach etwa 1 Kilometer das Flüsschen einmal überqueren und nun flussaufwärts rechts von ihm weiterwandern. Der weiche Waldboden federt unter unseren Füßen, die Holtemme blubbert neben uns herab – einfach schön!

An der zweiten sich bietenden Weggabelung könnten wir links weiter an der Steinernen Renne wandern (so wird dieser Talabschnitt der Holtemme bezeichnet; er erfordert unbedingt Trittsicherheit). Wir wählen mit den Kindern stattdessen

mittel	7 km	3 Std.	250 Hm

Tourencharakter Landschaftlich attraktiver Rundweg über eindrucksvolle Wege durch das Tal der Holtemme, auf denen einige Höhenmeter zurückgelegt werden müssen **Altersempfehlung** Ab 4 Jahren **Ausgangs-/Endpunkt** HSB-Bahnhof Steinerne Renne **GPS-Daten** N 51.818554, E 10.729533 **Anfahrt** In Wernigerode Richtung Schierke halten, kurz vor dem Ortsausgang in der Linkskurve rechts abbiegen auf »Freiheit« und weiter auf Bielsteinchaussee; Parkplatz am Bahnhof **Einkehr** Gasthaus Steinerne Renne **Information** www.steinerne-renne.de

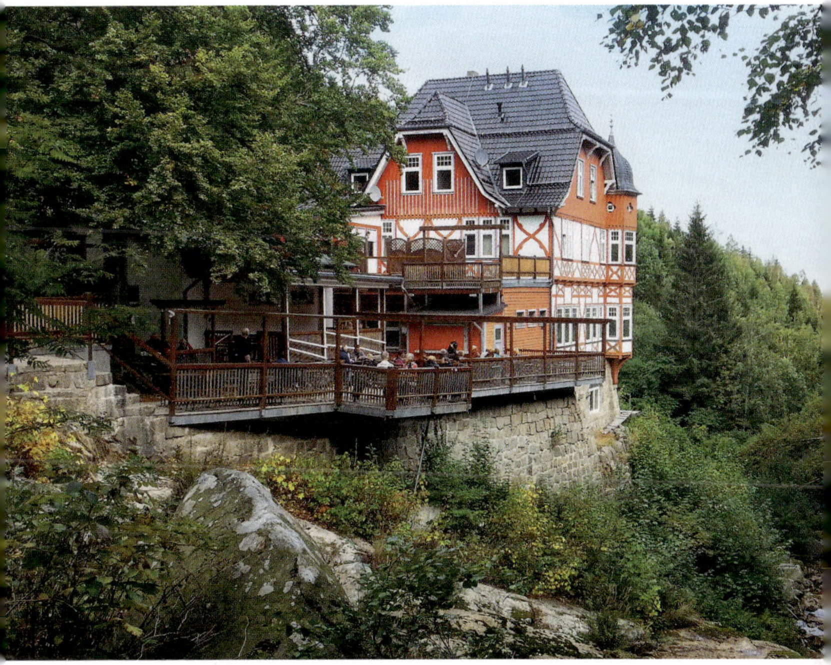

Da hat jemand Vertrauen in die Statik: das Gasthaus über der Steinernen Renne.

die schmale, wurzelreiche Wegvariante nach schräg rechts an der »Kleinen Renne«. Der herrliche, wildromantische Weg führt bald über Treppen und Serpentinen im Zickzack steil bergauf – eine ziemliche Herausforderung für die dreijährige Tochter!

Manche Motivationsanläufe später mündet der Pfad in eine Weginsel, die wir für eine Verschnaufpause nutzen. Die Kleine Renne überquerend, folgen wir dem Pfad die letzten Meter hinauf zur Bielsteinchaussee, dem Fahrweg zum Gasthaus. Wir wenden uns nach links und erreichen nach wenigen 100 Metern unser Ziel: das Gasthaus Steinerne Renne (HWN 28). Im Freisitz in der Sonne rastend, genießen die Kinder ihren gewünschten Milchreis mit Zimt, im Hintergrund spielt die Holtemme ihr rauschendes Lied – ein herrliches Fleckchen Erde!

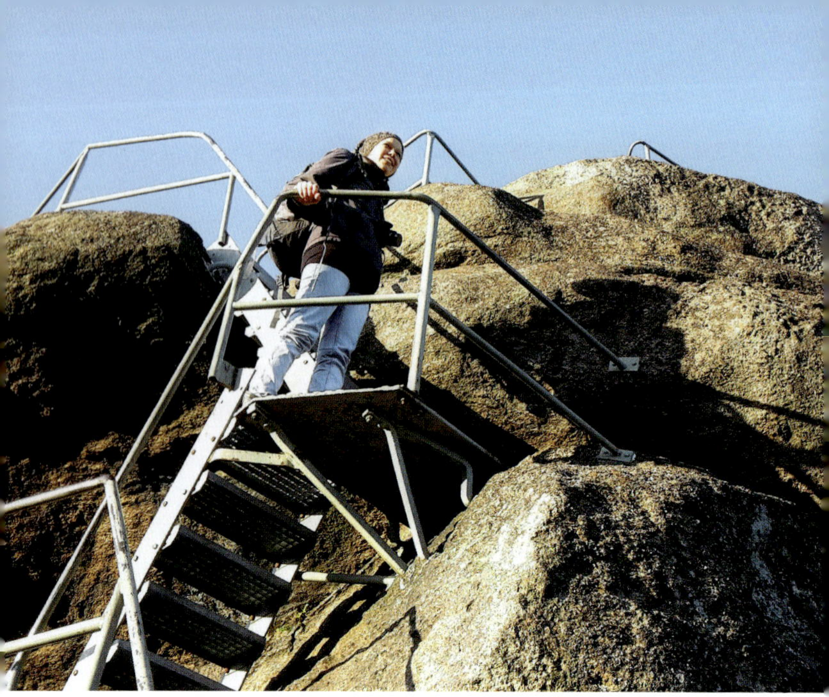

Variante für größere Kinder: Aufstieg auf den Ottofelsen

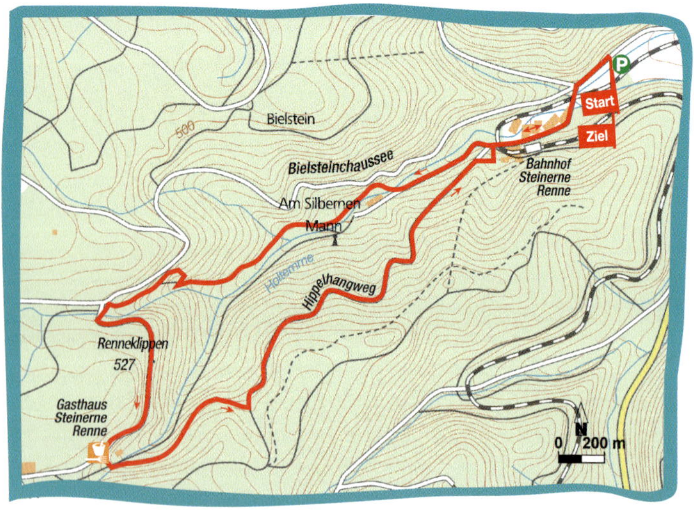

Nach der ausgiebigen Erholungspause geht es weiter. Hinter dem Gasthaus führt uns eine Holzbrücke über die hinabstürzende Holtemme. Wir laufen linker Hand einige Schritte über große Steine und Wurzeln entlang des Flusses, bis rechts ein Schild in Richtung Hippelhangweg weist – dort wollen wir hin! Nach 500 Metern bergan erreichen wir den kiesigen, breiten Hangweg, der stetig leicht bergab zurück zum Bahnhof Steinerne Renne führt – genau das Richtige nach dem kräftezehrenden Hinweg!

Just in dem Moment, als wir die Gleise der Harzer Schmalspurbahn überqueren wollen, wird uns ein passender Abschluss dieser tollen Wanderung beschert: Schnaufend und tutend rattert eine Dampflokomotive samt Wagenzug heran und vor uns über die Gleise – ein beeindruckendes Schauspiel, für die Augen ebenso wie für die Nase.

Variante

Mit größeren Kindern können Sie die nahe liegenden, fantastischen Aussichtspunkte Renneklippen oder Ottofelsen in die Wanderung einbinden!

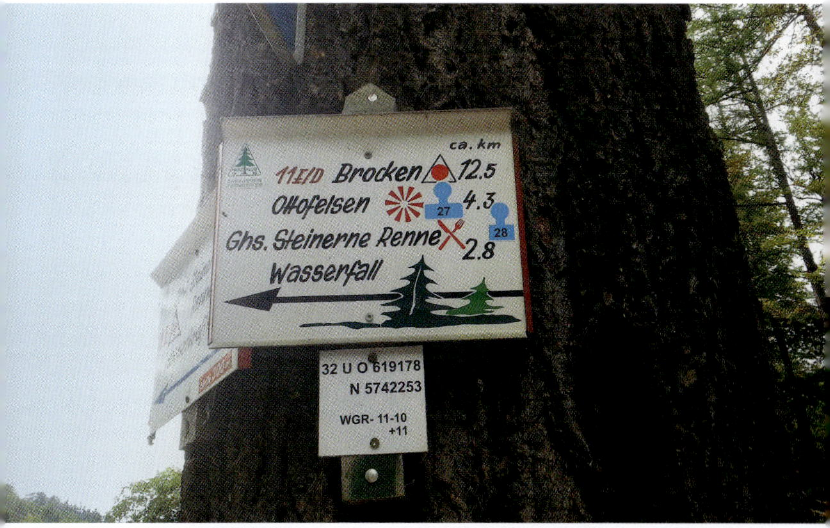

Ein bunter »Strauß« an Möglichkeiten am Ausgangspunkt dieser Wanderung

16 Idyllische Ilse

VOM KLOSTER ILSENBURG INS ILSETAL

Schmale Wege führen vom Kloster Ilsenburg mit leichten Höhenunterschieden hinab ins idyllische Ilsetal. Nach einer Erfrischung an der Prinzess-Ilse-Quelle laden Wasser- und Waldspielplatz zum ausgiebigen Spielen ein – eine attraktive Rundtour, besonders für jüngere Kinder!

Vom dritten Parkplatz am Schloss/Kloster Ilsenburg wandern wir zunächst hinab in den Schlosspark. Am Schlossteich halten wir uns schräg rechts und folgen dem Weg in eine Linkskurve und über eine Brücke hinweg. Über den Waldweg wandern wir geradewegs hinunter ins Ilsetal. Der steinige Weg links der Ilse führt uns zunächst leicht bergauf und bald wieder bergab. Das Gelände ist mitunter sehr abschüssig; der Weg bietet aber ausreichend Platz, um an solchen Stellen nebeneinander Hand in Hand zu gehen – ein spannender Streckenabschnitt! Nach 1,4 Kilometern landen wir im Ilsetal an der Prinzess-Ilse-Quelle. Das niedliche Brunnenhaus wurde um eine Mineralquelle herumgebaut, die dem dahinterliegenden Berg entspringt. Über einen außen angebrachten Wasserhahn »zapfen« wir frisches Quellwasser in Hände und Becher – herrlich!

Von der Quelle wandern wir über den hier beginnenden breiten Wald-

mittel	3,7 km	2 Std.	90 Hm

Tourencharakter Mittelschwere Rundtour durchs Ilsetal mit teils abschüssigem Wegesrand in der ersten Streckenhälfte, die zweite Hälfte an der Ilse entlang **Altersempfehlung** Ab 4 Jahren **Ausgangs-/Endpunkt** Kloster/Schloss Ilsenburg **GPS-Daten** N 51.860400, E 10.678943 **Anfahrt** A 36-Abfahrt Ilsenburg/Veckenstedt, links abbiegen, in Ilsenburg links auf die Wernigeröder Straße, dann rechts auf die Schlossstraße **Einkehr** Restaurant Nagelschmiede im Ilsetal, Café im Schloss Ilsenburg **Ausrüstung** Wechselkleidung **Information** Tourist-Information Ilsenburg, Tel. 039452/194 33, www.ilsenburg-tourismus.de

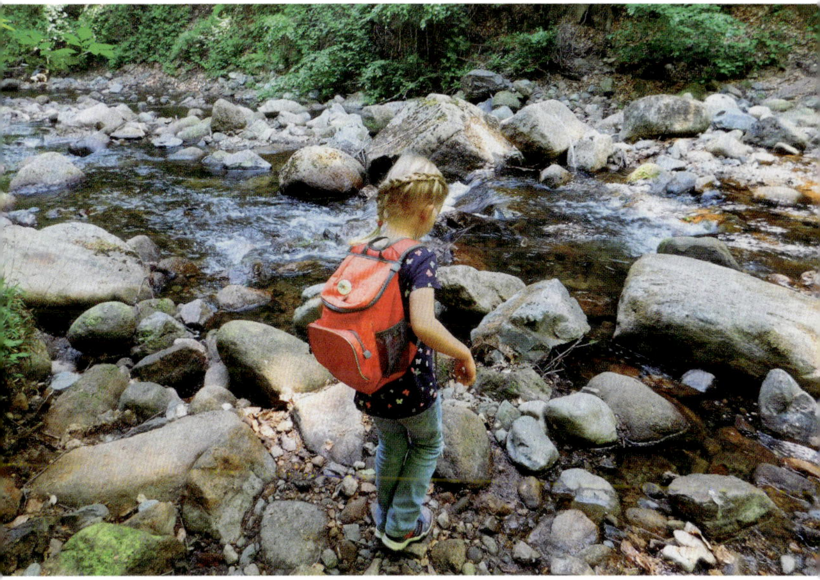

Das Flussbett der Ilse: gespickt mit unzähligen Steinen

weg an der idyllischen Ilse entlang. Bald queren wir mit dem Weg den Fluss, um an seiner Westseite weiterzulaufen. Hier können wir den Hauptweg nehmen oder über Trampelpfade direkt am Ufer vorankraxeln. Gehen wir über den Hauptweg, sehen wir bald links von uns Menschen durch den Wald »fliegen«: Über Seilbahnen sausen sie durch den Erlebniswald! Wenig später treffen wir auf eine Kneipp-Anlage und – viel wichtiger – einen tollen Wasser-

Die Sage von Prinzessin Ilse

Der Sage nach ertrank die holde Königstochter Ilse in von einer neidischen Hexe heraufbeschworenen Wassermassen und wohnt seither im Ilsestein. Manchmal soll sie in schimmerndem Gewand und mit einer Krone auf den blonden Haaren aus dem Felsspalt hervortreten und im Wasser des nach ihr benannten Baches ein Bad nehmen.

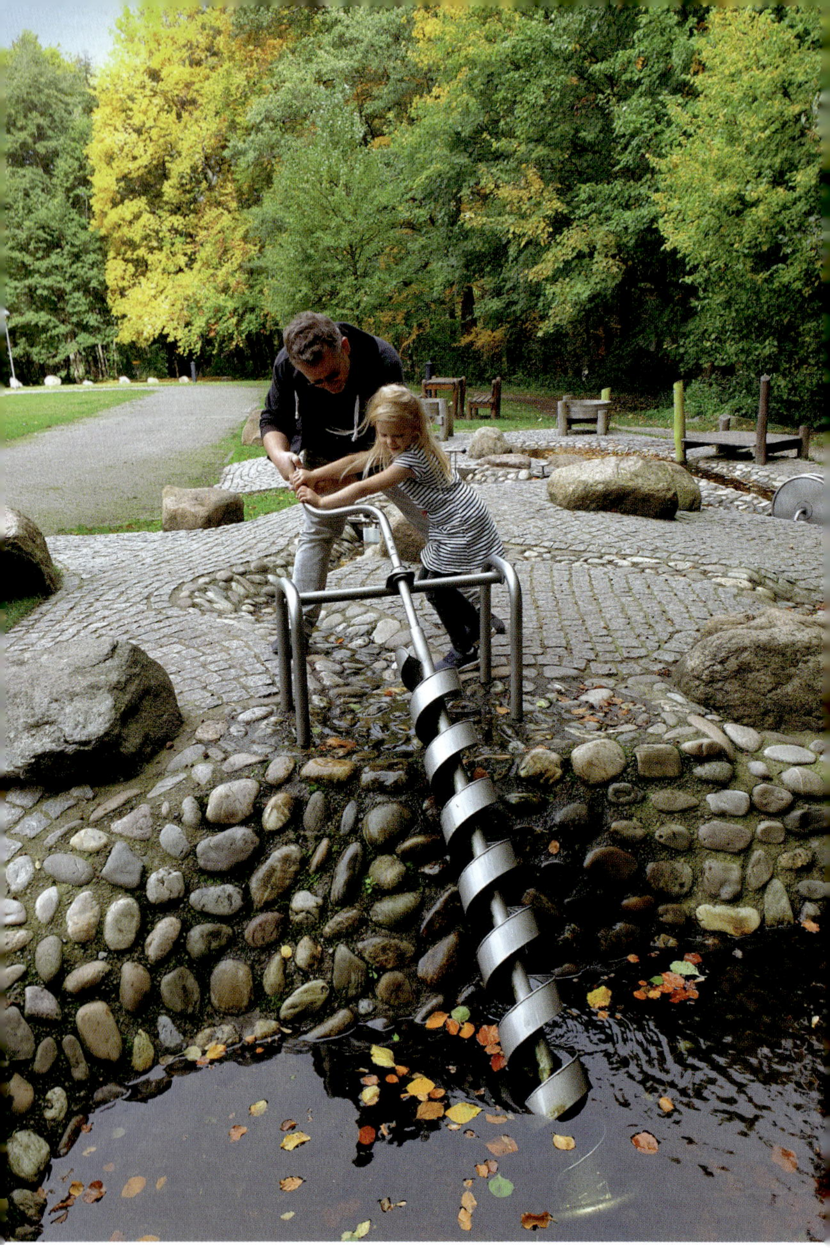

Auf den Spuren von Archimedes – seine Schraube funktioniert immer noch.

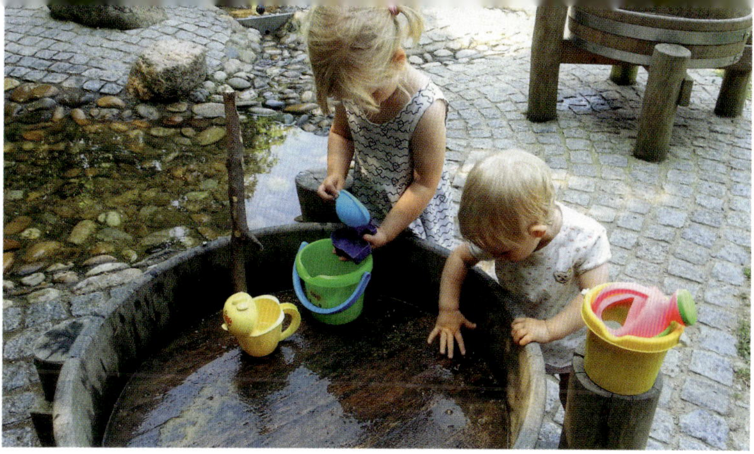

Der Wasserspielplatz bietet tolle Matschmöglichkeiten, auch schon für die ganz Kleinen.

spielplatz! An Schneckenpumpe (archimedische Schraube) und Wasserlaufsystem mit mehreren Dämmen und Kübeln können die Kinder ihrem Spieltrieb freien Lauf lassen – genau das Richtige für einen warmen Sommertag! Gepicknickt wird auf den nebenstehenden Bänken oder auf der großen Wiese vor dem Spielplatz.

Nach dem Aufwärmen in der warmen Sonne lockt der nächste Höhepunkt: Wir wandern weiter flussabwärts – hier gibt es mehrere Uferstellen, die zum Fußbad und Von-Stein-zu-Stein-Hüpfen animieren, bevor wir uns auf dem weitläufigen Ilsetal-Abenteuerspielplatz wiederfinden.

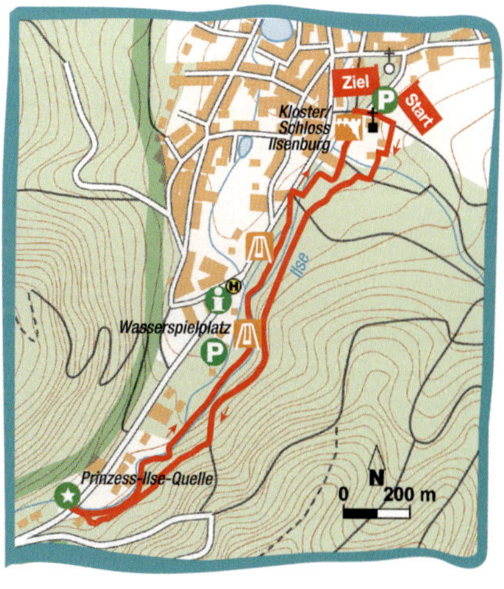

Nach einer Tobepause setzen wir unseren Weg stets in Flussnähe fort. Kurz hinter dem Nagelhüttenteich und der Terrasse der »Nagelschmiede« führt uns eine Brücke erneut über die Ilse. Sofort biegen wir links ab, um über den Fußweg die letzten Meter hinauf zu Schloss und Kloster zu laufen.

Knapp 4 Kilometer liegen hinter uns. Die Kinder sind fix und alle. Wir auch. Ein grandioser Ausflug!

17 Ilsetal intensiv

VOM KLOSTER ILSENBURG ZU ILSESTEIN UND PLESSENBURG

Auf dieser sportlichen Tour geht es vom Kloster Ilsenburg auf reizvollen Wegen zum Ilsestein, einer sagenumwobenen Felsformation hoch über dem Ilsetal. Vorbei an der Paternosterklippe wandern wir zum Waldgasthaus Plessenburg und hinab ins romantische Ilsetal.

Vom dritten Parkplatz am Schloss/Kloster Ilsenburg wandern wir hinunter in den Schlosspark. Am Teich folgen wir dem Weg nach schräg links zu einer »Engelsbank« (ihre Rückenlehne hat die Form von Engelsflügeln); sie gehört zum Harzer Klosterwanderweg. Kurz hinter der Bank gabelt sich der Weg; wir wählen den rechten, der sich nach rechts und links krümmt, bevor unser erstes Etappenziel, der Ilsestein (samt Kammerberg), ausgeschildert ist. Einen breiteren Weg querend, wandern wir gemächlich bergan. Bald

schwer | 11,2 km | 4.30 Std. | 330 Hm

Tourencharakter Sportliche Rundtour über teils schmale Pfade (stark abschüssiger Wegesrand!) mit tollen Etappenzielen; Variante: mit der Waldbuslinie 274 vom Gasthaus Plessenburg zurück nach Ilsenburg (etwa 5 km kürzer, verkehrt Anf. Mai–Okt.: Di.–Sa.) **Altersempfehlung** Ab 8 Jahren **Ausgangs-/Endpunkt** Kloster/Schloss Ilsenburg **GPS-Daten** N 51.860400, E 10.678943 **Anfahrt** A 36-Abfahrt Ilsenburg/Veckenstedt, links abbiegen, in Ilsenburg links auf die Wernigeröder Straße, dann rechts auf die Schlossstraße **Einkehr** Imbiss am Ilsestein, Waldgasthaus Plessenburg (Mo. Ruhetag, im Winter auch Di.), Restaurant Nagelschmiede im Ilsetal, Café im Schloss Ilsenburg **Information** Tourist-Information Ilsenburg, Tel. 039452/194 33, www.ilsenburg-tourismus.de

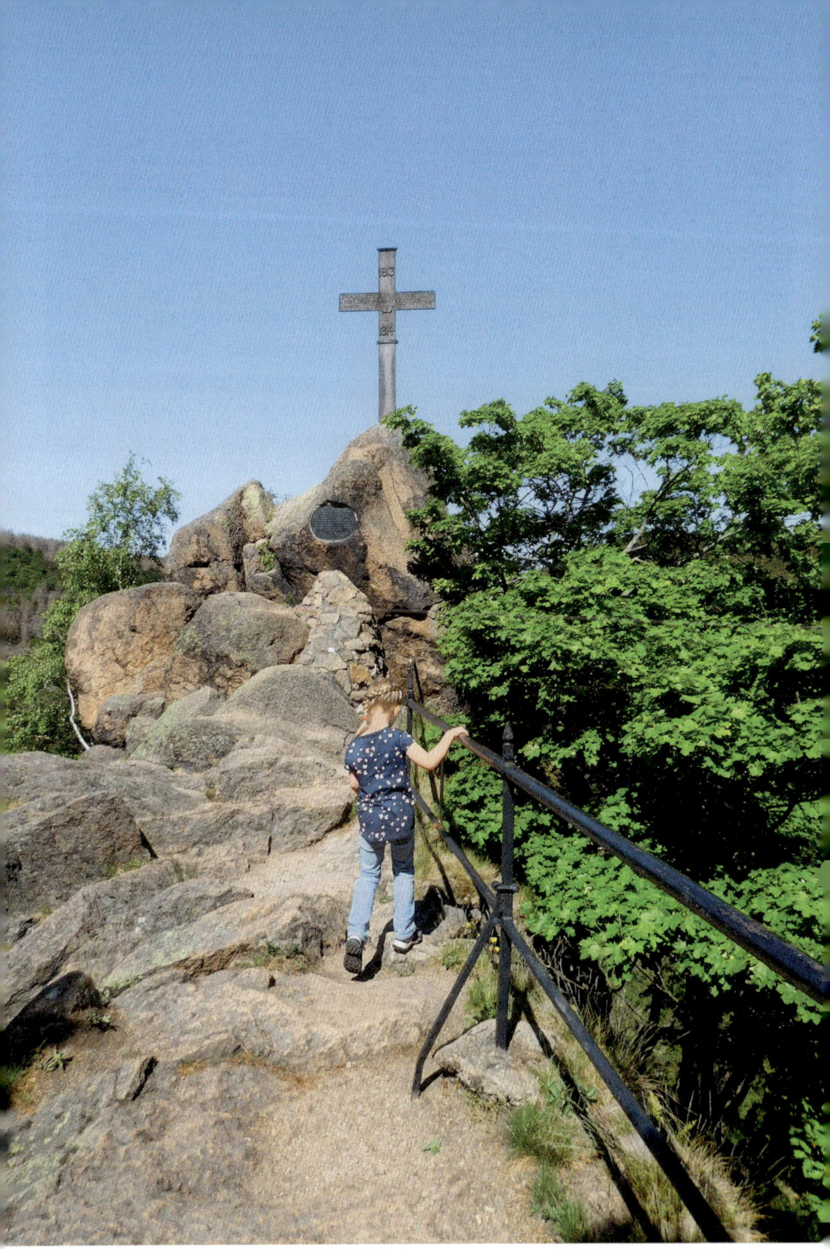

Hoch über dem Ilsetal: das Gipfelkreuz auf dem Ilsestein

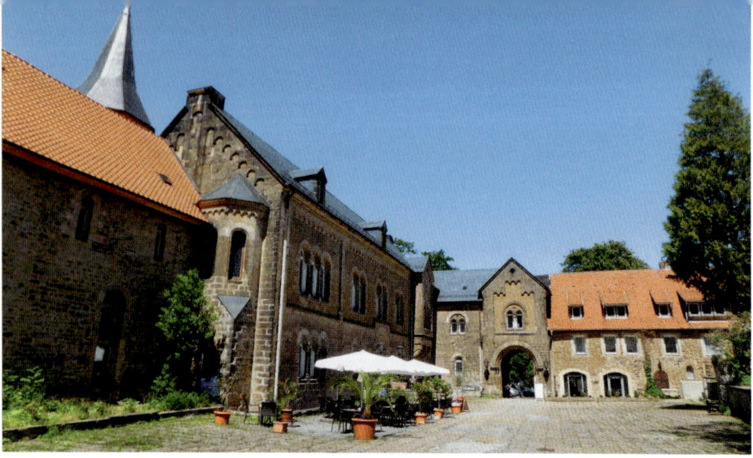

Kloster und Schloss Ilsenburg: Anfang und Ende dieser Tour

erreichen wir die nächste Wegkreuzung, an der wir uns scharf nach rechts wenden, um in einem Bogen über den breiten, steinigen Weg auf den Kammerberg aufzusteigen.

Kurz hinter dem Gipfel des Kammerbergs geht (nicht ausgeschildert und ziemlich unkenntlich) der Eselsstieg nach links vom Hauptweg ab. Zunächst fragen wir uns, ob dieser schmale Pfad tatsächlich der richtige sein soll, doch schon nach wenigen Metern sehen wir das erlösende Hinweisschild und bestaunen den nun fantastischen Weg! Am Hang entlang führt er uns mit einmaligen Aussichten gen Ilsenburg über federnden, von Fichtennadeln bedeckten Waldboden, abwechselnd zwischen alten Fichten, jungem Grün und markanten Felsen hindurch (Vorsicht, nahezu durchweg stark abschüssiger Wegesrand!).

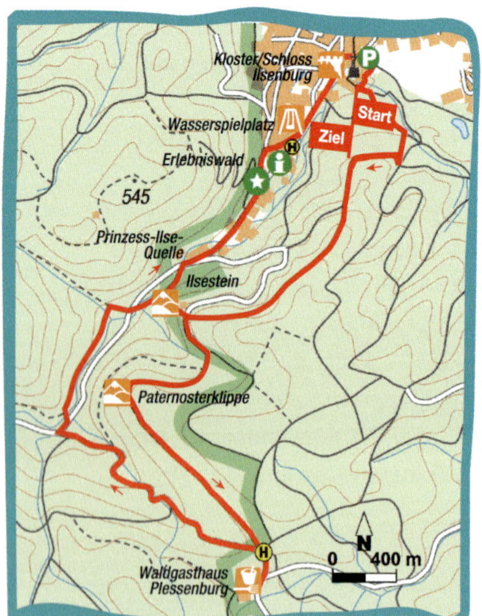

Nach 1,4 Kilometern führt uns der Eselsstieg auf einen breiteren Weg, dem wir linker Hand wenige Meter folgen, um den Ilsestein (HWN 30) zu erreichen. Noch 50 Schritte auf felsigem Untergrund, dann stehen wir vor dem eisernen Gipfelkreuz – ein einmaliges Plätzchen Erde! 100 Meter über dem Tal der Ilse haben wir von der Granitfelsformation einen phänomenalen Ausblick über das Ilsetal und bis zum Brocken!

Zurück auf dem Hauptweg, folgen wir diesem wenige Meter geradeaus, bevor wir ihn in Richtung Paternosterklippe und Gasthaus Plessenburg verlassen. Vorbei an der bizarren Klippe führt uns der abschnittsweise stein- und wurzelreiche Weg durch wunderschöne Landschaft mit herrlichen Weitblicken.

Nach etwa 2 Kilometern treffen wir auf den Fahrweg des Waldbusses. Von der Kreuzung ist es bloß noch ein Katzensprung bis zum Waldgasthaus Plessenburg (HWN 7), in dessen Freisitz wir uns stärken, bevor wir uns an den Abstieg machen. Hierzu folgen wir dem Fahrweg hinab ins Ilsetal. Im Tal angelangt, queren wir sogleich die Ilse und wenden uns nach rechts, um über den Heinrich-Heine-Weg durchs romantische Flusstal zu wandern. Immer wieder bieten sich hier Gelegenheiten, direkt ans Flussufer hinabzusteigen.

Erlebniswald Ilsetal

Ihr seid gegen Ende der Tour noch nicht aus der Puste? Dann macht einen Stopp im Erlebniswald und hangelt euch zwischen den Bäumen hindurch!

Am Zanthierplatz, an dem wir hinauf zum Ilsestein blicken können, quert der idyllische, steinige Weg noch einmal Ilse und Fahrweg, bevor er schließlich in den Hauptweg einmündet. Vorbei an der Prinzess-Ilse-Quelle, am Kletterwald und am Nationalparkhaus Ilsetal folgen wir nun dem Fußweg an der Straße, bis wir zu unserer Rechten den Ilsetal-Spielplatz sehen. Dahin biegen wir ab und folgen dem Weg am Spielplatz nach links, vorbei an einem Rastplatz und nun möglichst nah an der Ilse. Kurz hinter der Terrasse der »Nagelschmiede« überqueren wir auf einer Brücke erneut die Ilse. Wir wenden uns nach rechts, um gleich wieder links in den Wald aufzusteigen. Der Weg führt uns geradewegs über eine Brücke in den Schlosspark und, uns stets links haltend, vor den Torbogen zum Schloss- und Klostergelände. Von hier erreichen wir unseren Ausgangspunkt.

18 Li, La, Löwenzahn

UNTERWEGS AUF DEM LÖWENZAHN-ENTDECKER-PFAD BEI DREI ANNEN HOHNE

Der Löwenzahn-Entdeckerpfad entpuppt sich als Fest für die Sinne! Mitmachstationen auf schmalen Wald- und Wiesenpfaden rund um die Hohnewiese laden ein, Natur aus neuen Perspektiven wahrzunehmen.

Wir starten unsere Entdeckungsreise am Parkplatz, indem wir dem Hexenstieg über den Forstweg in Richtung Brocken folgen. Bereits nach wenigen Metern erspähen wir am linken Wegesrand das Eingangstor zum Entdeckerpfad samt Infotafel. Ein kurzer Blick auf die Tafel, und schon rennen die Kinder los. Zwischen Waldrand und Häusern erwartet uns sogleich die erste Station, die die Kinder auffordert, nach Tierspuren auf dem Boden und an Bäumen zu suchen. Schnell werden sie fündig: Paarhufer scheinen hier den

leicht | 2,6 km | 2.30 Std. | 50 Hm

Tourencharakter Leichte Tour über teils schmale Wald- und Wiesenwege; für Laufräder wegen eines (kurzen) wurzelreichen Abschnitts nur bedingt geeignet **Altersempfehlung** Ab 2 Jahren **Ausgangs-/Endpunkt** Parkplatz gegenüber Bahnhof Drei Annen Hohne (gebührenpflichtig) **GPS-Daten** N 51.771472, E 10.728608 **Anfahrt** Von A 36 nach Wernigerode Richtung Schierke, Parkplatz (gebührenpflichtig) rechts an L 100 in Drei Annen Hohne. Mit Bus und HSB aus Wernigerode und Schierke erreichbar. **Einkehr** Café im Natur-Erlebniszentrum HohneHof **Info Entdeckerpfad** Geöffnet Mai–Okt. **Info HohneHof** Geöffnet Apr.–Okt.: tgl. 10–17 Uhr, Nov.–März: tgl. 10–16 Uhr, Eintritt frei **Ausrüstung** Evtl. Wechselkleidung **Information** Natur-Erlebniszentrum HohneHof, Tel. 039455/86 40, www.nationalpark-harz.de/de/besucherzentren/hohnehof

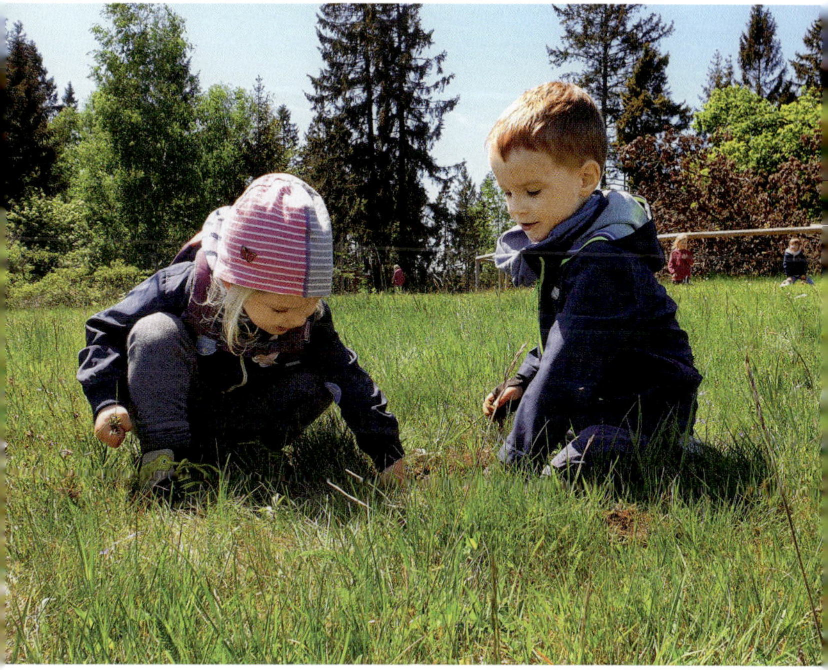

Die Hohnewiese lädt zum Entdecken von Pflanzen und Grashüpfern ein.

(inzwischen wurzelreichen) Waldweg gekreuzt zu haben – doch welche Tiere waren das genau? Wildschweine? Hirsche? Die Kinder sind sich uneinig. Und wer hat Recht? Die Auflösung (gefolgt von »Hurra«-Rufen) verrät uns bald eine Tafel am Wegesrand, die die Kinder aufmerksam studieren. Unmittelbar hinter der Tafel führt der Entdeckerpfad rechter Hand über zahlreiche Wurzeln bergan in jungen Mischwald. Drehpuzzles zu in absterbendem Holz lebenden Tieren und zu Baumarten des Harzes werden von den Kindern in die korrekte Form gedreht, dann geht es auch schon weiter: Mit einem kleinen Abstecher erreichen wir den Barfußpfad. Durch den Wald führt er über mit Fichtenzapfen, Baumrinde, Sand, Steinen, Ästen und Hölzern bedeckte Flächen – einen ähnlich attraktiven und weitläufigen Barfußpfad haben wir bislang noch nicht gesehen! Die Kinder drehen meh-

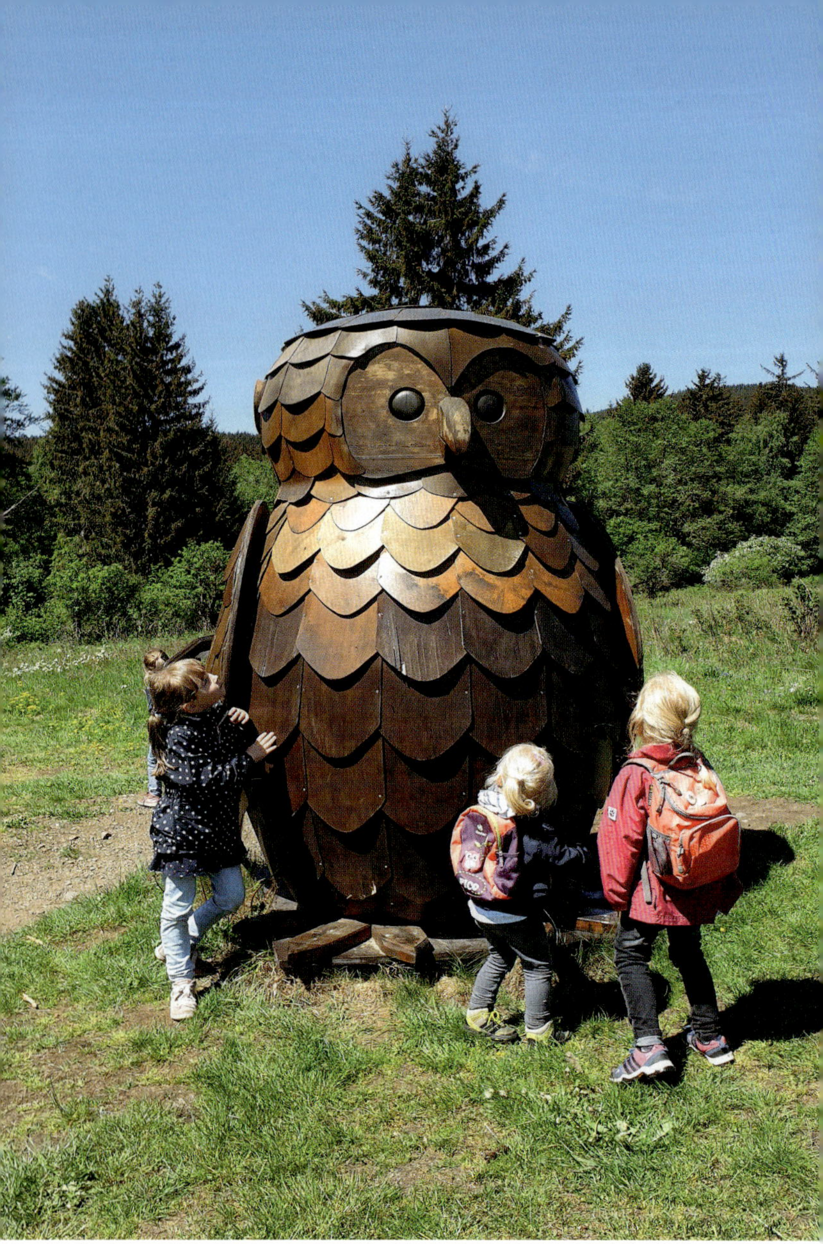

Die »Hör-Eule«: von außen optisch, von innen akustisch bemerkenswert

rere Runden und bekommen gar nicht genug davon, die Natur hautnah zu erspüren, wenngleich die Füße bei den noch niedrigen Temperaturen langsam kühl werden.

Die in einiger Ferne entdeckte »Hör-Eule« animiert dann doch zum Weiterwandern. Über eine kleine Treppe steigen die Kinder nacheinander in das Innere der hölzernen Eule und lauschen durch ihr »Ohr« den Umgebungsgeräuschen, die sie durch die Öffnung in der Eule viel deutlicher wahrnehmen können.

Ein Wiesenweg führt uns in einem Bogen zu einem wundervoll gestalteten Wald-Memory, an dem die Kinder hinter Klappen versteckte Tier- und Pflanzenpärchen suchen, und zum Tierweitsprung, an dem sie ihr Sprungvermögen im Vergleich zu Floh, Baummarder, Rotfuchs, Eichhörnchen, Wildschwein & Co. beweisen (unglaublich, wie weit ein Wildschwein springen kann!).

Auf der Wiese rennen die Kinder noch einmal hierhin und dorthin, wollen alles ganz genau erkunden, erneut zur Hör-Eule abbiegen … Es ist ein wahres Vergnügen – und Zeit für eine Rast! Einen idealen Platz hierfür bietet die kleine Sitzgruppe an der Hohne-Eiche. Mit ihren 600 Jahren beeindruckt dieses Naturdenkmal nicht nur die Erwachsenen! Infotafeln erläutern die Schutzbedürftigkeit dieser Eiche.

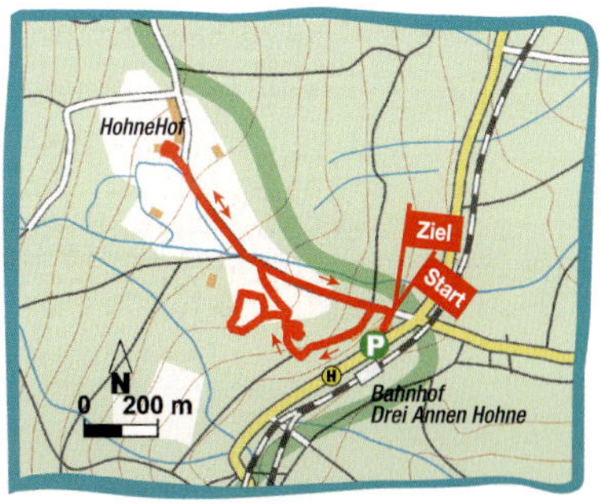

Nach ausgiebiger Stärkung jagen die Kinder wie Eulen über die weitläufige Hohnewiese und untersuchen die vielfältige Flora und Fauna (wie viele kleine Grashüpfer hier unterwegs sind!). Dann führt uns der Entdeckerpfad von der Wiese weg und, nach Querung des Harzer Hexenstiegs, zum 300 Meter entfernten Natur-Erlebniszentrum HohneHof (HWN 174). Auf dem Weg dorthin erwartet uns eine Wasserstation mit archimedischer Schraube, bevor der Entdeckerpfad am HohneHof mit vielen Infotafeln, großem Spielplatz und rustikalem Café endet.

Zurück geht es die letzten 300 Meter so, wie wir kamen, und über den Hexenstieg auf kürzestem Weg zurück zum Ausgangspunkt. Ein herrlicher Ausflug!

19 Hoch, höher, Hohnekamm

HINAUF ZU LEISTENKLIPPE UND TRUDENSTEIN

Die Klippentour entlang des Harzer Hexenstiegs und über den felsigen Hohnekamm führt durch die sagenhafte Oberharzer Berglandschaft auf die Leistenklippe und den Trudenstein. Sie begeistert mit außergewöhnlichen Wegen, imponierendem Felsgestein und einmaligen Aussichten.

Wir starten unsere Tour auf dem direkt am Parkplatz verlaufenden Hexenstieg und gehen geradeaus zunächst gute 2 Kilometer über einen breiten Forstweg (an der zweiten Gabelung rechts halten!) stetig leicht bergan in Richtung Bärenklippe. Kurz nach Verlassen des Forstwegs auf einen linker Hand abzweigenden, wurzeligen Pfad (weiter in Richtung Bärenklippe) lädt die erste Schutzhütte auf dem Weg zu einer kurzen, wohlverdienten ersten Rast mit Ausblick bis zum Schloss Wernigerode ein. Weiter geht es über den steilen Skihang immer geradeaus hinauf auf den Hohnekopf. Oben ange-

schwer | 8 km | 3.30 Std. | 380 Hm

Tourencharakter Landschaftlich besonders reizvolle, höhenmäßig anspruchsvolle Tour in die Oberharzer Berg- und Klippenlandschaft **Altersempfehlung** Ab 7 Jahren (bei entsprechender Kondition eher) **Ausgangs-/Endpunkt** Parkplatz gegenüber Bahnhof Drei Annen Hohne (gebührenpflichtig) **GPS-Daten** N 51.771472, E 10.728608 **Anfahrt** Von A 36 nach Wernigerode Richtung Schierke, Parkplatz rechts an L 100 in Drei Annen Hohne. Mit Bus und HSB aus Wernigerode und Schierke erreichbar. **Einkehr** Imbiss am Bhf. Drei Annen Hohne oder über einen Abstecher im Café des Natur-Erlebniszentrums HohneHof **Ausrüstung** Ggf. Sicherungsgurt/-seil **Information** Nationalparkverwaltung Harz, Tel. 03943/550 20, www.nationalpark-harz.de

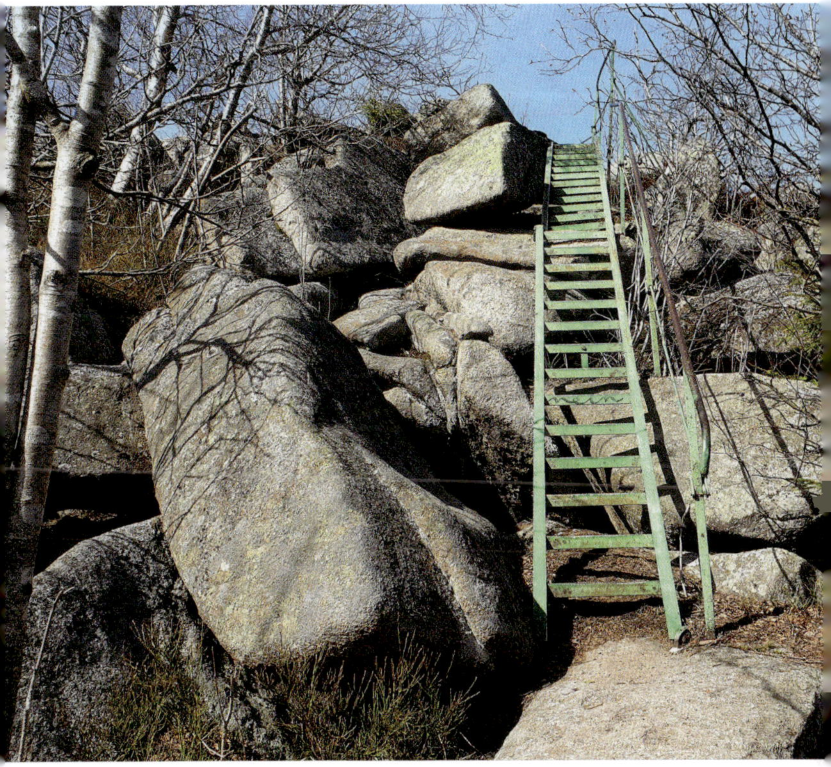

Die Leistenklippe: Die letzten Stufen führen hinauf zu einer phänomenalen Aussicht.

kommen, sind alle Mühen und Anstrengungen des Aufstiegs vergessen – zu spannend ist das ständige, von typischer Oberharzer Flora umgebene Auf und Ab über den schmalen, felsigen Hohnekamm-Weg, der uns nach 900 Metern an die Leistenklippe (HWN 15) führt. Über kleinere Felsbrocken geht es an den Fuß einer steilen Treppe. Da die Abstände der Querstreben auf der Klippe sehr großzügig bemessen sind, sichern wir unsere Tochter vorsichtshalber mit Gurt und Seil, bevor wir das massive Gestein besteigen. Oben auf der Klippe stockt uns dann kurz der Atem: Welch fantastischer Rundumblick sich hier in windiger Höhe bietet! Die Sicht reicht nach Wernigerode und bis hin zu Gevatter Brocken.

Den steinigen Weg über den Hohnekamm gehen wir wieder zurück bis zum Skihang, den wir nun links liegen lassen, um weitere 500 Meter geradeaus steil bergab über einen wurzeligen Weg zu laufen. Auf diesem Streckenabschnitt führen kleine Trampelpfade um etliche umgestürzte Bäume herum, die uns die wilde Landschaft des Nationalparks Harz eindrucksvoll vor Augen führen. Wenig später purzeln wir geradezu auf den Glashüttenweg, und sogleich erhebt sich vor uns der mächtige Trudenstein (HWN 17). Auch diesen erklimmen wir über mehrere Treppen, und wieder bietet sich uns eine grandiose Aussicht, diesmal auf große Teile des Süd- und Ostharzes!

Zurück am Fuße der riesigen Gesteinsblöcke, werden die letzten Essensvorräte verputzt – der anspruchsvollste Teil der Wanderung ist geschafft, nun steht nur noch der 2,4 Kilometer kurze Rückweg bevor. Hierfür folgen wir dem Glashüttenweg in Richtung Drei Annen Hohne immer geradeaus, unterbrochen durch eine Abkürzung über ein leicht unkenntliches, wurzeliges, aber als Wanderweg ausgewiesenes Wegestück (beginnend in der ersten Linkskurve des Glashüttenwegs) zurück zum Ausgangspunkt. Spätestens am Abend werden auch die Erwachsenenbeine von den überwundenen Höhenmetern auf dieser einzigartigen Tour »erzählen«.

Auf den Spuren des Borkenkäfers

Wusstet ihr, dass der Borkenkäfer hauptsächlich tote oder (durch Windschäden oder Trockenheit) geschwächte Bäume befällt? Die nur rund 5 Millimeter kleinen Käfer bohren sich in die Rinde (Borke) eines Baumes, fressen Gänge ins Holz und legen darin ihre Eier ab. Dabei unterbrechen sie die Saftstromleitungen des Baumes; er »verdurstet«. Um die Ausbreitung des Borkenkäfers (auch auf noch intakte Pflanzen) einzudämmen, werden von ihm besiedelte Bäume frühzeitig gefällt und aus dem Wald entfernt – ehe die nächste Generation Jungkäfer ausfliegen und brüten kann. Rund um den Hohnekamm seht ihr zahlreiche vom Borkenkäfer befallene Bäume umgestürzt am Boden liegen. Könnt ihr in ihrer abgefallenen Rinde Bohrgänge des Borkenkäfers entdecken?

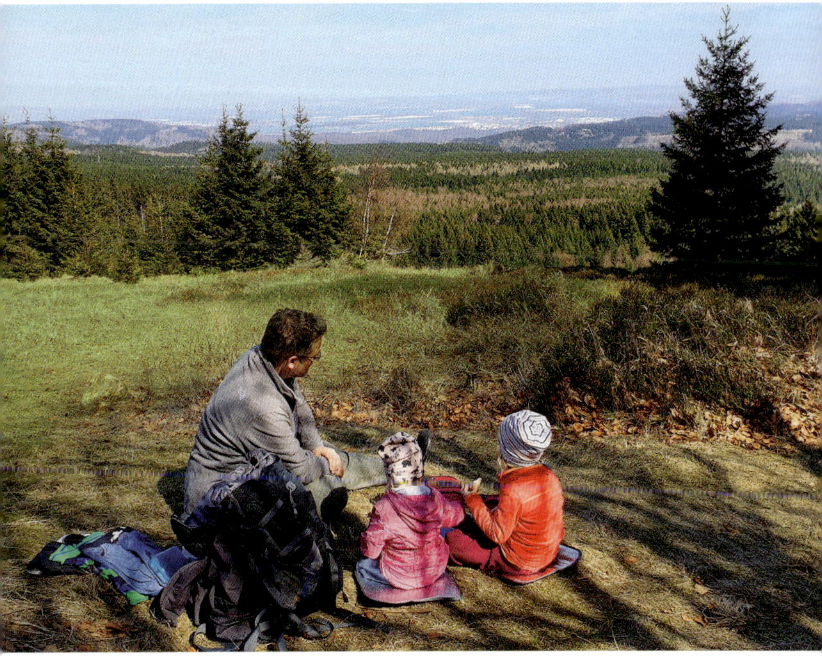

Bereits auf dem Weg zur Leistenklippe lohnt sich ein Innehalten, um den Ausblick zu genießen.

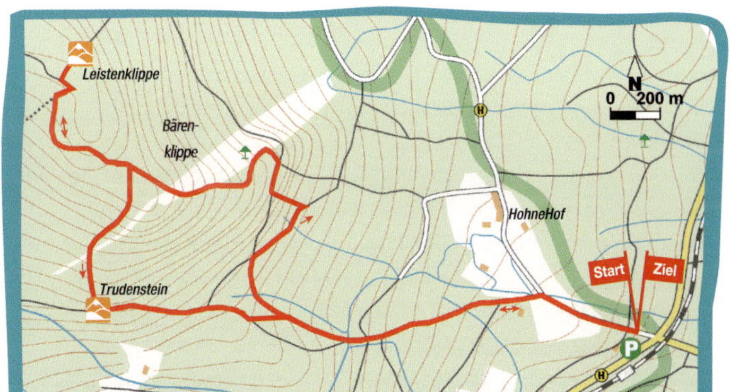

20 Den Brocken rocken

ÜBER DEN ECKERLOCHSTIEG VON SCHIERKE AUF DEN BROCKEN

Diese recht anspruchsvolle Tour von Schierke auf den Brocken (1142 Meter) verläuft über den Eckerlochstieg, einen fantastischen Wanderweg über große Steine und zahlreiche Wurzeln – steil und unwegsam, spannend und unbeschreiblich schön!

Vom Parkhaus aus wandern wir entsprechend der Ausschilderung zum Eckerlochstieg zunächst über einen Waldweg und bald auf der Brockenstraße aus dem Ort heraus. Hier treffen wir schnell auf das Nationalparkhaus Schierke, das wir rechts liegen lassen. Sofort haben wir die Ausmaße des Waldwandels vor Augen: Zahlreiche abgestorbene Bäume prägen hier das Landschaftsbild.
Etwa 500 Meter weiter biegen wir von der Brockenstraße nach rechts ab: auf den sagenhaften Eckerlochstieg! Hier noch recht breit und mit kleine-

schwer | 13,5 km | 5.30 Std. | 530 Hm

Tourencharakter Anspruchsvolle Wanderung mit steilem Aufstieg über steinige und wurzelige Wege; alternativer Rückweg via Brockenbahn bis Bahnhof Schierke möglich (Fußweg Bahnhof–Parkhaus ca. 3 km) **Altersempfehlung** Ab 8 Jahren (bei entsprechender Kondition eher) **Ausgangs-/Endpunkt** Parkhaus »Am Winterbergtor« in Schierke **GPS-Daten** N 51.765577, E 10.652099 **Anfahrt** Von B 242 in Braunlage Richtung Elend/Schierke, links auf L 99, in Schierke Ausschilderung zum Parkhaus folgen. Mit dem Bus aus Braunlage und Wernigerode bis Schierke Parkhaus Winterbergtor. **Info Parkhaus** Parkgebühren: für jede angefangene Std. 1 €, max. 10 € Tagesgebühr **Einkehr** Mehrere Möglichkeiten auf dem Brocken **Ausrüstung** Unbedingt genügend Proviant und Durstlöscher einpacken! **Information** Nationalparkhaus Schierke, Tel. 03945/5477, www.nationalpark-harz.de

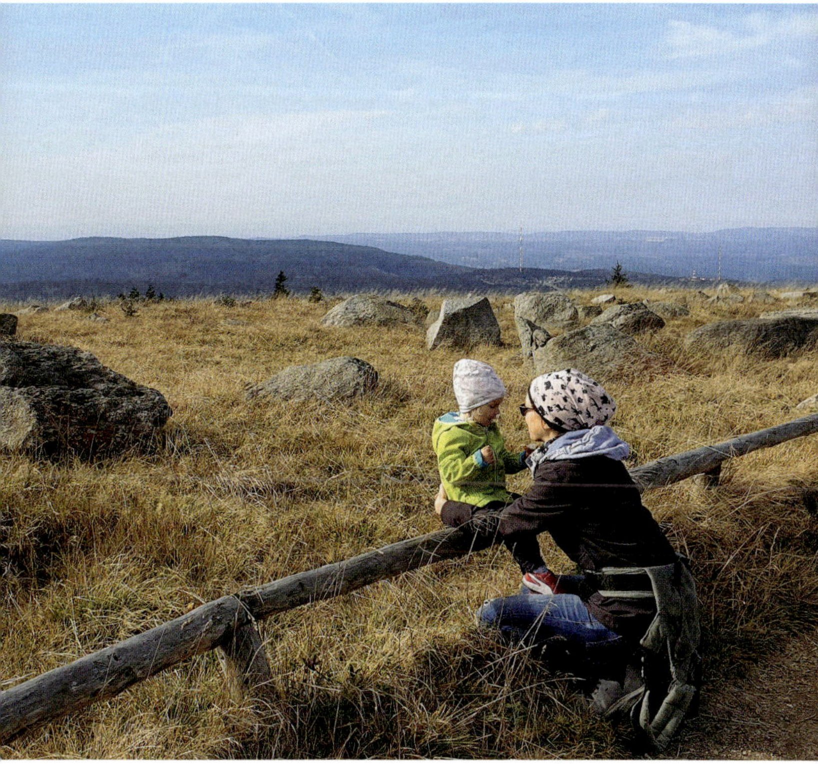

Auf dem höchsten Berg des Nordens: ein ruhiges Plätzchen am Rande des Brockenplateaus

ren Felsen und Wurzeln bedeckt, verändert er sein Erscheinungsbild nach erneutem Queren der Brockenstraße: Nun geht es steil bergan und fast ausschließlich über Felsbrocken, auf erdigem Untergrund wandern wir nur noch selten. Ein wirklich fabelhafter Weg!

Brockenhaus

In der Erlebnisausstellung im Brockenhaus könnt ihr Interessantes zum Nationalpark und zum Brocken erfahren!

Nach Querung der Brockenbahn-Gleise kommen wir ans Eckerloch (HWN 11), einen Rastplatz auf dem Weg hoch zum Brocken. In Erwartung der vorbeidampfenden und vor sich hin tutenden Schmalspurbahn legen wir eine Pause ein – der Großteil des Anstiegs ist hier geschafft!

Vom Rastplatz aus folgen wir dem steinigen Eckerlochstieg noch für knapp 1 Kilometer, dann führt er uns auf die Brockenstraße. Wir wenden uns nach links und wandern bald erneut über die Gleise der Brockenbahn hinweg. Hier begegnen wir nun all jenen, die den Aufstieg von Torfhaus über den Goetheweg oder von Schierke über die Brockenstraße in Angriff genommen haben – es wird ganz schön voll! Die letzten Meter schleppen wir uns durch die »Knochenbrecherkurve« und bis zum Gipfel des höchsten Berges im Harz und in ganz Norddeutschland. (Wer schnauft hier lauter: die Brockenbahn oder wir?) Dann ist der Aufstieg geschafft – Wahnsinn: Wir sind da! Wahnsinn: die Menschenmengen! Wahnsinn: die Aussicht vom Brockenplateau! Wir suchen uns ein ruhiges Plätzchen und atmen vor einmaligem Harzpanorama durch.

Nach dem obligatorischen Foto am Brockenstein und einem am Brockenhaus (HWN 9) gesetzten Stempel gönnen wir uns beim Brockenwirt eine Portion Pommes samt Apfelschorle (für die Kinder) und Radler (für die Eltern), dann heißt es wieder hinunterwandern. Über die Brockenstraße und den letzten Abschnitt des Eckerlochstiegs geht es zurück

Totholz

Auf dem Eckerlochstieg besteht Gefahr durch herabstürzendes Totholz – achten Sie also darauf, dass Sie diese Tour nicht bei Wind oder Sturm gehen!

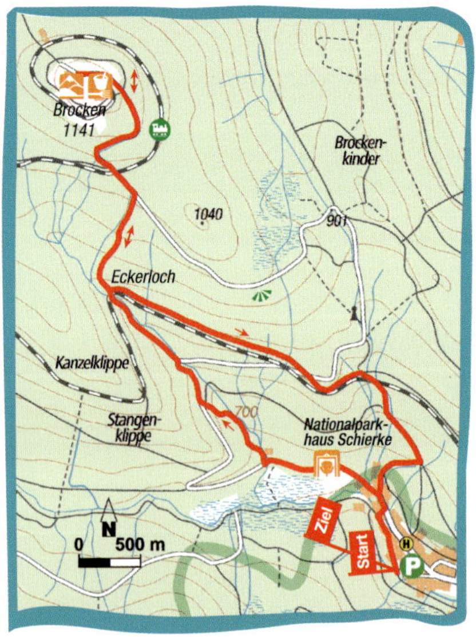

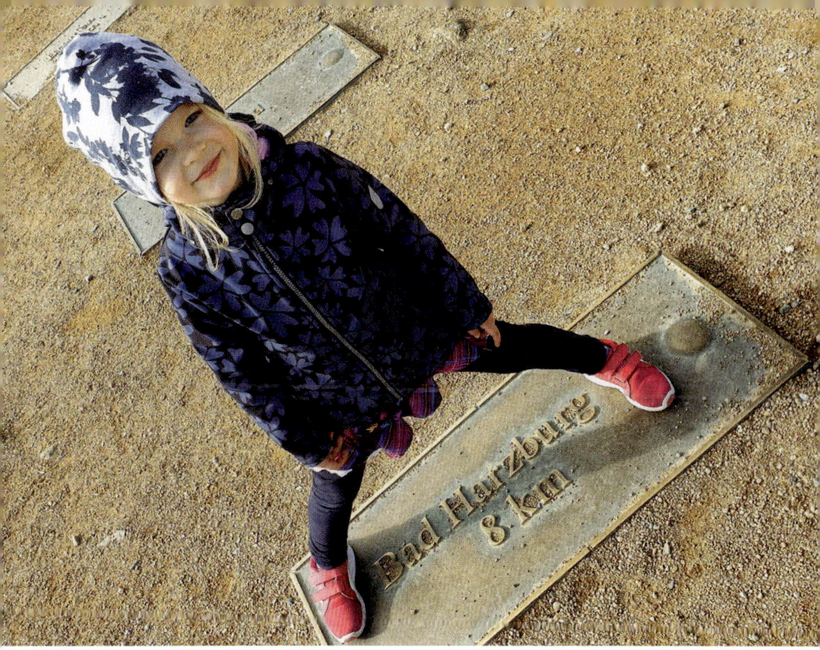

In einem Kreis mit Rom, Madrid und London: Bad Harzburg auf der »Brockenuhr«

zum Eckerloch. Hier wenden wir uns nun (statt dem Eckerlochstieg weiter zu folgen) nach links, um gemütlich über den leicht zu gehenden Bahnparallelweg in Richtung Schierke zu wandern. Die Brockenbahn dampft noch einmal an uns vorbei, bevor wir die Gleise zur »Alten Bobbahn« hin überqueren. Ihr folgen wir 1 Kilometer, um bei zweiter Gelegenheit rechts von ihr abzubiegen. Der Weg führt uns zurück nach Schierke auf die Brockenstraße, von der aus wir schließlich über den Waldweg vom Beginn unserer Tour wieder zurück zum Parkhaus gelangen. Was für ein Tag!

Der Blocksberg

Wusstet ihr, dass der Brocken auch »Blocksberg« genannt wird? Das geschieht, wenn man vom Brocken als einem sagenumwobenen Berg spricht. Der Sage nach sollen auf ihm in der Walpurgisnacht der Teufel, Hexen und Zauberer auf Besen, Heugabeln und Ziegenböcken reitend zusammenkommen und um ein großes Feuer tanzen. (Ganz ähnlich klingt die Sage vom Hexentanzplatz bei Thale.)

WISSEN

Waldwandel im Nationalpark Harz

»Natur Natur sein lassen« – dies gilt im Nationalpark Harz wie auch in anderen Nationalparks, vor allem, um geschützte Lebensräume für Pflanzen und Tiere zu schaffen.

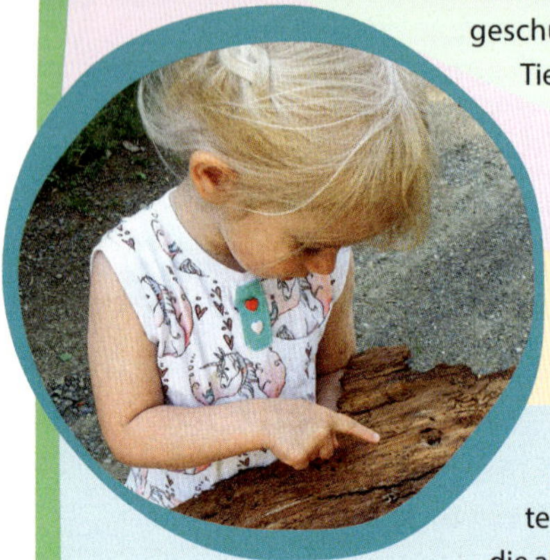

Geduld im Wechsel …

Stürme, Hitze und der Borkenkäfer haben dem Harzwald in den vergangenen Jahren stark zugesetzt. Wohin man im Oberharz blickt, überall sieht man entwurzelte oder vom Borkenkäfer zerstörte Bäume. Letzterer hat besonders in den Fichtenwäldern leichtes Spiel. Wie graue Streichhölzer stehen die abgestorbenen Bäume besonders in den oberen Höhenlagen dicht an dicht und wirken auf Nationalparkbesucher bizarr und erschreckend.

Blickt man jedoch genauer hin, erkennt man, wie zwischen und auf dem grauen Totholz quietschgrüne neue Pflanzen hervorsprießen. Neben Fichten gedeihen hier nun auch Buchen, Ebereschen und andere Laubbäume und Sträucher. Das Totholz bietet zudem vielen Waldbewohnern Nahrung und Unterschlupf und fördert so die Artenvielfalt des Waldes.

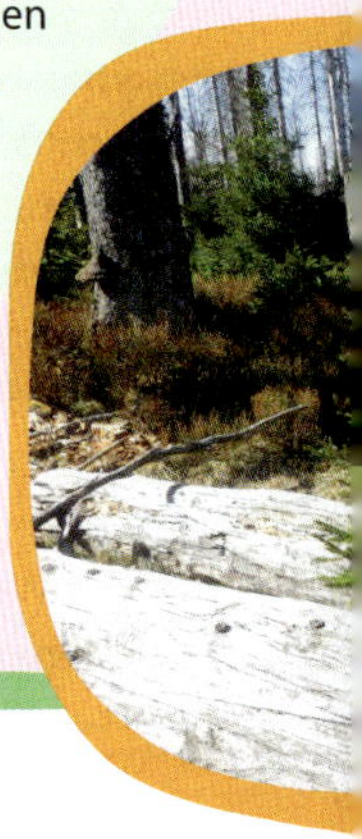

Der Eindruck, den die großflächigen toten Fichtenwälder vermitteln, täuscht also: Der Wald stirbt nicht, er befindet

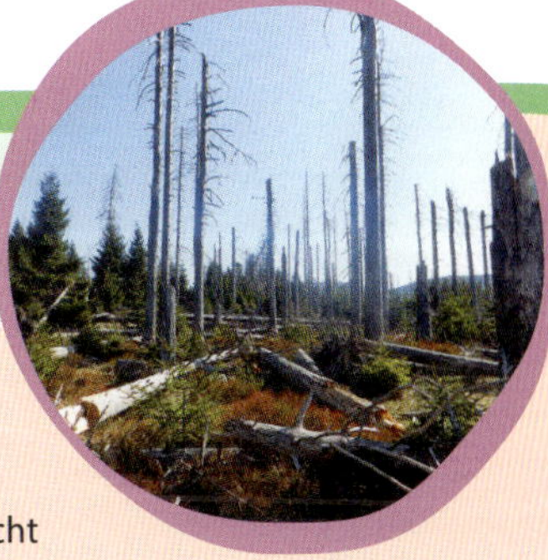

sich im Wandel! In der Monokultur Fichtenwald bricht sich die Natur Bahn, sodass aus einem von Menschen angelegten ehemaligen Wirtschaftswald wieder vielfältige, natürliche Wildnis entsteht. Bei diesem Prozess müssen wir nicht betroffen wegschauen, wir dürfen daran teilhaben – aber nicht, um uns einzumischen und die entstandene Unordnung zu beseitigen. Vielmehr sind wir eingeladen, als *Gäste* des Waldes das Schauspiel seiner natürlichen Erneuerung zu beobachten!

… mit durchdachten Maßnahmen

Gleichzeitig unterstützt der Nationalpark in einigen Teilen sanft den Waldwandel durch das Pflanzen junger Buchen. Sie sind es nämlich, die zum ursprünglichen Baumbestand in den mittleren und unteren Höhenlagen des Harzes gehörten, bevor der Mensch sie aus wirtschaftlichen Gründen abholzte und an ihrer Stelle die schnell wachsenden, natürlicherweise nur in den Harzer Höhenlagen gedeihenden Fichten anpflanzte. Zudem werden abgestorbene Bäume dort gefällt oder umgerissen, wo sie für Wanderer und Verkehr zur Gefahr werden. Ihre Überreste bleiben unberührt liegen.

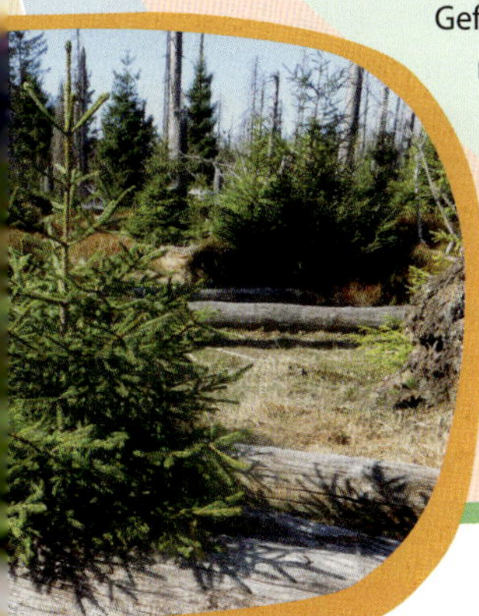

Einen guten Einblick in den natürlichen Prozess der Walderneuerung gibt der WaldWandelWeg bei Torfhaus. Mehr Infos gibt es im Nationalpark-Besucherzentrum TorfHaus (Torfhaus 8, 38667 Torfhaus, Tel. 05320/33 17 90) und unter www.nationalpark-harz.de.

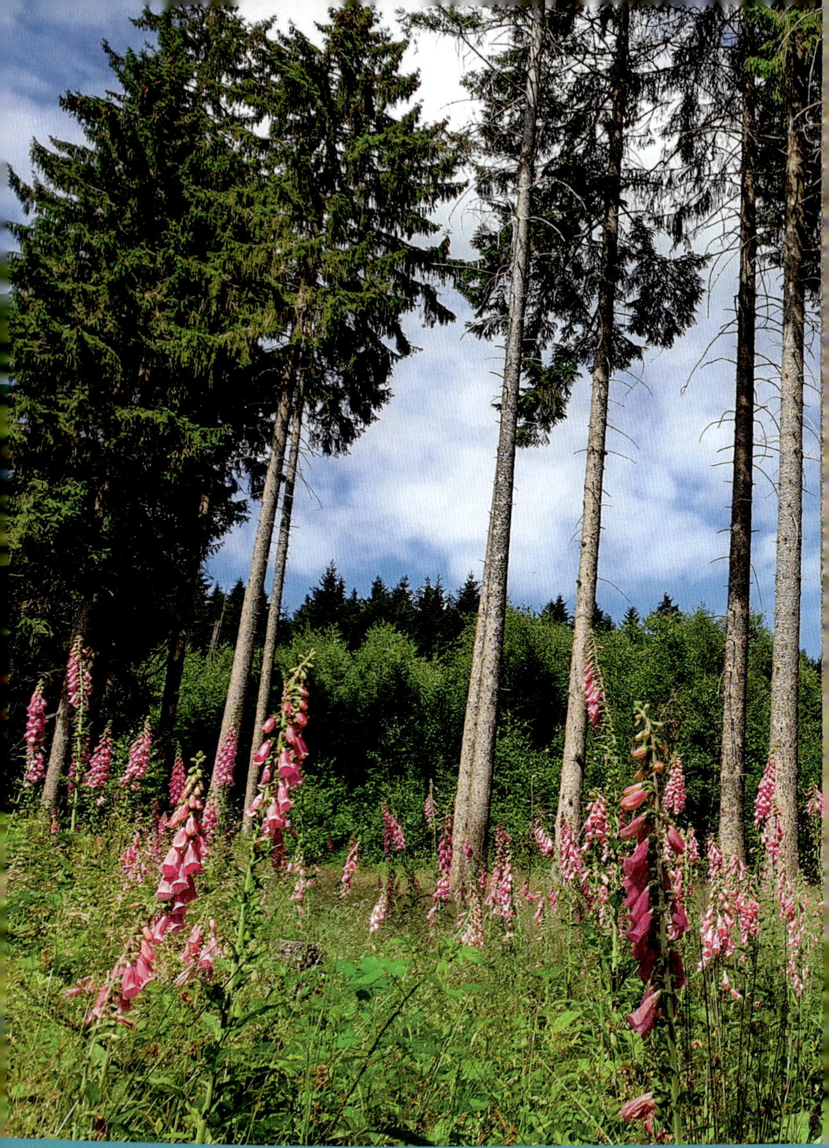

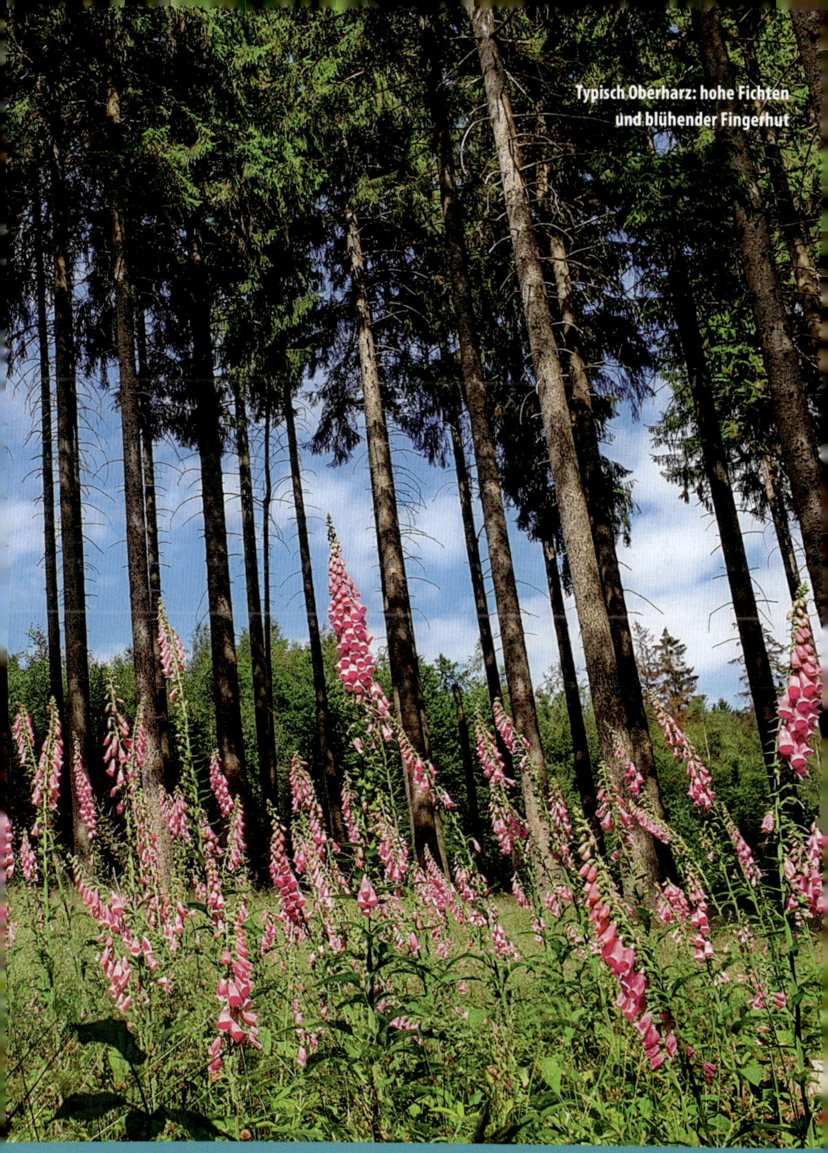

Oberharz

21 Wünsch dir was

UNTERWEGS AUF DEM NATURMYTHENPFAD BEI BRAUNLAGE

An originell und optisch ansprechend gestalteten Stationen vermittelt der Naturmythenpfad Märchen, Sagen und Mythen rund um Wasser, Bäume und Wald. Abschließend finden auch eigene Wünsche ihren »Platz in der Natur«.

Vom Nationalpark-Wandertreff laufen wir, anfangs über den Hexenstieg, unter der B 4-Brücke hindurch, dann nach rechts etwa 600 Meter zum Start des knapp 4 Kilometer langen, gut ausgeschilderten Naturmythenpfads. Von dem hauptsächlich über breite Wege verlaufenden Rundweg zweigen hin und wieder schmalere, wurzelige Pfade ab, die zu Mitmachstationen führen. Anders als sonst machen die breiten Waldwege den Kindern hier nichts aus: Wie beflügelt sausen sie von einer Station zur nächsten! Ein dickes Holzbuch informiert jeweils über Ursprung, Mythos und Geschichte(n) von Baum,

leicht | 5 km | 3 Std. | 90 Hm

Tourencharakter Leichte Tour auf meist breiten Waldwegen, unterbrochen durch schmale, wurzelige Pfade; bedingt für Kinderwagen geeignet (Umgehung der Wurzelpfade möglich) **Altersempfehlung** Ab 3 Jahren **Ausgangs-/Endpunkt** Nationalpark-Wandertreff nahe der DHJ Jugendherberge Braunlage **GPS-Daten** N 51.723773, E 10.596397 **Anfahrt** B 4-Abfahrt Braunlage-Nord, in Braunlage rechts auf Von-Langen-Straße, parken am Straßenrand an letzter Abzw. zur Jugendherberge. Mit dem Bus aus Bad Sachsa oder Bad Harzburg bis Von-Langen-Straße (1 km bis zum Wandertreff). **Info Erlebnispfad** Geöffnet Mai–Okt. **Ausrüstung** Evtl. Wechselkleidung **Information** Nationalpark Harz, Tel. 03943/550 20, www.nationalpark-harz.de

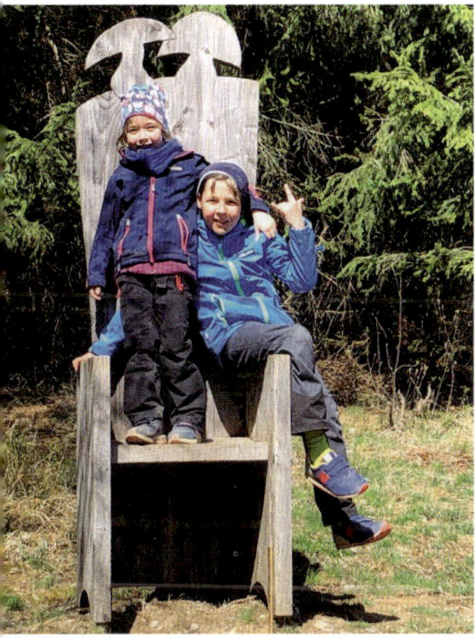

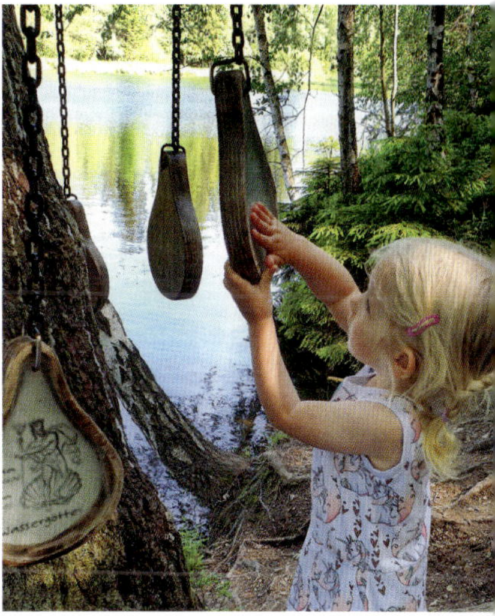

Der Naturmythenpfad birgt zauberhafte Überraschungen: vom Königsthron bis zu Wassergöttern.

Bach, Wasser, Vogel, Naturgewalten, Wald & Co. Im Verlauf des kurzweiligen Rundwanderwegs puzzeln wir das Waldmärchen »Anemone« auf passende Symbolfelder in einen Steinplattenkreis, nutzen Hörtrichter am Bach als Flüstertüten, machen in der bezaubernden Idylle des Silberteichs (HWN 148) mithilfe von aufgetragenem Wasser verschiedene Wassermythen auf von den Bäumen hinunterhängenden Tropfen sichtbar, balancieren über Steine durch den Brunnenbach und ritzen persönliche Wünsche auf Schieferplatten, die wir dem »Baum der Wünsche« anvertrauen. Am Ende des Erlebniswegs suchen die Kinder ihren Weg durchs Labyrinth der Natur und sind überzeugt: »Hier wollen wir noch nicht weg!« (O-Ton)

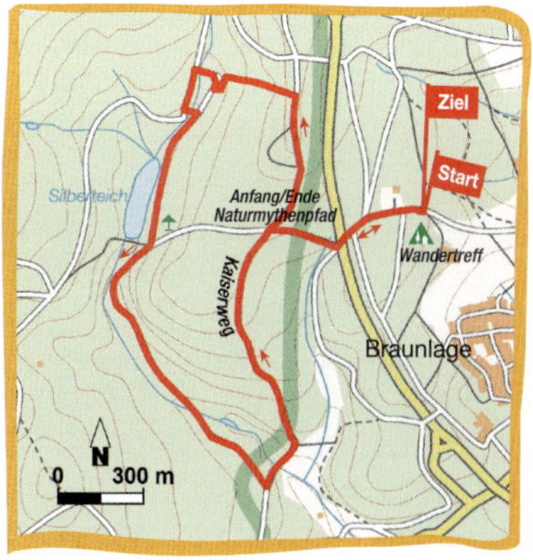

22 Achtung, Achtermann!

ÜBER DEN PFLASTERSTEIG VON ODERBRÜCK ZUR ACHTERMANNSHÖHE

Die Achtermannshöhe ist Niedersachsens dritthöchster Berg (925 Meter). Auf seiner Kuppe locken unzählige Klettersteine und eine großartige Rundumsicht über den westlichen Harz bis zu Brocken und Wurmberg. Zu ihm hin führt ein spannender Weg durch beeindruckende Landschaft.

Der faszinierende Weg zur Achtermannshöhe startet am hinteren Ende des Parkplatzes in Oderbrück (von Torfhaus kommend linke Straßenseite). Wir folgen dem Trampelpfad zwischen Bäumen und Wiese für einige 100 Meter, bevor es in den Wald hineingeht und der Pfad hinüber auf den bisher linker

mittel | 4,6 km | 2.30 Std. | 130 Hm

Tourencharakter Aufgrund der Wegbeschaffenheit (grobe Pflastersteine und Felsen) mittelschwere Tour, Rückweg wie Hinweg; Trittsicherheit erforderlich **Altersempfehlung** Ab 4 Jahren **Ausgangs-/Endpunkt** Parkplatz Oderbrück-Süd **GPS-Daten** N 51.775289, E 10.552020 **Anfahrt** Über B 4 von Torfhaus nach Braunlage, in Oderbrück parken. Mit dem Bus aus Bad Harzburg und Braunlage erreichbar. **Information** Nationalpark-Besucherzentrum TorfHaus, Tel. 05320/33 17 90, www.nationalpark-harz.de

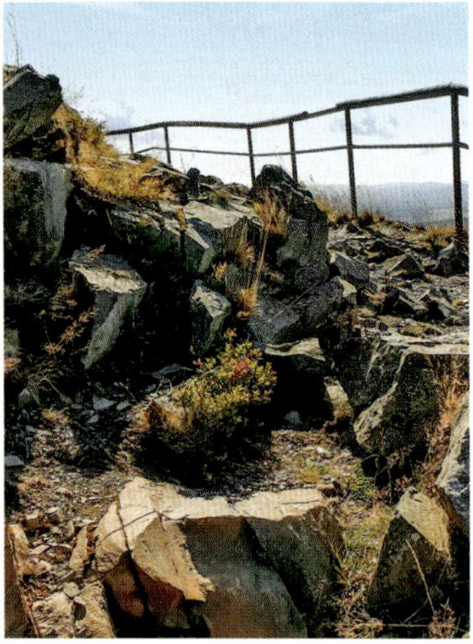

Steine über Steine: auf der Kuppe der Achtermannshöhe

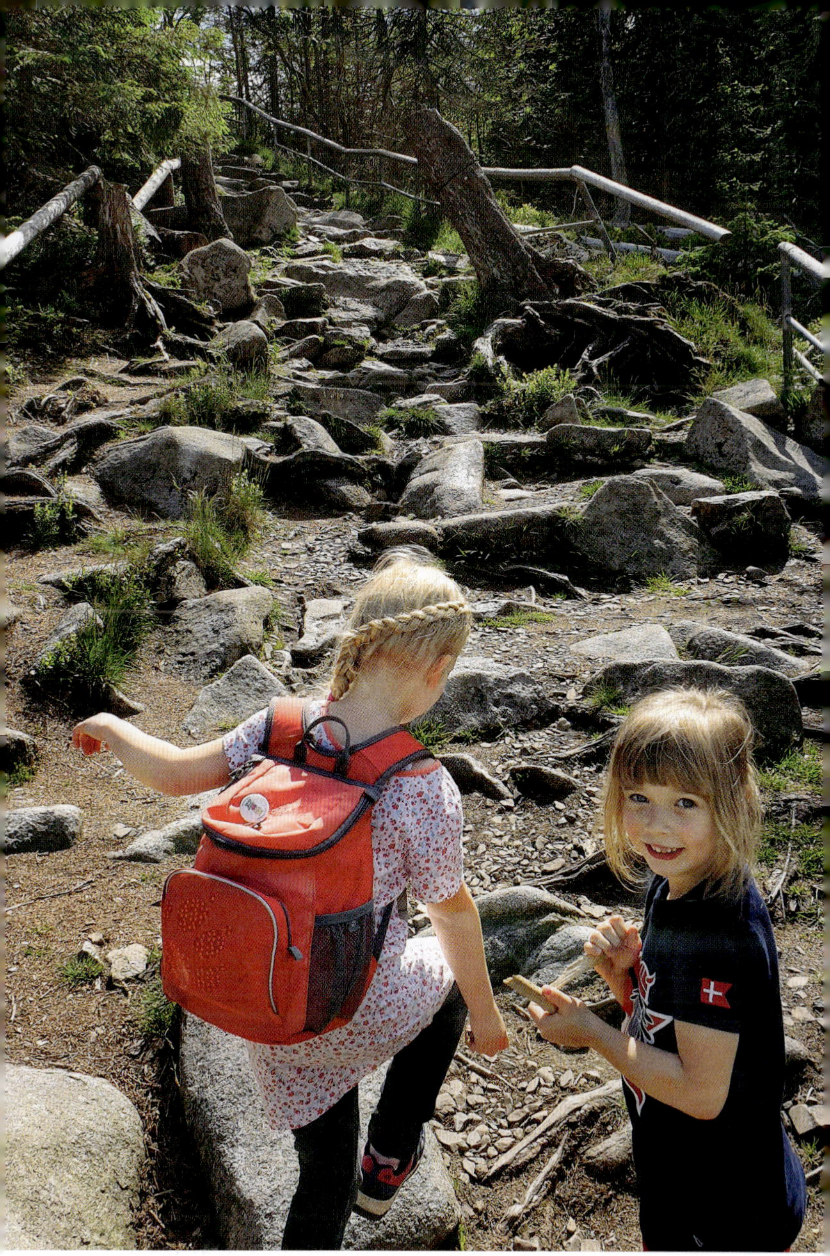

Von Stein zu Stein dem Ziel entgegen: kurz vor dem Gipfel

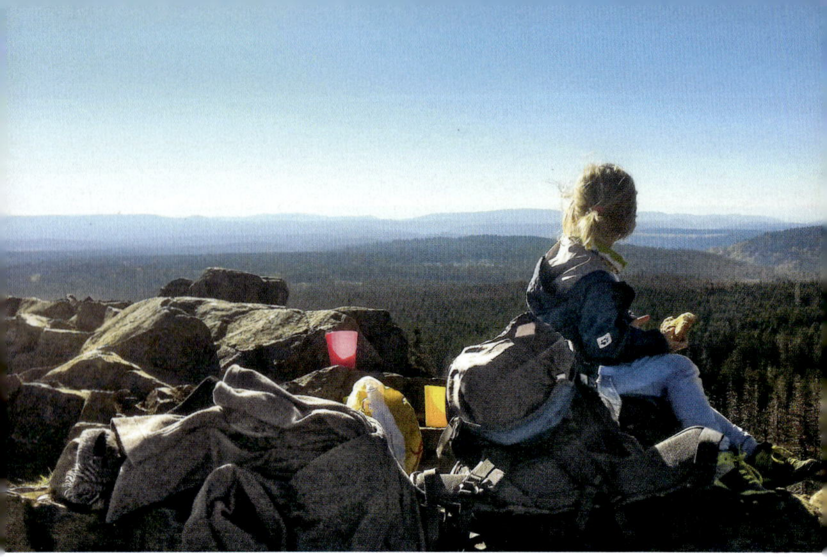

Wohlverdientes Picknick auf der Achtermannshöhe

Hand parallel verlaufenden Kaiserweg führt. (Infolge von Regentagen kann es hier zu Überspülungen durch aus dem Waldboden hervorquellendes Grundwasser kommen. Das Bächlein lässt sich aber ohne Weiteres auf höher gelegenen Trampelpfaden am Wegesrand umgehen oder auf kleinen Gesteinsbrocken queren – das bringt zusätzliche Action!) Immer geradeaus geht es nun über gepflasterten Untergrund stetig leicht bergan. Während der Kaiserweg nach etwa 1 Kilometer nach rechts abknickt, halten wir uns auf dem Pflastersteig weiterhin geradeaus. Es gleicht einem Wunder, in welcher Geschwindigkeit Kinder 2 Kilometer von Stein zu Stein hopsend zurücklegen können! Viel schneller als gedacht gelangen wir so zur Schutzhütte an der Achtermanns-

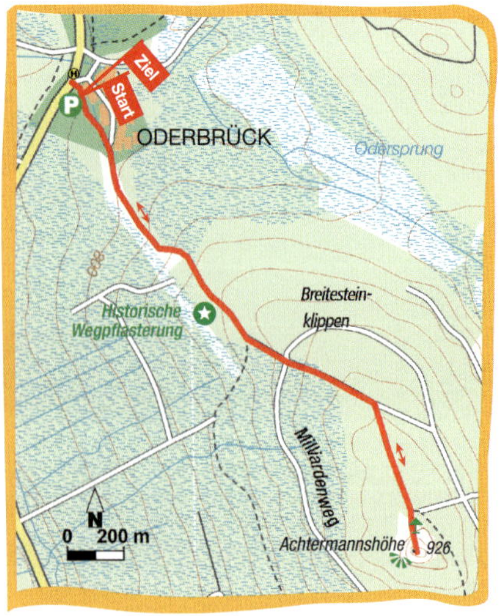

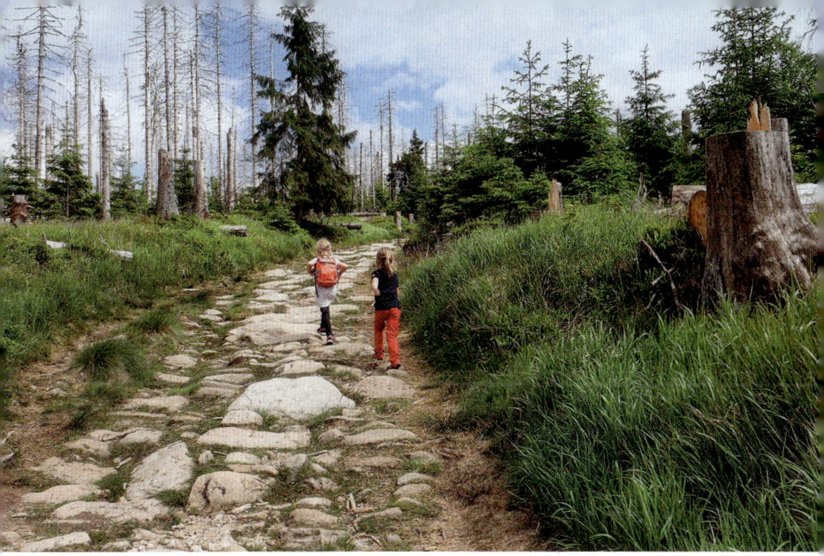

Der Pflastersteig, gerahmt von Totholz und Jungpflanzen

höhe (HWN 12), bevor es die letzten Meter über Felsen hinweg steil bergauf zur Gipfelkuppe geht.

Ein einzigartiger Ausblick erwartet uns hier oben: Die Sicht reicht über den westlichen, nördlichen und südlichen Harz, zum Wurmberg und zum von hier nur einen Katzensprung entfernt zu sein scheinenden Brocken – ein fantastisches Plätzchen! Die Kinder klettern derweil über die von Felsen übersäte Bergkuppe auf der Suche nach dem besten Picknickfelsen. Während die Eltern vor diesem Panorama noch ewig ihren mitgebrachten Kaffee schlürfen könnten, freuen sich die Kinder schon auf den Rückweg und können es kaum erwarten, abermals über die Steinwege zu hüpfen, über die es nun in der Gegenrichtung – nahezu fliegend – zurückgeht. Ein durchweg genialer Weg!

Variante

Alternativ können Sie von Königskrug aus starten (Strecke mit rund 5 Kilometern in etwa gleich, aber nicht so spannend, kinderwagengeeignet bis zur Schutzhütte unterhalb der Gipfelkuppe, Einkehrmöglichkeit am Tour-Ende im Gasthaus Königskrug) oder die längere Rundtour Oderbrück–Achtermann–Königskrug–Oderbrück gehen (8 Kilometer).

23 Auf dem Holzweg!

AUF WURZELWEGEN UND MOORSTEGEN UM DEN ODERTEICH

Um den von faszinierender Landschaft umgebenen Oderteich führt ein höchst abwechslungsreicher Rundweg über wurzelige Wege durch Fichtenwald und über Bohlenstege durchs Moor. Als Teil des Oberharzer Wasserregals gehört der Stausee zum UNESCO-Welterbe.

Wir starten unsere Tour an der Westseite des Oderteichs, indem wir die B 242 vorsichtig überqueren und über eine kleine Holzbrücke auf einem wurzeligen Pfad Richtung Teich-Staudamm laufen. Tritt man aus den Bäumen heraus, eröffnet sich sogleich eine fantastische Sicht auf den südlichen Teil des Oderteichs! Je nach Füllstand des Stauteichs, der hauptsächlich von der Oder gespeist wird, blicken wir auf die weitläufige Wasseroberfläche zwischen den sandigen Ufern oder (bei niedrigem Wasserstand) auf die zahlreichen riesigen Felsbrocken, die vor uns am Wasser liegen.

Wir setzen unseren Weg linker Hand über den Wurzelweg fort, von dem wir bald ans Ufer des Teichs gelangen. An ihm können wir 400 Meter vor fabelhafter Kulisse entlangschlendern. Wir respektieren die Absperrung zu geschützten Uferabschnitten, wenden uns vor ihr nach links und lassen uns von einem abermals wurzelreichen Weg auf den als Oderteich-Rundweg ausge-

leicht	4,6 km	2 Std.	66 Hm

Tourencharakter Leichte Tour ohne große Höhenunterschiede, teils über sehr wurzelreiche Wege **Altersempfehlung** Ab 3 Jahren **Ausgangs-/Endpunkt** Parkplatz Oderteich an der B 242 **GPS-Daten** N 51.764135, E 10.535054 **Anfahrt** Von B 4/B 242 auf B 242 Richtung Sonnenberg abbiegen; Parkplatz (und Bushaltestelle) hinter dem Staudamm auf der linken Straßenseite **Ausrüstung** Evtl. Badesachen **Information** Nationalpark-Besucherzentrum TorfHaus, Tel. 05320/33 17 90, www.nationalpark-harz.de

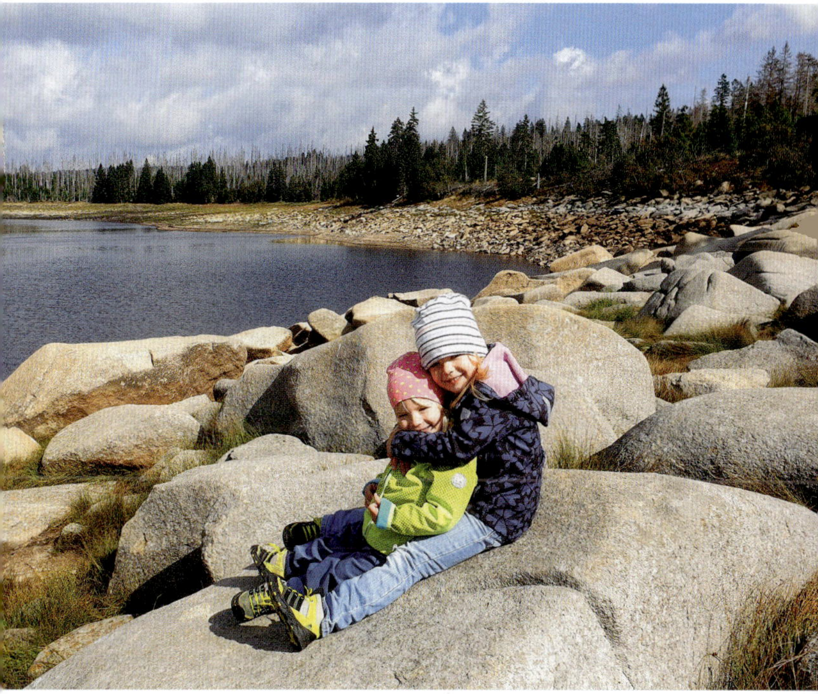

Am Oderteich: Steine, Steine, Steine …

wiesenen Hauptweg lenken. Er verläuft rechter Hand kurz als breiterer Kiesweg weiter, bevor er in einen naturbewachsenen, von unzähligen Wurzeln durchzogenen Weg mündet, der uns zur »Sonnenkappe« (HWN 217) führt. Auf der steinernen Brücke, die über die leise vor sich hin gluckernde Rotenbeek führt, lassen wir uns zu einer Rast nieder.

Baden im Oderteich

Packt die Badesachen ein, denn im Oderteich ist Baden erlaubt! Aber passt auf: Stellenweise geht es steil ins kalte Wasser hinein! Wichtig ist, dass ihr euch unbedingt an die als badegeeignet gekennzeichneten Uferbereiche haltet!

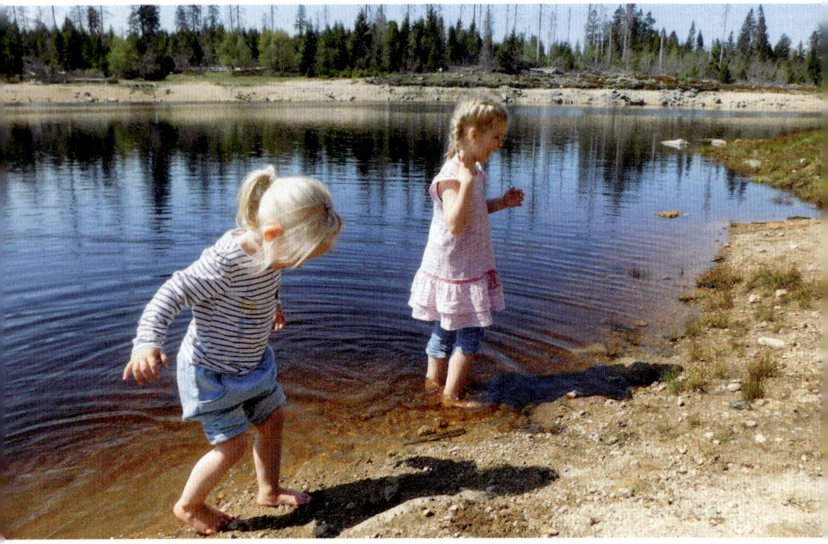

Die rostbraune Färbung des Wassers ist typisch für Torfmoorgewässer.

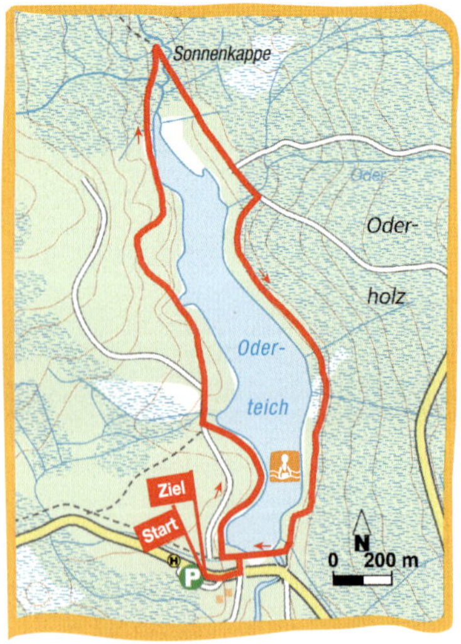

Die Brücke überquerend, setzen wir unseren Weg fort über Wurzeln und Steine; erste Bohlenstege erleichtern bald das Vorankommen über feuchten Untergrund. Immer geradeaus wandern wir durch Fichtenwald und über eine weitere Brücke hinweg. Bei nächster Gelegenheit wenden wir uns nach rechts, um auf einem märchenhaft, fast unwirklich erscheinenden Pfad bis zum Moor zu laufen. Hier machen etliche Bohlenstege die einzigartige Landschaft passierbar, fantastische Ausblicke auf den Oderteich inklusive! Einige Bänke am Rand der Stege laden zum genussvollen Innehalten ein.

Den sumpfigen Wegabschnitt hinter uns lassend, fordert ein kleines Fenster zwischen Bäumen und Sträuchern auf, über Felsen hinab ans Teichufer zu klettern. Zunächst versuchen wir, von hier aus über die Felsen in Richtung Staudamm zu gelangen; das erweist sich heute als nicht empfehlenswert: Die Felsen sind groß und rutschig, zwischen ihnen sickern kleine Rinnsale in den Oderteich. Also kehren wir um und klettern hinauf zum ursprünglichen Weg.

Über abenteuerlich wilde Wurzelwege wandern wir ans bald sandige Ostufer des Oderteichs. Im Schatten der Bäume und am sandigen Ufer lässt es sich wahrlich gut aushalten! Die Kinder klettern über etliche Felsen, der letzte Apfelproviant wird vertilgt, dann geht es über den Staudamm zurück zum Ausgangspunkt. Und wenn die Dreijährige nach fast 5 Kilometern leicht entrüstet behauptet: »Ich will aber noch weiterwandern!« (O-Ton), dann wird dies eine gelungene Tour gewesen sein!

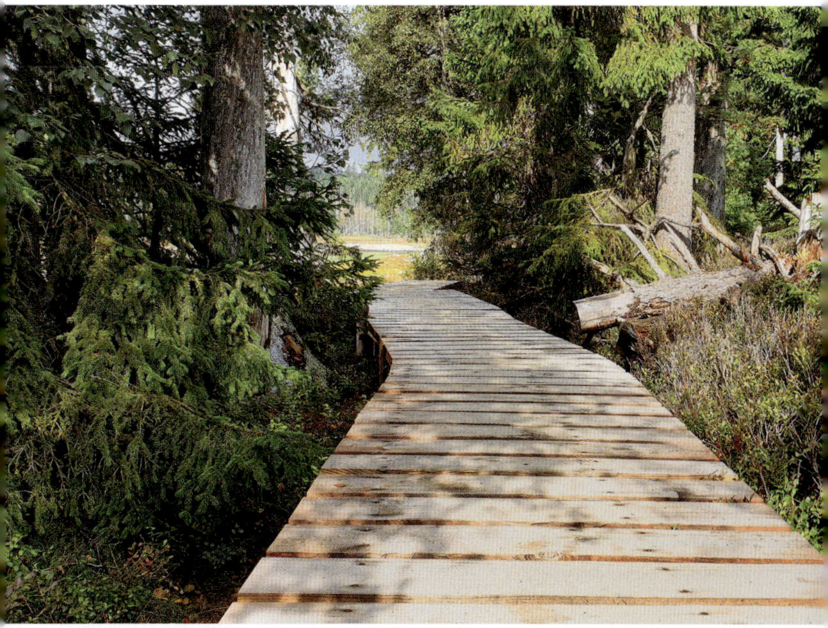

Über Bohlenstege durchs Moor

24 Zwischen Wasser und Weite

AUF DEM WASSERWANDERWEG AM MORGENBRODTSTHALER GRABEN

Ganz leise fließt das Wasser des Morgenbrodtsthaler Grabens neben einem Wanderweg mit malerischen Ausblicken auf die westlich gelegenen Berge.

Vom Parkplatz aus gehen wir etwa 100 Meter über einen schmalen Pfad parallel zur Straße in Richtung Sonnenberg, um zum Start des WasserWanderWegs zu gelangen. Eine Schautafel gibt hier erste Infos zu Historie und Anlage des Morgenbrodtsthaler Grabens, und von nun an ist ein Verlaufen unmöglich, da die gesamte Tour ohne eine einzige Abzweigung am Wassergraben entlangführt: In etlichen Biegungen, an kleinen Wehren und behauenen Felsen vorbei, geht es mal auf ebenem, mal auf wurzeligem Unter-

leicht | 7,2 km | 2.30 Std. | 170 Hm

Tourencharakter Einfache Wanderung über einen stellenweise sehr wurzeligen Waldweg entlang eines Wassergrabens des Oberharzer Wasserregals **Altersempfehlung** Ab 5 Jahren **Ausgangs-/Endpunkt** Parkplatz Morgenbrodtsthaler Graben **GPS-Daten** N 51.775262, E 10.422334 **Anfahrt** Von B 4 auf B 242 Richtung Clausthal-Zellerfeld abbiegen; Parkplatz zwischen Sonnenberg und CLZ auf Höhe Sperberhaier Dammhaus. Mit dem Bus aus CLZ und St. Andreasberg bis Abzw. Dammhaus. **Einkehr** Am Tour-Ende: Sperberhaier Dammhaus (schräg gegenüber dem Parkplatz) **Ausrüstung** Evtl. Wechselkleidung; kleiner Wasserball, Kescher und Schnur (s. Tipp) **Information** Harzwasserwerke, www.harzwasserwerke.de/ueber-uns/anlagen/oberharzer-wasserwirtschaft; Oberharzer Bergwerksmuseum, Tel. 05323/989 50, www.oberharzerbergwerksmuseum.de

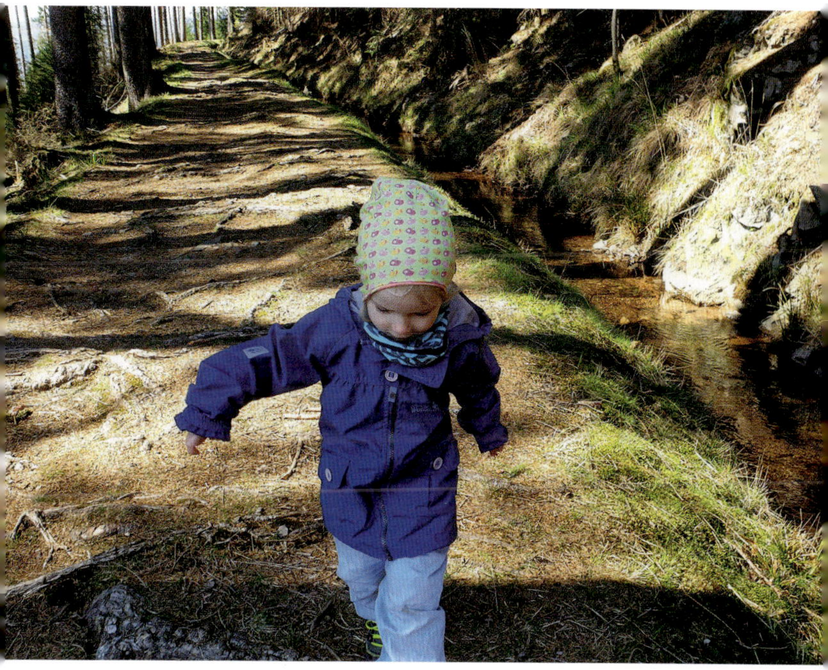

Auf Wurzelwegen zwischen Fichten und Wasser(graben)

grund kaum merklich leicht bergauf bis zum »Großen Wehr« (HWN 146). Vom Grabenweg aus, der fachmännisch als »Grabenbrust« bezeichnet wird, haben wir aufgrund seiner Hanglage (abschüssiger Wegesrand!) in einigen Biegungen fantastische Aussichten auf die von hier aus vor dem Sösestausee liegenden Berge und Wälder. Aber das interessiert natürlich hauptsächlich

Wasserballangeln

Wenn ihr einen kleinen Ball und einen Kescher mitnehmt, könnt ihr den Ball im Wassergraben treiben lassen und ihn mit dem Kescher angeln. Den Keschergriff könnt ihr ganz leicht verlängern, indem ihr ihn vor Ort mit einer Schnur an einen langen Stock bindet.

die Erwachsenen. Für die Kinder viel spannender ist der zum Über-Wurzeln-Hüpfen animierende Weg – sowie das mitgebrachte Set zum Ballangeln! Eine Tochter läuft voraus, um einen kleinen Ball ins sachte vor sich hin fließende Grabenwasser zu werfen, woraufhin die zweite hoch konzentriert dessen Wegeverlauf beobachtet: Ob er wohl in den Gräsern am Grabenrand hängen bleibt? Lässt er sich vom Weg aus angeln oder muss ich ins Wasser hechten? (Wer ist hier gespannter: das Kind oder die Eltern, die kein Ersatzpaar Kinderschuhe eingepackt haben?) Sie keschert ihn erfolgreich, Glück gehabt!

Die Kids spielen hier am Wasser und dort am Wasser, die Eltern informieren sich mittels über den gesamten WasserWanderWeg verteilten Hinweisschildern über die Bergbauarbeiten am Graben, und irgendwann erreichen wir das Große Wehr. An ihm lädt die Morgenbrodtshütte zu einer gemütlichen Rast ein.

Dann geht es zurück, am besten erneut über den WasserWanderWeg. Alternativ könnten wir den Rückweg über einen Forstweg antreten, der etwas oberhalb des Grabens parallel zum Hinweg verläuft; dieser ist aber längst nicht so attraktiv wie der Grabenweg, der in der Gegenrichtung noch mal neu fasziniert (und an dem der Ball nun vom Wasser neben uns mitgetragen wird).

Das Kulturdenkmal »Morgendbrodtsthaler Graben«

Der Morgenbrodtsthaler Graben gehört zum Oberharzer Wasserregal und damit zum UNESCO-Welterbe. Wie zig weitere Oberharzer Gräben dient auch der Morgenbrodtsthaler Graben der Wasserableitung: Wasser, das auf natürlichem Wege in die Sösetalsperre fließen würde, wird durch den Graben umgeleitet, sodass es zum Sperberhaier Damm fließt. Im 18. Jahrhundert wurde es von hier aus für die Energiegewinnung zu Bergbauzwecken auf der Clausthaler Hochfläche genutzt; heute fließt das Wasser in die Okertalsperre.

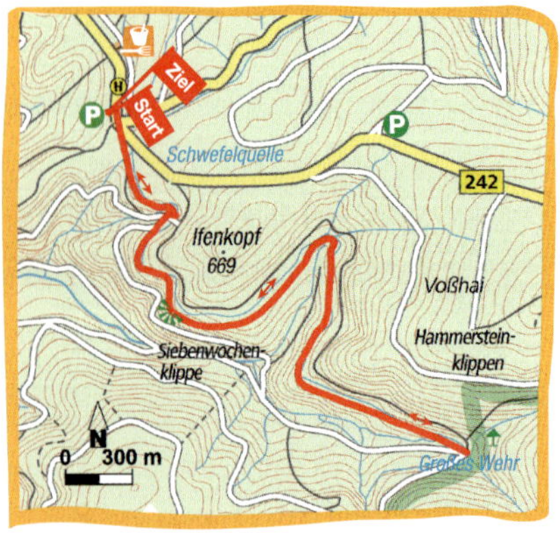

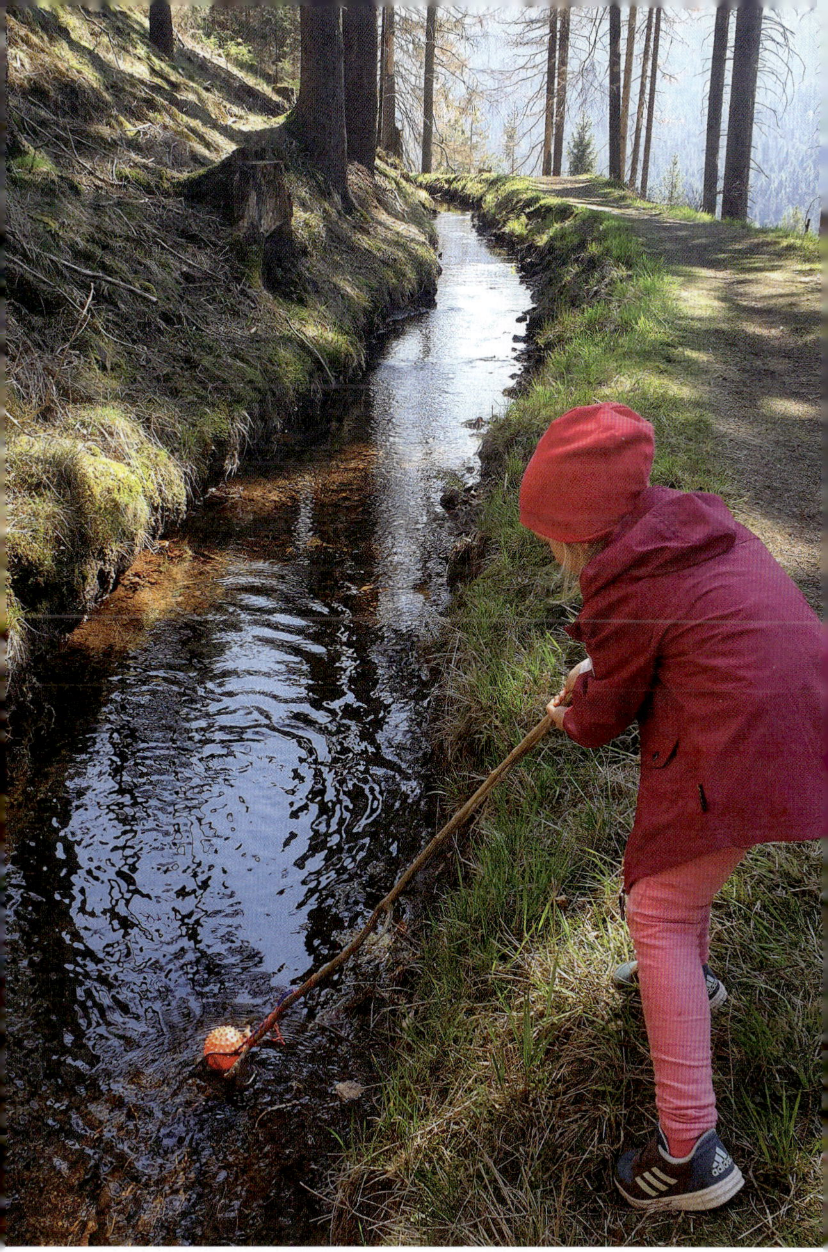

So ein Graben will genutzt sein: Wasserballangeln vor malerischer Kulisse.

25 Wilde Warte

ÜBER DEN WOLFSWARTER FUSSWEG HINAUF ZUR WOLFSWARTE

Die kurze Rundtour auf Niedersachsens zweithöchsten Berg, den Bruchberg (927 Meter), führt über spannende, stein- und wurzelreiche Wege. Auf seiner Kuppe wartet die Wolfswarte mit massiven Felsen und weiter Sicht auf das südwestliche Vorland auf.

Vom Parkplatz aus folgen wir dem ausgeschilderten Wolfswarter Fußweg stetig bergan über Wurzeln und Steine, Wasserläufe und (je nach vorangegangenem Wetter mal mehr, mal weniger) Matsch. Der Weg führt uns schnurstracks hinauf zur Wolfswarte (HWN 135), der Kuppe des Bruchbergs,

mittel	3,6 km	2 Std.	130 Hm

Tourencharakter Kurze Tour über steinige und wurzelige Wanderwege, die auf dem Hinweg deutlich bergauf führen, bei Tauwetter oder Hitze ungeeignet **Altersempfehlung** Ab 3 Jahren **Ausgangs-/Endpunkt** Parkplatz Wolfswarte **GPS-Daten** N 51.793851, E 10.517658 **Anfahrt** Von B 4 auf L 504 Richtung Altenau, Parkbucht hinter der ersten Rechtskurve auf linker Seite; alternative Parkmöglichkeiten weiter unten an L 504 **Ausrüstung** Wasserfestes Schuhwerk, ggf. Sicherungsgurt/-seil **Information** Nationalpark-Besucherzentrum TorfHaus, Tel. 05320/33 17 90, www.nationalpark-harz.de

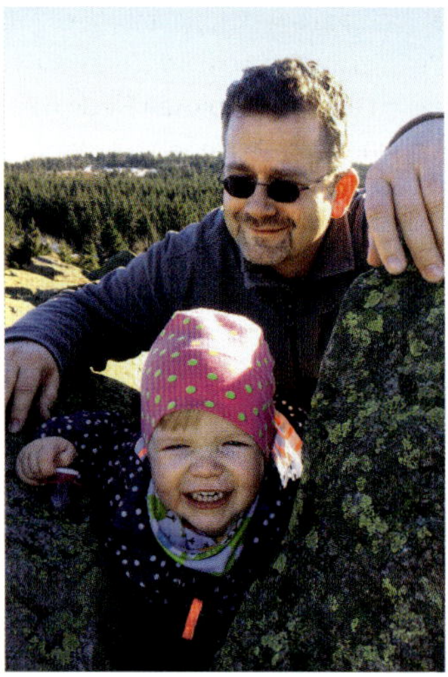

Gut gelaunt zwischen den Gesteinsbrocken der Wolfswarte

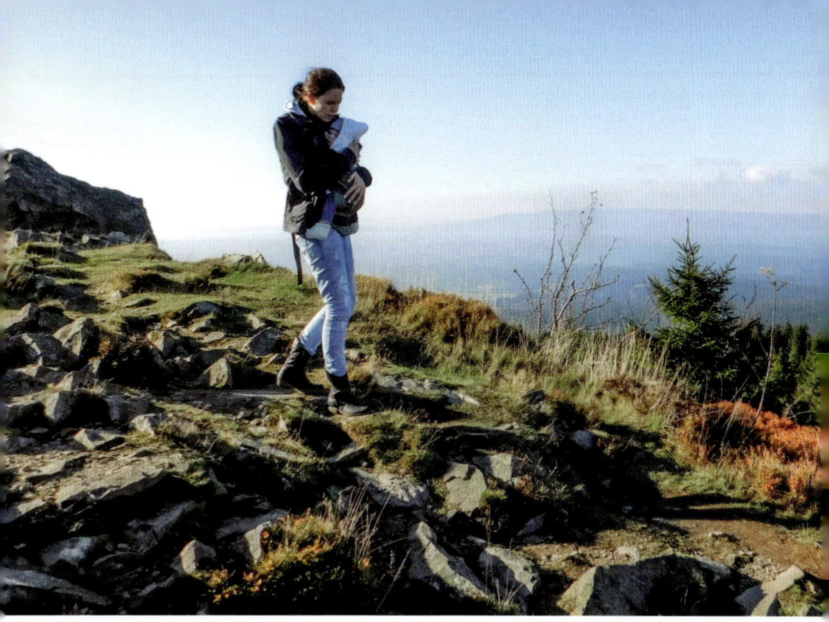

Hoch über Bäumen und Tälern: auf der Kuppe des Bruchbergs

an der sich uns ein spektakulärer Ausblick bietet (Vorsicht: Steilabsturz). Auf den Felsen verweilend legen wir eine Rast ein und denken an die Jäger, die an diesem waldlosen Fleckchen des Berges wohl einst gewartet haben, um durch Köder angelockte Wölfe zu erlegen. Für den Rundweg steigen wir links an der Wolfswarte vorbei hinab auf einen Forstweg, dem wir rechter Hand zum nach etwa 150 Metern links abgehenden Butterstieg folgen. Als schmaler, wurzeliger Waldweg führt dieser hinab auf einen weiteren Forstweg. Ihm folgen wir nach rechts bis kurz vor die Landstraße L 504, an der ein schmaler, holpriger Waldweg in einigem Abstand parallel zur Straße leicht bergan zurück zum Parkplatz führt.

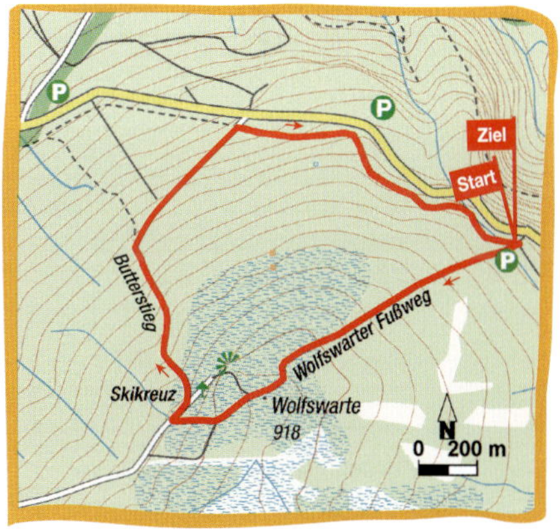

26 Tipi und Totempfahl

UNTERWEGS AUF DEM INDIANERPFAD IM WELTWALD HARZ BEI BAD GRUND

Der Indianerpfad begeistert Klein und Groß! Spielerisch lässt er uns die Welt der Indianer inmitten nordamerikanischer Wälder entdecken, sodass für die Kinder am Ende feststeht: »Hier möchte ich morgen wieder hin!« (O-Ton Tochter).

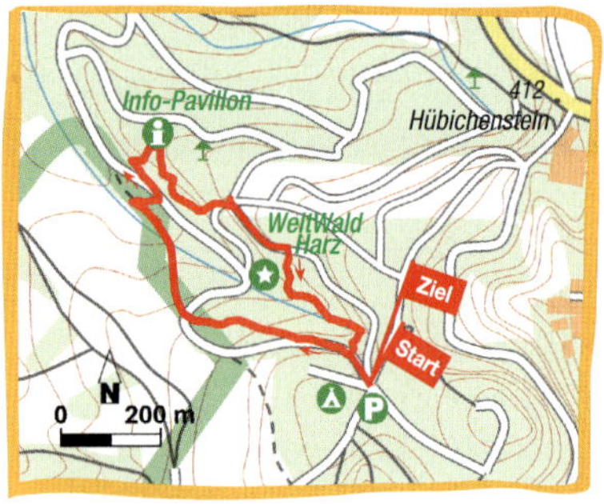

Am Parkplatz heißt uns ein Tipi in der Welt der Indianer willkommen und markiert den Beginn des Indianerpfads (Symbol: weiß-schwarze Feder). Nach wenigen Schritten stehen wir vor zwei großen, mit bunten Tierfiguren verzierten Totempfählen. Wir erfahren,

mittel | 2 km | 2 Std. | 80 Hm

Tourencharakter Spannender Rundweg über schmale, teils wurzelige, steile und über Treppen führende Waldwege **Altersempfehlung** Ab 3 Jahren **Ausgangs-/Endpunkt** WeltWald Harz, P1 **GPS-Daten** N 51.815965, E 10.228732 **Anfahrt** Von B 4 auf L 504 Richtung Altenau, B 498 Richtung Okerstausee, dann nach Clausthal-Zellerfeld, dort auf B 242 an Bad Grund vorbei, WeltWald nach links ausgeschildert. Mit dem Bus aus Bad Grund bis Hübichenstein (700 m entfernt). **Info Erlebnispfad** Ganzjährig geöffnet **Ausrüstung** Fernglas (für gute Sicht vom Entdeckerturm) **Information** Niedersächsische Landesforsten, Forstamt Riefensbeek, Tel. 05522/904 20, www.landesforsten.de/erleben/unsere-naturtalente/weltwald-harz/indianerpfad

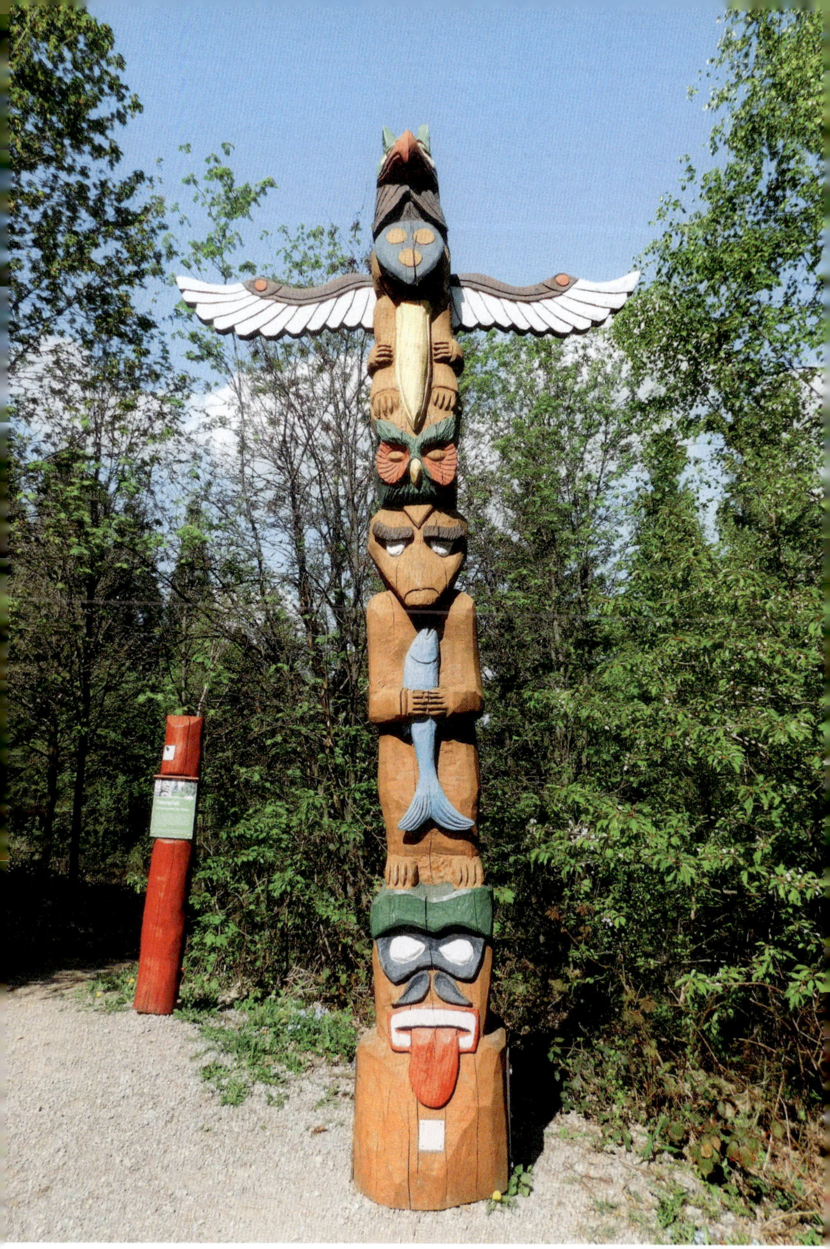

Nicht Marter-, sondern Totempfahl: am Beginn des Indianerpfads

dass solche Pfähle den Indianern nicht als Marterinstrumente dienten, sondern vor allem zur Begrüßung und zur Information der Vorbeikommenden an den Grenzen von Dörfern oder Tipis. Zwischen den beiden Kunstwerken hindurch führt uns das Indianerfedersymbol auf abenteuerliche, bergauf und bergab verlaufende Wege – zunächst vorbei an vielen Mammutbäumen, bald durch »Nordamerikas Wälder«. Zahlreiche Hinweistafeln informieren über die hier angepflanzten amerikanischen Baumarten.

Die vorauslaufenden Kinder entdecken bald eine Mitmachstation, die ihnen gefällt: Beim Tierweitsprung vergleichen sie ihr Sprungvermögen mit Pfeifhase, Rothörnchen, Kojote, Bär und Puma. Holzschnitzereien am Rand der Sprunggrube verraten, wie weit jene Tiere zu springen imstande sind.

WeltWald Harz

Der WeltWald wartet auf mit über 600 Baum- und Straucharten aus aller Welt! Eine weitere Runde über das dichte Wegenetz lohnt sich insbesondere in den Herbstmonaten, wenn die Bäume in den prächtigsten Farben leuchten!

Etwas zaghaft durchqueren wir die »Geisterwelt«, kriechen in ein weiteres Tipi und balancieren über eine schmale Brücke. Die leise Pirsch der Kinder über den Indianerpfad wird regelmäßig unterbrochen durch aufgeregte Rufe

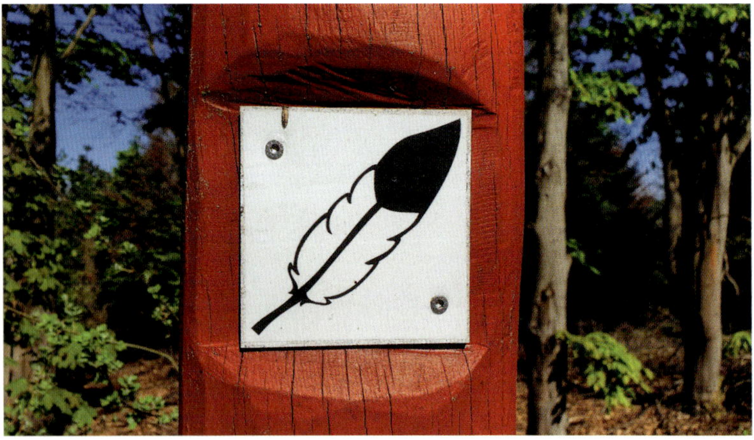

Folge der Feder! (Symbol des Indianerpfads durch den WeltWald Harz)

wie »Ich hab wieder was gefunden!« oder »Da ist eine Feder!«. Auf halber Strecke erkunden wir mit einem Klangspiel die Musik des Waldes: Mit einem Klöppel stoßen wir gegen die Hölzer des Xylofons und hören, wie unterschiedliche Holzarten klingen. Wenige Meter vom Klangspiel entfernt informieren in einem Pavillon Hinweistafeln über die Geschichte der Indianer und über die Riesen-Mammutbäume.

Am Betriebsgebäude des WeltWalds wird gepicknickt und ein Stempel gesetzt (HWN 129), dann geht es weiter zum Entdeckerturm, von dem aus wir, neben anderen Tieren, einen lebensecht wirkenden Bären im Wald ausfindig machen. Über eine bald erreichte schwingende Hängebrücke laufen wir (die Kinder natürlich mehrfach) zurück zu den Totempfählen vom Beginn des Erlebnispfads. Mit indianischem Geheul tun die Kinder kund, dass sie keinesfalls nach Hause wollen – welch besseres Kompliment könnte es für den Indianerpfad geben?!

Iberger Tropfsteinhöhle

Die faszinierende Iberger Tropfsteinhöhle im HöhlenErlebnisZentrum ist nur zwei Autominuten vom WeltWald entfernt – begebt euch auf eine spannende Entdeckungstour ins märchenhafte Reich des Zwergenkönigs Hübich!

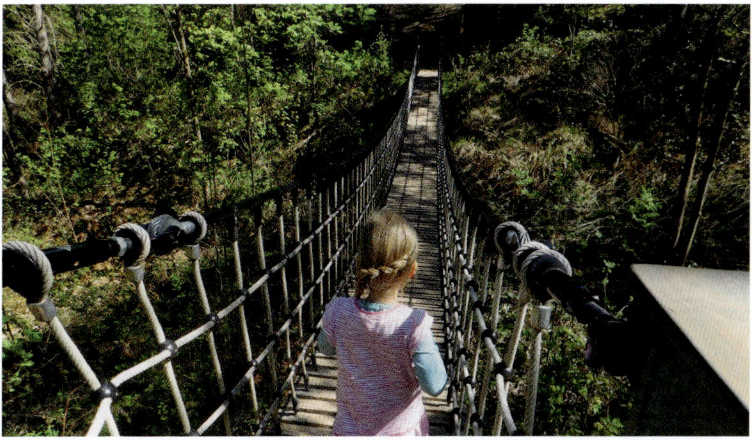

Schöner Abschluss des Erlebnispfades: Über die Hängebrücke geht es zurück zum »Start«.

27 Tiefblaue Teiche

DURCHS GRUMBACHTAL BEI HAHNENKLEE

Der Rundweg durch das Obere Grumbachtal verläuft über den schönsten Abschnitt des Hahnenkleer Liebesbankwegs. Mehrere Teiche und ein Wasserspielplatz am Wegesrand machen die Tour zu einem feuchtfröhlichen Erlebnis an warmen Sommertagen!

Vom Parkplatz aus folgen wir dem breiten Wanderweg vorbei am Campingplatz. Nach 400 Metern betreten wir den Staudamm des Oberen Grumbacher Teichs. Während er rechts von uns liegt, haben wir nach links eine hervorragende Sicht auf den Mittleren Grumbacher Teich. Erste Badegäste haben sich an seinem Ufer bereits eingefunden.

Wir gehen über den Staudamm hinweg und sehen an seinem Ende die Porzellanhochzeit-Bank des Liebesbankwegs. An ihr wenden wir uns nach links, um über einen schmalen, anfangs steinigen Weg leicht bergauf in den Wald zu wandern. Die nächste Weggabelung passieren wir geradeaus und gelangen auf einen breiteren Weg, dem wir linker Hand in eine Rechtsbiegung folgen. Wenige Schritte hinter der Biegung schlagen wir einen schmalen Weg nach links ein. Er führt uns auf die Hahnenkleer Wiesenstraße und kurz nach Bockswiese hinein, bevor wir uns am Kreisel links auf den Lie-

leicht	3,3 km	2 Std.	90 Hm

Tourencharakter Leichte Rundtour mit wenigen Höhenunterschieden um mehrere Teiche mit Wasserspielplatz; mit längerer Variante **Altersempfehlung** Ab 3 Jahren **Ausgangs-/Endpunkt** Wanderparkplatz Kreuzeck, Goslar **GPS-Daten** N 51.845081, E 10.349263 **Anfahrt** Über B 241 zwischen Goslar und Clausthal-Zellerfeld auf L 516; Parkplatz direkt an der Kreuzung B 241/L 516. Mit dem Bus aus Goslar, Hahnenklee und CLZ bis Kreuzeck. **Einkehr** Café Egerland (am Kreuzeck) sowie (mit einem Abstecher) mehrere Möglichkeiten in Hahnenklee **Ausrüstung** Bade- und/oder Wechselsachen **Information** Tourist-Information Hahnenklee, Tel. 05325/510 40, www.hahnenklee.de; www.liebesbankweg.de

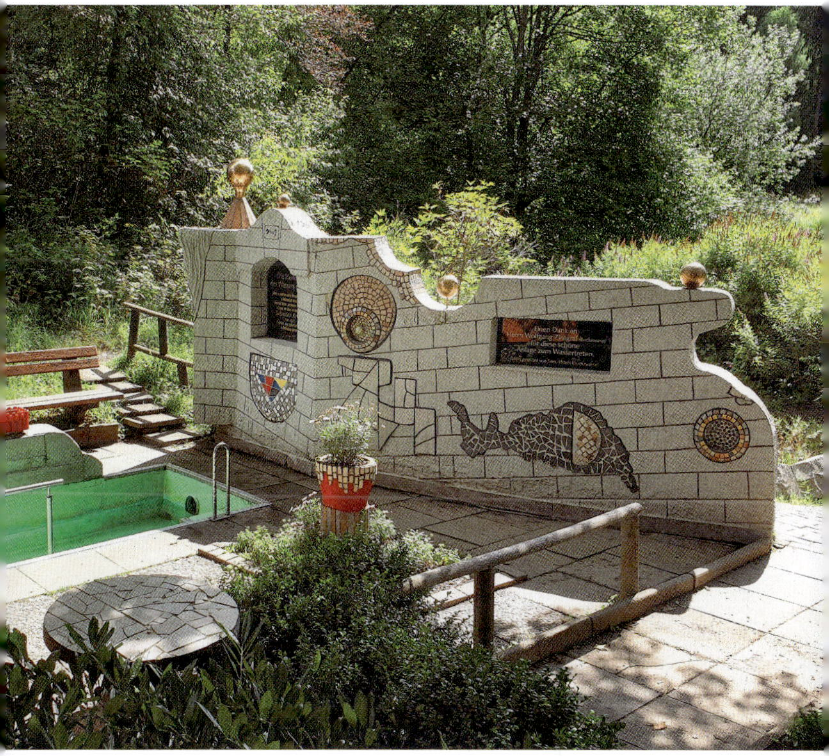

Balsam für Wanderfüße: das Kneipp-Tretbecken am Liebesbankweg

besbankweg begeben. Wenige Schritte später strahlt uns bereits ein weinroter Stempelkasten des Liebesbankwegs entgegen – ein roter Herzchenstempel ziert alsbald die Sonderstempel-Seite im HWN-Stempelpass der Töchter. Direkt hinter dem Stempelkasten muss nun von den Kindern die Wassertemperatur im Hundertwasser-Kneippkur-Becken getestet werden.

Baden

Packt die Badesachen ein! Aber passt auf: An einigen Stellen geht es steil ins kalte Wasser!

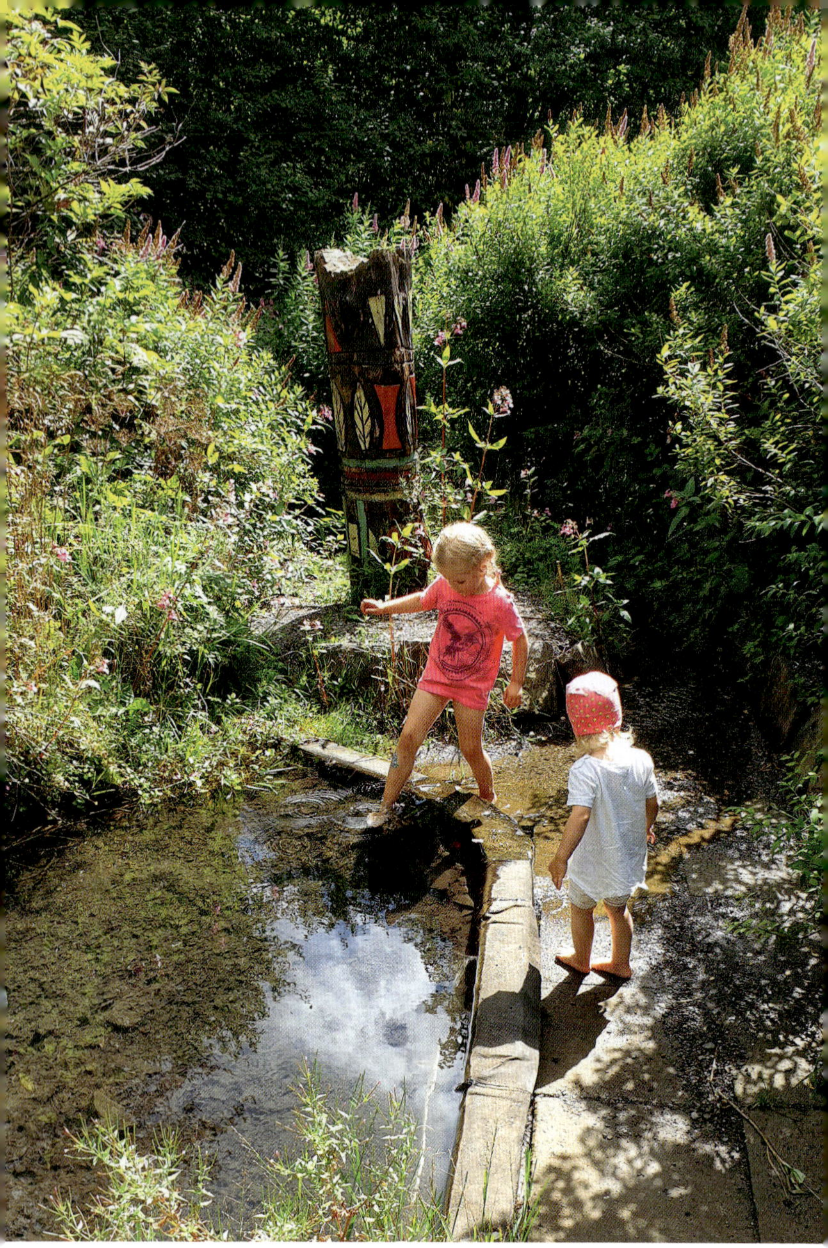

Auch Kinderfüßen kommt an warmen Tagen eine Erfrischung recht.

Unsere Tour führt uns weiter zur Rubinhochzeit-Bank. Hier verlassen wir den Liebesbankweg kurz, um weiter geradeaus auf und über den Damm des Unteren Flößteichs zu wandern. Wir folgen dem Grabenweg nach links leicht bergan, bis hinter den Häusern links ein Pfad abgeht. Er führt uns direkt zum Wasserspielplatz am Oberen Flößteich, an dem die Kinder mithilfe einer Pumpe und (an anderer Stelle) mit Kübeln und einer Spirale Wasser aus dem Teich in Wasserbahnen leiten können. Der Spielplatz ist sicher besonders attraktiv, wenn mehrere Kinder an den vielen Wasserbahnen zusammenarbeiten können, aber auch schon ideal für die Kleinsten, um im Wasser zu planschen oder ein paar Steinchen ins flache Wasser zu schubsen.

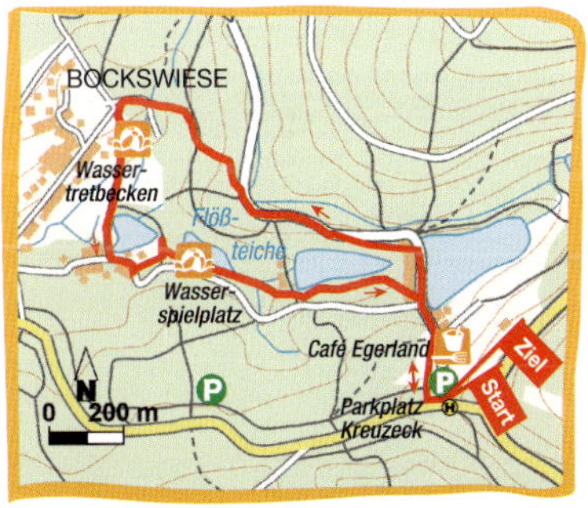

Nach ausgiebigem Verweilen an diesem idyllischen Plätzchen folgen wir ab hier dem Liebesbankweg weiter. Er führt auf schmalem Pfad entlang des Oberen Flößteichs und Mittleren Grumbacher Teichs zurück auf den Staudamm des Oberen Grumbacher Teichs. Von dort schlendern wir die letzten Meter glücklich zum Parkplatz.

Variante

Etwas größere Kinder mögen sicherlich auch den kompletten Liebesbankweg (6,3 Kilometer) rund um den Bocksberg erwandern. Während dieser Tour kommen Sie an drei Liebesbankweg-Stempelstellen (und HWN 112) vorbei; die zugehörige Stempelkarte sowie im Anschluss die Urkunde erhalten Sie in der Tourist-Info Hahnenklee.

ErlebnisBocksBerg Hahnenklee

Der ErlebnisBocksBerg ist von dieser Tour nur wenige Minuten entfernt! Mit Kabinenbahn oder Sessellift könnt ihr auf den Berg gondeln und dort ein paar schnelle Runden mit der Sommerrodelbahn Bocksbergbob drehen oder in die Bocksberghütte einkehren!

28 Sommer, Sonne, Waldseebad

RUND UM KUTTELBACHER UND KRANICHER TEICH

Diese kurze Tour um zwei der Hahnenkleer Teiche ist perfekt für heiße Sommertage! Vormittags Waldluft schnuppern, einen Spielplatz besuchen und Sonne tanken, mittags Abkühlung im idyllischen Waldseebad mit Eis in der Hand – was möchte man mehr?

Auf einem Trampelpfad passieren wir die kurze Strecke zwischen Kuttelbacher Teich und L 516, um gleich links in den Wald einzubiegen. Der attraktive Waldweg führt uns in einem Linksbogen am Teich vorbei. Nach Überquerung eines Wassergrabens gabelt sich der Weg; rechter Hand wandern wir leicht bergan zu den Kranicher Teichen. Über den Staudamm des Großen Kranicher Teichs erreichen wir, vorbei am Striegel (einem Häuschen im Wasser, das die Regulierung des Wasserablaufs vom Stauteich ermöglichte), dessen Ostseite. Auf dem Damm des Kleinen Kranicher Teichs angelangt, sehen wir bereits den ansprechenden Kurpark-Spielplatz mit Seilbahn, großem Klettergerüst und kleinem Rutschturm – ein willkommener Zwischenstopp für die Kinder!

An der Westseite des Großen Kranicher Teichs wandern wir zurück zur Weggablung von vorhin. Dort halten wir uns geradeaus, mit bald fas-

leicht | 2,7 km | 1 Std. | 30 Hm

Tourencharakter Einfache Tour über recht ebene Wald- und Spazierwege, für Geländekinderwagen geeignet (wenige Wurzeln und behelfsmäßig angelegte Stufen) **Altersempfehlung** Ab 3 Jahren **Ausgangs-/Endpunkt** Wanderparkplatz am Kuttelbacher Teich **GPS-Daten** N 51.854310, E 10.323545 **Anfahrt** Von B 241 auf L 516 Richtung Hahnenklee; Kuttelbacher Teich und Parkplatz auf der rechten Straßenseite. Mit dem Bus an den Kranicher Teichen in die Tour einsteigen (aus Clausthal-Zellerfeld und Goslar bis Hahnenklee Treff Hotel). **Einkehr** Café am Kuttelbacher Teich **Waldseebad** Geöffnet bei gutem Wetter: tgl. 10–18 Uhr, Eintritt frei **Ausrüstung** Badesachen **Information** Café am Kuttelbacher Teich, Frau Lamboy (Pächterin), Tel. 01520/898 23 15

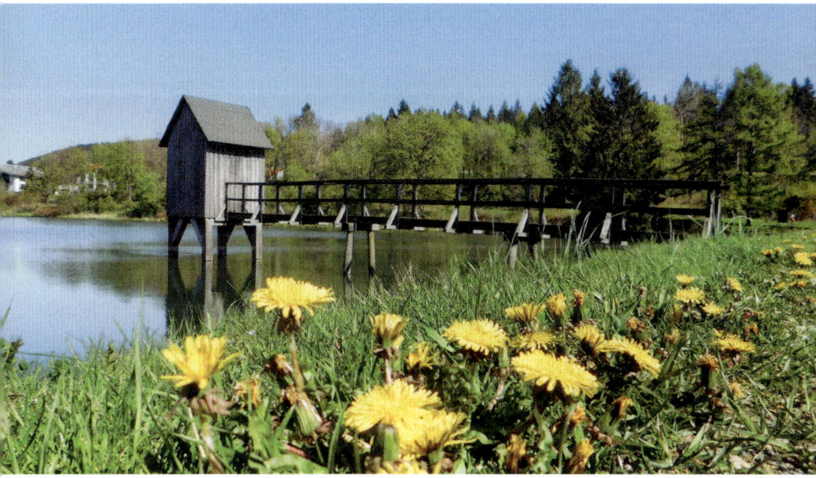

Der Striegel im Großen Kranicher Teich

zinierenden Blicken auf den im Sonnenlicht glitzernden Kuttelbacher Teich, bis wir am Waldseebad ankommen. Besonders im Sommer bietet sich eine Einkehr an: ob zu einem erfrischenden Bad im kalten Wasser, zum Tretbootfahren, zum Eis- oder Pommesessen, zum Besuch des Spielplatzes oder zum Sonnetanken auf den wassernahen Liegewiesen.

Von hier laufen wir nur 100 Meter geradeaus weiter zum Wanderparkplatz.

Packt die Badesachen ein!

Im Waldseebad könnt ihr (in flachen oder tiefen Wasserbereichen) baden und mit Tret- oder Ruderboot über den Teich schippern!

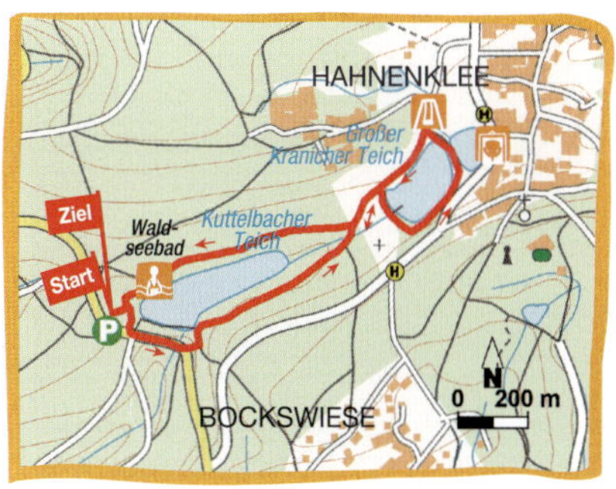

29 Spieglein, Spieglein

DURCHS SPIEGELTAL BEI CLAUSTHAL-ZELLERFELD

Die Wanderung im Spiegeltal besticht durch verwunschene Pfade und viel, viel Wasser: in Bachläufen, Teichen, Wasserfall und Kunstgräben. Der abwechslungsreiche Robinson-Spielplatz lädt zu einem Besuch ein!

Gegenüber dem Parkplatz führt uns ein Pfad zum Wasserläufer-Teich, hinter dem wir rechts auf den Waldweg abbiegen. Nach einem kurzen Stück bergauf geht es (immer geradeaus) hinab ins Spiegeltal. Der bald durch märchenhaften Fichtenwald führende Pfad endet auf einem Forstweg, auf den wir rechts abbiegen, um kurz darauf rechts Richtung Spiegeltaler Teiche zu wandern.

mittel	6,1 km	3 Std.	120 Hm

Tourencharakter Recht leichte Tour auf meist schmalen, teils wurzeligen Pfaden am WasserWanderWeg Zellerfelder Kunstgraben mit einem kurzen, knackigen Anstieg **Altersempfehlung** Ab 3 Jahren **Ausgangs-/Endpunkt** Parkplatz am Robinson-Spielplatz Clausthal-Zellerfeld **GPS-Daten** N 51.821579, E 10.324096 **Anfahrt** B 241 ab Goslar, in CLZ rechts auf Spiegelthaler Straße abbiegen. Mit dem Bus aus Goslar bis Clausthal-Zellerfeld Wolfs Hotel (1,3 km bis zum Robinsohn-Spielplatz). **Ausrüstung** Evtl. Wechselkleidung

Stetig dem Bachlauf des Spiegeltalgrabens folgend, erreichen wir mit dem beliebten Spiel »Nur auf Steine und Wurzeln!« erst den Unteren Teich und bald den Spiegeltaler Wasserfall, über den im Rahmen der Scheitholzflößerei einst geschnittene Baumstämme talwärts geleitet wurden. Die Kinder können nicht anders, als die Schuhe abzulegen und sich durchs kühle Nass möglichst nah an das aus 5 Meter Höhe herabrauschende Wasser heranzutasten.

Wenig später passieren wir (weiter geradeaus) den Oberen Teich. Am Forstweg angekommen, wartet rechter Hand die einzige Her-

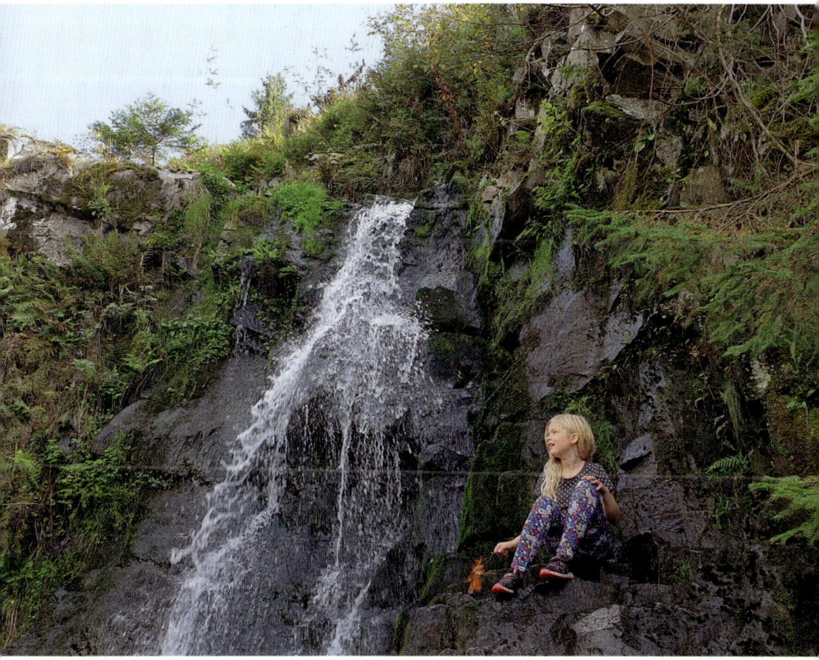

Am Spiegeltaler Wasserfall: einfach mal dem Rauschen lauschen

ausforderung dieser Tour auf uns: Auf 400 Metern verläuft der Weg bergan bis zum Zellerfelder Kunstgraben! Stolz oben angekommen, wandern wir zwischen Wald und Wiesen am malerischen Wassergraben entlang, bis wir auf den breiten Weg vom Beginn unserer Tour treffen. Am Ende darf eine ausgiebige Rutschpartie auf dem großen Robinson-Spielplatz natürlich nicht fehlen!

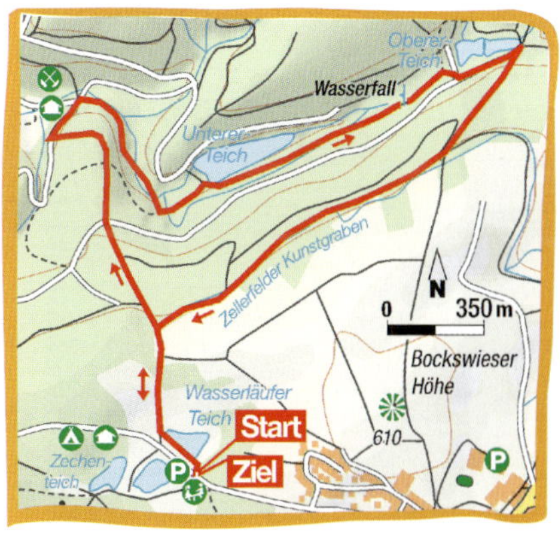

30 Bären und Bayern

HINAUF ZU STEINBERGTURM, BÄRENHÖHLE UND STEINBERGALM

Nach Erklimmen des Steinbergturms und einem Abstieg in die »Bärenhöhle« führt die Rundtour zu einem großartigen Spielplatz und zur rustikalen, in bayerisches Flair getauchten Steinbergalm.

Wir folgen der Straße Alte Rodelbahn hinauf in den Wald. Dort halten wir uns schräg rechts, um über den breiten Harzer Förstersteig aufwärtszuwandern, bis wir an die »Schutzhütte des Goslarer Handwerks« kommen. Hier haben wir eine erste Aussicht auf Goslar.

Wir gehen den Weg etwa 40 Schritte zurück, um nach rechts auf einem (nicht ausgeschilderten) Pfad recht steil bergauf zu laufen – »Hier ist es spannend!« (O-Ton der Tochter). An einem breiteren Weg angelangt, wenden wir uns zunächst nach rechts, um einige Meter weiter links in den nächsten Pfad einzubiegen. Er führt direkt hinauf auf den Gipfel des Steinbergs und zum einstigen Kaiserturm, dem heutigen Steinbergturm (HWN 111). Über 60 Stufen erklimmen wir das Bauwerk und genießen die sich hier bietende einmalige Rundumsicht über Goslar auf das nördliche Harzvorland und die umliegenden Wälder. Wieder festen Boden unter den Füßen spü-

mittel	5,3 km	2.30 Std.	160 Hm

Tourencharakter Kurzweiliger Rundweg mit recht steilem Anstieg am Tourbeginn; mit Variante für Kinderwagen **Altersempfehlung** Ab 3 Jahren **Ausgangs-/Endpunkt** Straße Alte Rodelbahn, Goslar **GPS-Daten** N 51.903608, E 10.412713 **Anfahrt** B 6-Abfahrt Goslar-Hahndorf/Grauhof, links auf B 241 Richtung Clausthal-Zellerfeld; kurz vor Ortsausgang Goslar rechts auf B 82, dann links, rechts, links und wieder rechts abbiegen. Mit dem Bus aus Goslar, Bad Harzburg, Clausthal-Zellerfeld bis Nonnenweg (300 m entfernt). **Einkehr** Steinbergalm Zum Rösner (tgl. geöffnet) **Ausrüstung** Taschenlampe **Information** Tourist-Information Goslar, Tel. 05321/780 60, www.goslar.de

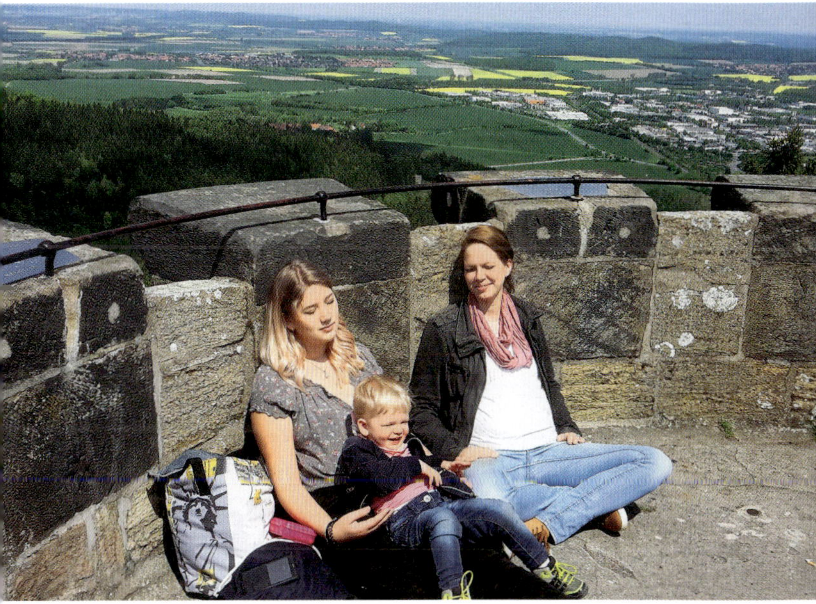

Auf dem Steinbergturm kann man einen herrlich weiten Blick oder einfach die Sonne genießen.

rend, folgen wir dem vor uns liegenden geteerten Weg für etwa 1,5 Kilometer geradeaus. Nach einer Linkskurve mündet er in eine Wegkreuzung, von der aus wir zur Linken bereits den einladenden Spielplatz sehen. Dorthin wollen wir auch, aber vorher steht noch ein kleiner Abstecher auf dem Programm: Es geht zur »Bärenhöhle«! Wir wenden uns nach rechts (genau entgegengesetzt zum Spielplatz-Weg; eine klare Ausschilderung fehlt hier) und wandern etwa 200 Meter abwärts ins Schlüsseltal. Aufmerksam halten wir

Bären in der Höhle?

Einst erzählte man sich, in der Höhle habe ein Bär gelebt. Aber keine Angst! Die Höhle entstand im 19. Jahrhundert beim Abbau von Schiefergestein, sie ist also von Menschenhand gemacht und keine Höhle im eigentlichen Sinn. Schon damals gab es im Harz keine frei lebenden Bären mehr – ihr dürft euch also ruhig in das Innere der Höhle wagen!

Variante für Kinderwagen

Mit Kinderwagen wandern Sie an der Schutzhütte des Goslarer Handwerks geradeaus weiter und in einem Bogen hinauf zum Steinbergturm (nur bei trockenem Untergrund geeignet!). Von hier können Sie die Tour wie beschrieben fortsetzen, wobei Sie gegen Ende des Rundwegs, anstatt links abzubiegen, geradeaus auf den Unteren Triftweg wandern. Die Tour verlängert sich dadurch um 1,3 Kilometer.

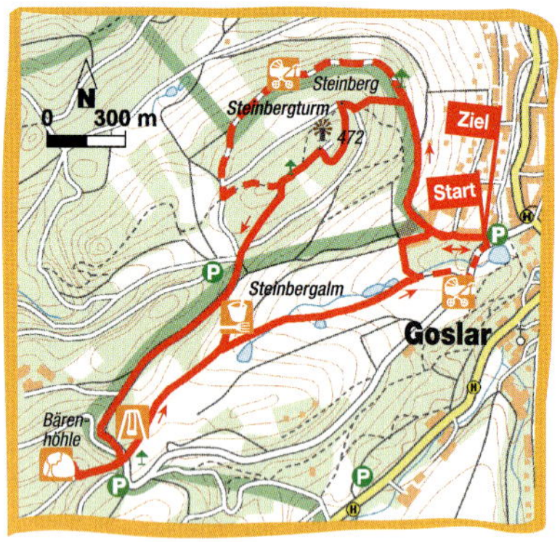

Ausschau nach dem (nicht ausgewiesenen) Pfad am rechten Wegesrand, der direkt zur und in die Bärenhöhle führt. Hier ist es dunkel, feucht … und auch etwas gruselig. Mit einer Taschenlampe können wir den hintersten (abgesperrten) Bereich der Höhle ausleuchten – ob sich dort nicht vielleicht doch ein Bär verbirgt?! Nun geht es auf umgekehrtem Weg direkt zum ersehnten Spielplatz. Er bietet für kleine wie für große Kinder abwechslungsreiche Bewegungsmöglichkeiten – ob auf Riesen- oder Babyschaukel, Rutschturm oder Holzeisenbahn, Balancierbrücke oder Seilbahn … Hier ist für jeden Geschmack etwas dabei!

Nach ausgiebigem Toben rufen die Kinder nach einer Stärkung. Natürlich könnte man sich des mitgebrachten Proviants bedienen; aber die Kleinen wissen schon, wie köstlich Kaiserschmarrn, Apfelstrudel und Holunderschorle auf der Steinbergalm munden. So geht es die 300 Meter bis »Zum Rösner« recht zügig voran (auch hier HWN 111).

Nach der Einkehr auf der Steinbergalm warten die letzten 1,3 Kilometer auf uns. Wir gehen von der Alm aus wenige Schritte hinab zum Weg, auf dem wir kamen, und wenden uns nach links, um auf fast gerader Linie neben dem Bächlein Trüllke leicht bergab in Richtung Goslar zu laufen. Nach ziemlich genau 1 Kilometer geht links der erste ausgeschilderte Weg seit Verlassen der Alm ab; er führt uns ein Stück bergan, hinauf zu einem geteerten Waldweg, dem wir rechter Hand zurück auf die »Alte Rodelbahn« folgen.

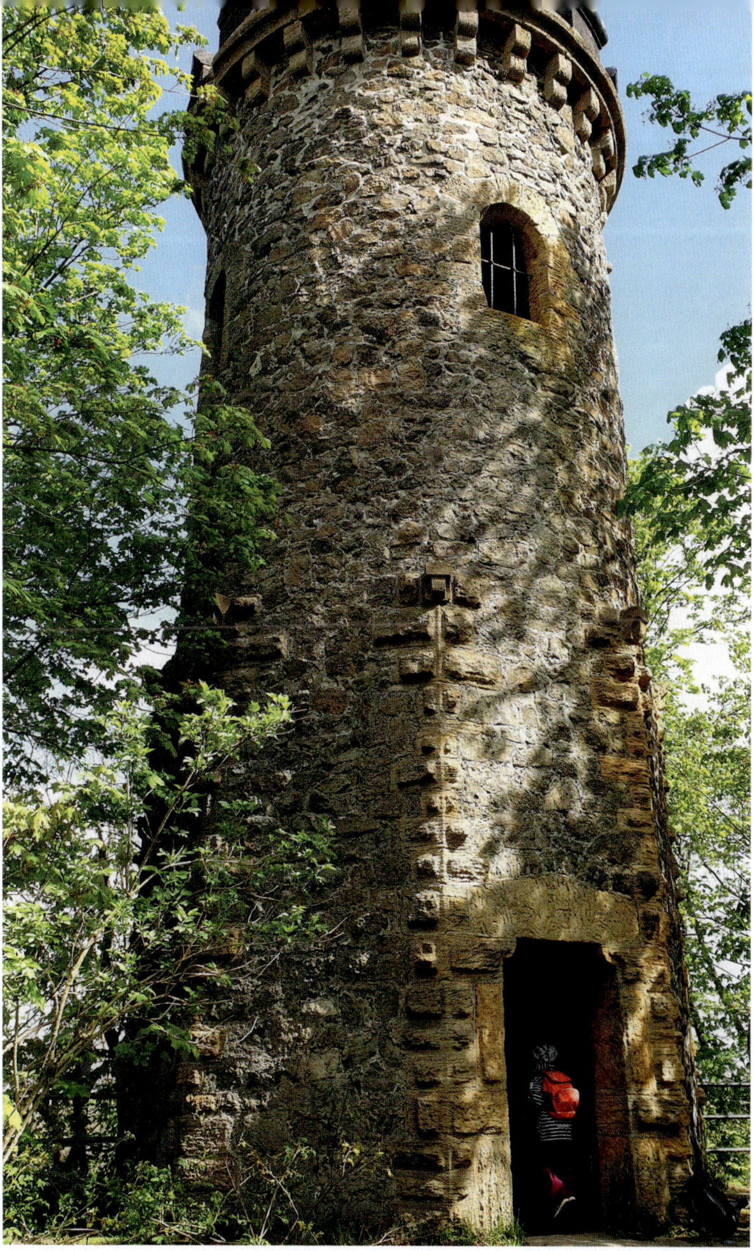

Der Steinbergturm – man ertappt sich dabei, nach dem Rapunzelzopf zu suchen.

31 Feigenbaum und Mausefalle

AUF KLIPPENTOUR HOCH ÜBER DEM OKERTAL

Bei dieser atemberaubenden Klippentour geht es auf abwechslungsreichem Weg hoch hinaus über das Okertal. Die beeindruckenden, begehbaren Granitfelsen von Feigenbaumklippe, Mausefalle, Kästeklippen und Treppenstein lassen nicht nur Kinderherzen höherschlagen.

Vom Parkplatz gehen wir wenige Schritte bis zum Romkerhaller Wasserfall. Über einen kleinen, inmitten des Wasserbeckens platzierten Froschkönig schauen wir hinauf in die Höhe, aus der das Wasser hinabstürzt: Dort hinauf soll es also gehen – puh! Wir wagen es: Links neben dem Wasserfall wandern wir über den »steilen Anstieg« auf schmalen Pfaden im Zickzack (uns rechts haltend) zügig hinauf an den Kopf des Wasserfalls und sogleich auf den etwas breiteren Schöppenstedter Weg.

Ihm folgen wir, den Wasserfall hinter uns lassend, stetig leicht bergan bis zur nächsten Wegkreuzung. Hier halten wir uns entsprechend der Ausschilderung rechts und bei nächster Gelegenheit schräg links. Der breitere Weg geht bald über in einen schmaleren, steinigen Abschnitt und führt hinauf zu einem Wegweiser, welcher uns wählen lässt zwischen dem leichten und dem steilen Anstieg zur Feigenbaumklippe. Wir nehmen den stei-

schwer	5,9 km	3 Std.	350 Hm

Tourencharakter Sportliche Tour über schmale Wege und hohe Klippen, unbedingt Trittsicherheit erforderlich **Altersempfehlung** Ab 4 Jahren **Ausgangs-/Endpunkt** Parkplatz Romkerhaller Wasserfall **GPS-Daten** N 51.858278, E 10.470987 **Anfahrt** Von B 4 bei Torfhaus auf L 504 nach Altenau abbiegen, dort auf B 498 bis kurz hinter Okertalsperre. Mit dem Bus aus Goslar und Altenau/Schulenberg bis Romkerhalle. **Einkehr** Kästegrill (unregelmäßig geöffnet) **Ausrüstung** Ggf. Sicherungsgurt/-seil **Information** Service-Büro der Harzer Wandernadel, Tel. 03944/954 71 48, www.harzer-wandernadel.de

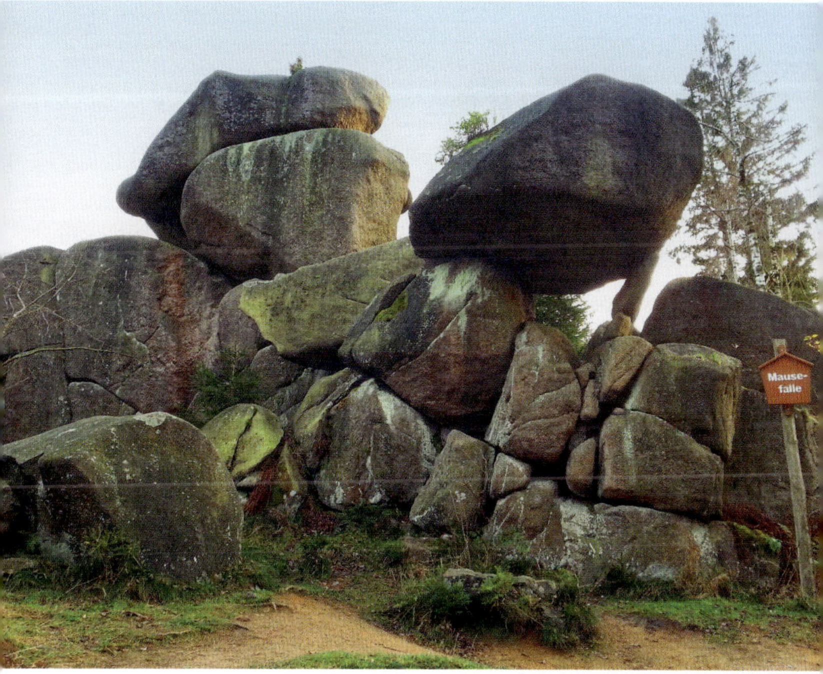

Die »Mausefalle« – wer hat die wohl aufgestellt?

len Aufstieg, halten uns zweimal rechts und wandern unterhalb der Klippe zwischen und über Felsbrocken erst ein Stück um sie herum, dann auf sie hinauf. Ein zwischen den Felsen angebrachtes Brett ermöglicht uns, den Aussichtspunkt an der Klippe zu erreichen – welch spektakulärer Blick sich uns hier oben über das Okertal bietet!

Wieder festen Boden unter den Füßen spürend, legen wir an einer Bank mit Blick auf die imposante Felskulisse eine erste Rast ein. Der Weg führt uns weiter zur »Mausefalle«, einer skurrilen Felsformation, die in der Tat an eine Mausefalle erinnert. (Traut ihr euch, zwischen die Felsen zu klettern?) Dann wandern wir, den Hauptweg bei zwei sich bietenden Gelegenheiten nach links zugunsten wurzeliger und steiniger Wege verlassend, vorbei an der Klippe Hexenküche, leicht bergauf zu den Kästeklippen (HWN 118).

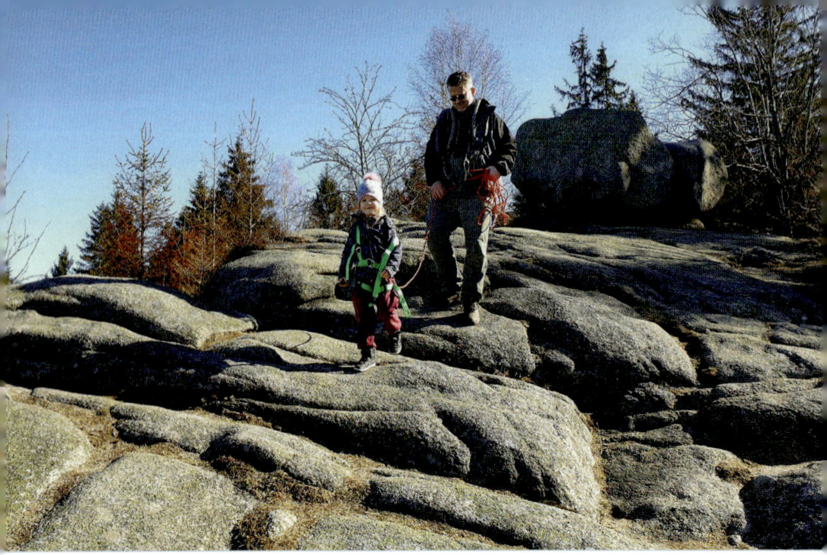

Auf den Kästeklippen: gesichert mit Klettergurt und Seil

Auf den Klippen sind wir erleichtert, die Sicherungsausrüstung für unsere noch Dreijährige dabeizuhaben, denn die Steilabstürze an den Klippen sind zwar mit Geländern versehen, ihre Abstände lassen jedoch vermuten, dass sie nicht zur Sicherung kleinerer Menschen gedacht waren, die gerne über Felsen flitzen. Das sichere Terrain der Kästeklippen lädt immerhin zu einer zweiten, wohlverdienten Pause ein. Denn jetzt haben die Kids den anstrengenden Teil der Tour geschafft! Ab hier geht es nur noch bergab!

Die Kästeklippen verlassend, wenden wir uns sogleich nach links. An der nächsten Kreuzung führt uns die Ausschilderung zum Treppenstein nach links auf einen Forstweg, von dem wir unmittelbar nach seiner nächsten Rechtskurve links auf einen (hier nicht ausgeschilderten!) »steilen, rustikalen Weg« (so auf einem späteren Hinweisschild gekennzeichnet) abbiegen. Er bringt uns über Stock und Stein

Verlobungsinsel in der Oker

Wer noch Puste hat, kann im Anschluss an die Klippentour auf der anderen Seite der Oker zur romantischen Verlobungsinsel (HWN 116) wandern. Gegenüber dem Parkplatz beginnt links hinter dem Lokal Königreich Romkerhall der schmale, holprige Weg an der Oker (one-way etwa 1,5 Kilometer).

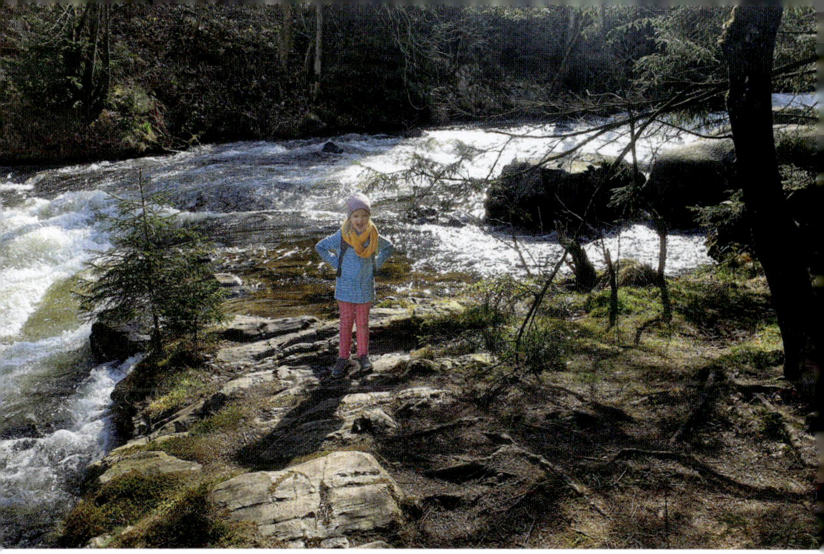

Variante: auf dem Weg zur Verlobungsinsel, Mission: lauter toben als die Oker

bergab direkt zur nächsten Klippe: dem Treppenstein (HWN 117). Nach Erklimmen der Klippe über mehrere Treppen und abermals fabelhaften Aussichten auf das Okertal folgen wir dem breiten Weg rechter Hand gemütlich und stetig leicht bergab in Richtung Romkerhalle. An der Wegkreuzung vom Tourbeginn vor die Wahl gestellt, erneut den steilen Weg am Wasserfall zu nehmen oder einen leichter bergab verlaufenden Weg entlang des Baches Kleine Romke, ziehen wir zweiteren vor. Entsprechend der Ausschilderung wenden wir uns nach links und wandern für ein kurzes Stück auf dem Weg, den wir anfangs in dieselbe Richtung gegangen waren. Wo wir zu Beginn schräg links abgebogen sind, gehen wir nun scharf rechts bergab und folgen dem idyllischen, bald steinigen und stellenweise von Wasser überspülten Weg an der Kleinen Romke bis hinab nach Romkerhalle.

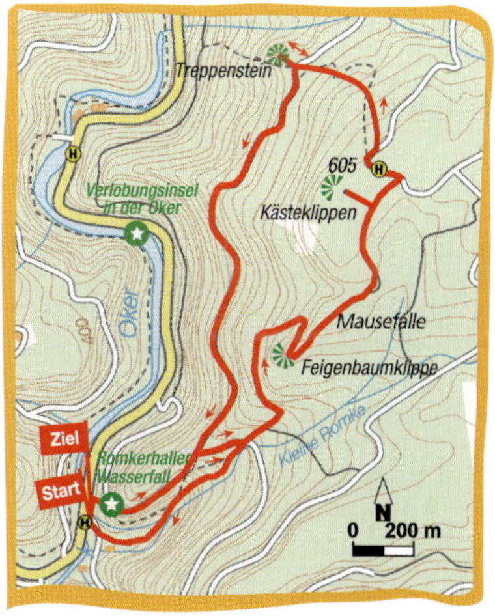

32 Auf leisen Pfoten

UNTERWEGS AUF DEM WILDKATZEN-ERLEBNISPFAD BEI BAD HARZBURG

Auf attraktiven Wegen am Schmalenberg und durch das Riefenbachtal geht es über den Wildkatzen-Erlebnispfad! Mitmachstationen laden die Kinder ein, dem Wesen der seltenen Tiere nachzuspüren.

Wir überqueren die Brücke über das Flüsschen Radau und wandern, dem Wildkatzensymbol folgend, hinauf in den Wald. Hinter einer kleinen Treppe führt der Weg nach rechts und bald zum Beginn des 2,5 Kilometer langen Erlebniswegs. Hier geht es durch ein Holztor kurz recht steil bergan. Wenn wir in Wildkatzen-Manier leise über den Weg schleichen, bemerken wir den Anstieg zur ersten Erlebnisstation kaum. Sie informiert über die Tierspuren von Wildkatze, Luchs & Co.

Sieben weitere Stationen – darunter eine sprechende Bushaltestelle, Balancier- und Kletterparcours sowie in den Baumkronen versteckte Wildkatzenmodelle – machen neugierig, Welt und Wesen der Wildkatze zu entdecken. Dabei wandern wir an den Tierspuren zunächst weiter bergan auf einen Forstweg und bald über schmale Wege am idyllischen Riefenbach entlang. Sobald wir wie-

leicht	3,5 km	2 Std.	120 Hm

Tourencharakter Abwechselnd schmale Wald- und breite Forstwege; am Beginn zwei kurze, deutliche Anstiege **Altersempfehlung** Ab 3 Jahren **Ausgangs-/Endpunkt** Großparkplatz an der B 4 in Bad Harzburg **GPS-Daten** N 51.867531, E 10.557080 **Anfahrt** Über B 4 von Torfhaus nach Bad Harzburg, Parkplatz auf der linken Straßenseite (gebührenpflichtig). Mit dem Bus aus Bad Harzburg und Torfhaus/Braunlage bis Hotel Seela. **Einkehr** Mit einem Abstecher in Bad Harzburgs Bummelallee oder am Kurpark **Info Erlebnispfad** Ganzjährig geöffnet **Ausrüstung** Fernglas, evtl. Wechselkleidung **Information** www.bund-niedersachsen.de/wildkatze

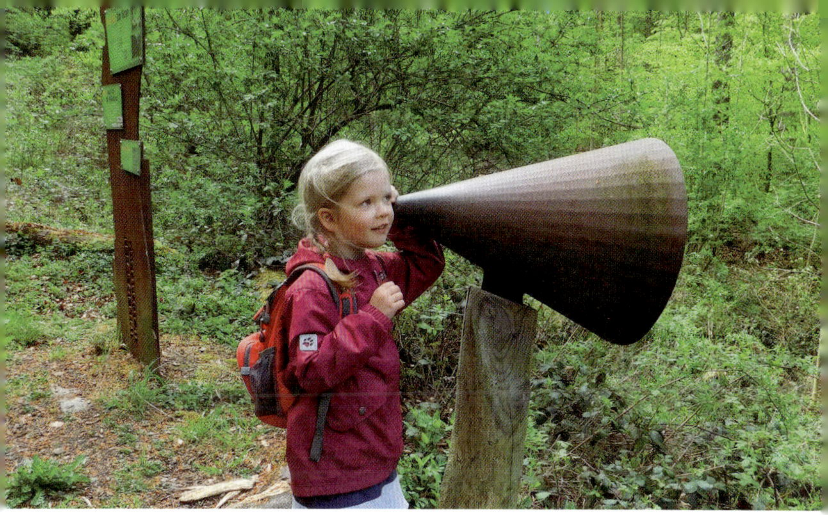

Durch den Hörtrichter gelangt das Rauschen des Riefenbaches gesammelt zum Ohr.

der auf den Forstweg treffen (hier verläuft der Wildkatzenstieg geradeaus zu Wildkatzengehege und Marienteichbaude), wenden wir uns nach links, um auf dem Erlebnispfad zu bleiben.

An der Wegkreuzung, die wir schon kennen, befindet sich die letzte Station des Erlebnispfads. Hier können wir entscheiden, ob wir über Brücke und Forstweg einen Abstecher hinab in den Kurpark unternehmen (siehe Tour 34) oder (wie auf der abgebildeten Karte) geradeaus, stetig leicht bergab, zurück zum Parkplatz wandern.

Wildkatzen live

Wollt ihr Wildkatzen in natura erleben? Dann auf zum Wildkatzengehege an der Marienteichbaude! Hier warten neben den Katzen auch Waschbären und Ziegen sowie ein netter Spielplatz auf euren Besuch (an der B 4 zwischen Bad Harzburg und Torfhaus).

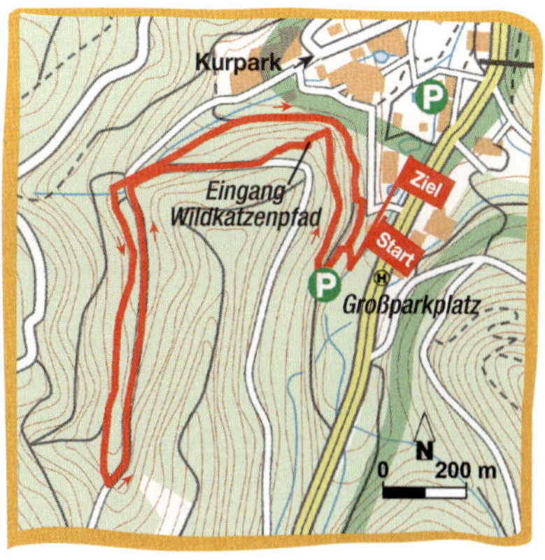

33 Nach Canossa gehen wir nicht

HINAUF ZU GROSSEM UND KLEINEM BURGBERG BEI BAD HARZBURG

Auf der kurzen Rundtour hinauf zum Großen Burgberg mit seiner Canossa-Säule und zur Klippe des Kleinen Burgbergs erwarten uns Überreste der ehemaligen Harzburg, fantastische Aussichten und leckere Torten!

Wir starten unsere Rundtour zu Großem und Kleinem Burgberg am Parkplatz Berliner Platz in Bad Harzburg. Von dessen unterem Ende führt ein Waldweg über 450 Meter leicht bergauf zum Burgberg-Gymnasium. Wir gehen linker Hand des Kriegsgräberdenkmals ein kurzes Stück am Schulgelände entlang und schlagen den rechten der beiden nun vor uns liegenden Waldwege ein. Er führt uns, mal breiter, mal schmaler werdend, hinauf zum Antoniusplatz. Hier wenden wir uns nach rechts, um dem steinigen Weg bergauf zu folgen, bis uns am rechten Wegesrand eine Statue des Sachsen-

mittel | 3,9 km | 2 Std. | 160 Hm

Tourencharakter Kurze Rundtour über schmale Waldwege, auf denen einige Höhenunterschiede überwunden werden müssen **Altersempfehlung** Ab 3 Jahren **Ausgangs-/Endpunkt** Berliner Platz, Bad Harzburg **GPS-Daten** N 51.874422, E 10.562116 **Anfahrt** B 4 bis Berliner Platz (Parkplatz gebührenpflichtig). Bushaltestelle Berliner Platz aus allen Richtungen erreichbar. **Einkehr** Plumbohms Aussichtsreich auf dem Burgberg (tgl. geöffnet), Eiscafé und andere Möglichkeiten in Bad Harzburgs Bummelallee **Information** Tourist-Information Bad Harzburg, Tel. 05322/753 30, www.bad-harzburg.de

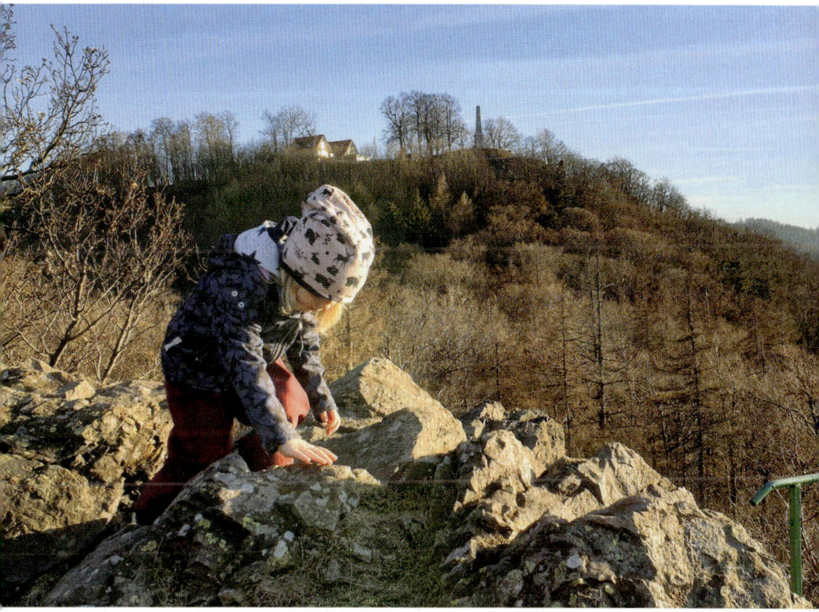

Auf dem Kleinen Burgberg, mit der Canossa-Säule des Großen Burgbergs im Hintergrund

gottes Krodo entgegenlächelt. Wir gehen wieder ein paar Schritte zurück, um über Treppen das Gelände der ehemaligen Hauptburg zu betreten. Viele kleine Mauerreste erinnern hier an längst vergangene Zeiten; ein Modell der einstigen Harzburg verrät, wie sie früher einmal ausgesehen haben mag. Die Brücke überquerend, winken wir Krodo diesmal von oben zu, bevor wir einen rekonstruierten Turm der Harzburg besteigen und das Burggelände von oben betrachten. Unten lädt »Plumbohms Aussichtsreich« (HWN 121) zu Kaffee und Kuchen oder leckeren Harzer Spezialitäten ein. Die Torten sind ein Traum!

Liebesschlösser

Vor der Canossa-Säule hängt eine Vielzahl von Liebesschlössern und es werden ständig mehr. Könnt ihr sie zählen? Welches Schloss findet ihr am schönsten?

Mit gut gefüllten Bäuchen geht es nun am Restaurant vorbei zum Highlight des Burgbergs: der Canossa-Säule. Die Kinder drehen auf den Stufen der Säule ein paar obligatorische Runden, die Eltern genießen unterdessen den einzigartigen Ausblick über Bad Harzburg. Von der Canossa-Säule gehen wir ein kurzes Stück über den Fahrweg an mehreren Bänken vorbei; unterhalb des »Aussichtsreichs« führt von dort ein ausgeschilderter Pfad links hinab und bald wieder rechts hinauf (!) auf den Kleinen Burgberg (die vorher abzweigenden, bergab führenden Pfade lassen wir unbeachtet). Nach einer kurzen Kletterpartie am Ende des Pfades sehen wir links die Klippe des Kleinen Burgbergs, hinter der wir uns links vorbeischlängeln. Neben einer Wetterfahne gönnen wir uns

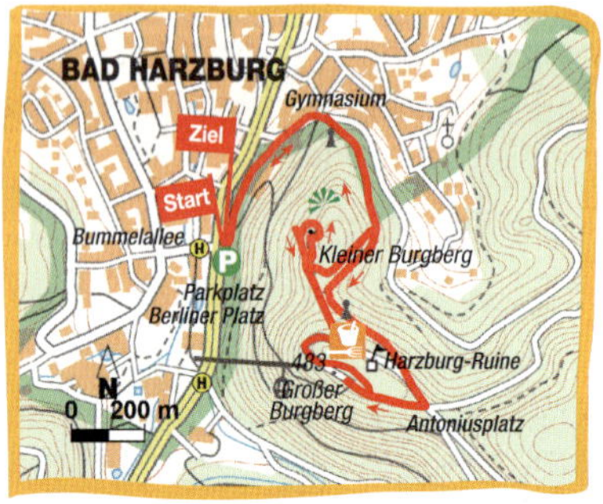

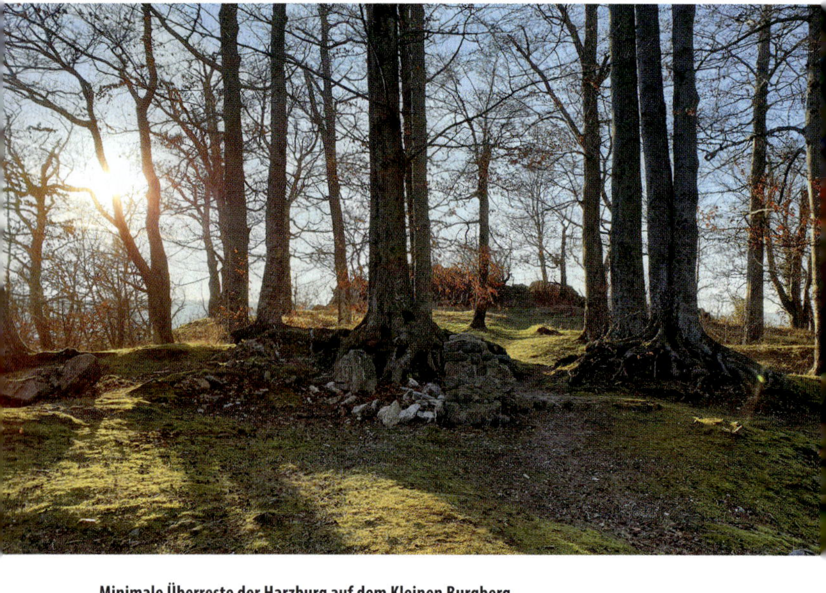

Minimale Überreste der Harzburg auf dem Kleinen Burgberg

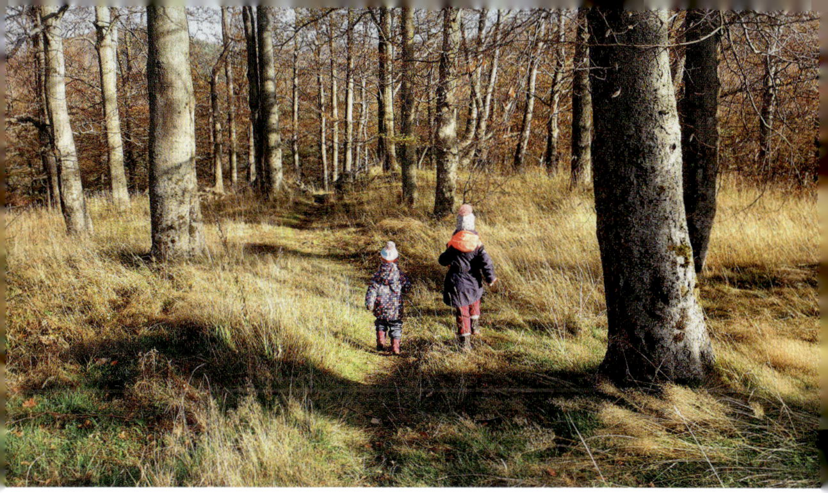

Tolle Waldwege beflügeln die Kinderfüße.

ein kurzes Innehalten auf der Bank, um den Blick über Bad Harzburg und zum Großen Burgberg schweifen zu lassen. Die Klippe wieder verlassend, nehmen wir nun den Pfad geradeaus, der uns zu Überresten der Kleinen Harzburg bringt, vor ihnen links abbiegt und unterhalb der Klippe um sie herum führt. Während auf den Ruinen der Hauptburg etliche Menschen unterwegs waren, begegnet uns hier – beim bestimmt einstündigen Sonnenbad – lediglich ein Pärchen. Ein tolles, idyllisches Plätzchen abseits des Mainstreams!

Für den Rückweg gehen wir den Pfad unterhalb der Klippe weiter, bis linker Hand der erste schmale Weg bergab führt. Diesem folgen wir, uns links haltend, bis wir über einige Treppenstufen wieder auf den Waldweg vom Anfang unserer Tour treffen. Er bringt uns die letzten Meter hinab zum Gymnasium und alsbald zurück zum Berliner Platz.

Nach Canossa gehen wir nicht

... so lautet die Inschrift des Bismarckdenkmals auf dem Burgberg, der Canossa-Säule. Sie erinnert an einen berühmten Ausspruch Otto von Bismarcks im Kulturkampf gegen die katholische Kirche, mit dem er auf den Bußgang von König Heinrich IV. auf die italienische Burg Canossa zu Papst Gregor VII. (im Jahr 1076/77) verwies. Errichtet wurde das Bismarckdenkmal auf den Ruinen der Harzburg, die Heinrich IV. einst als Kaiserburg erbauen ließ.

34 Luchse, Raben, Kaiser

SEILBAHNFAHRT UND WANDERUNG ZU LUCHSGEHEGE UND RABENKLIPPE

Nach einer Seilbahnfahrt auf den Bad Harzburger Burgberg führt diese spannende Tour in luftiger Höhe durch wunderschöne Landschaft zum Luchsgehege und zur Rabenklippe – ein absolutes Muss während eines Aufenthalts in Bad Harzburg!

Nach einer für Kinder aufregenden Fahrt mit der Burgberg-Seilbahn, auf der wir innerhalb von nur drei Minuten knapp 200 Höhenmeter überwinden, beginnt unsere Wanderung an der Bergstation der Seilbahn. Hier wenden wir uns nach links, um entlang alter Burgmauern die letzten Meter zum Burgbergplateau zurückzulegen, auf dem uns sogleich die Canossa-Säule (s. Tour 33) mit großartiger Aussicht auf Bad Harzburg empfängt.

mittel | 8,5 km | 3.30 Std. | ↑ 180 Hm ↓ 330 Hm

Tourencharakter Abwechslungsreiche Tour mit Seilbahnfahrt, Ausblicken und Besichtigung des Luchsgeheges; alternativer Hin-/Rückweg via Waldbuslinie 875 (verkehrt Apr.–Anf. Nov.) **Altersempfehlung** Ab 5 Jahren **Ausgangs-/Endpunkt** Talstation Burgberg-Seilbahn Bad Harzburg **GPS-Daten** N 51.871018, E 10.560271 **Anfahrt** B 4 bis Burgberg-Parkplatz (gebührenpflichtig). Mit dem Bus aus Bad Harzburg und Torfhaus/Braunlage bis Burgbergbahn. **Einkehr** Plumbohms Aussichtsreich, Waldgaststätte Rabenklippe (Mo. Ruhetag), viele Möglichkeiten in Bad Harzburgs Bummelallee **Burgbergbahn** Geöffnet in der Sommerzeit: 9.30–18 Uhr, Winterzeit: 10–17 Uhr (alljährl. Wartung beachten!); Kosten Bergfahrt: Erw. 3,50 €, Kinder 4–12 J. 2 € **Info Luchsgehege** Fütterungszeiten: Mi.+Sa.: 14.30 Uhr, Teilnahme kostenfrei **Information** HarzWaldHaus Bad Harzburg, Tel. 05322/78 43 37; Burgberg-Seilbahn, Tel. 05322/753 70

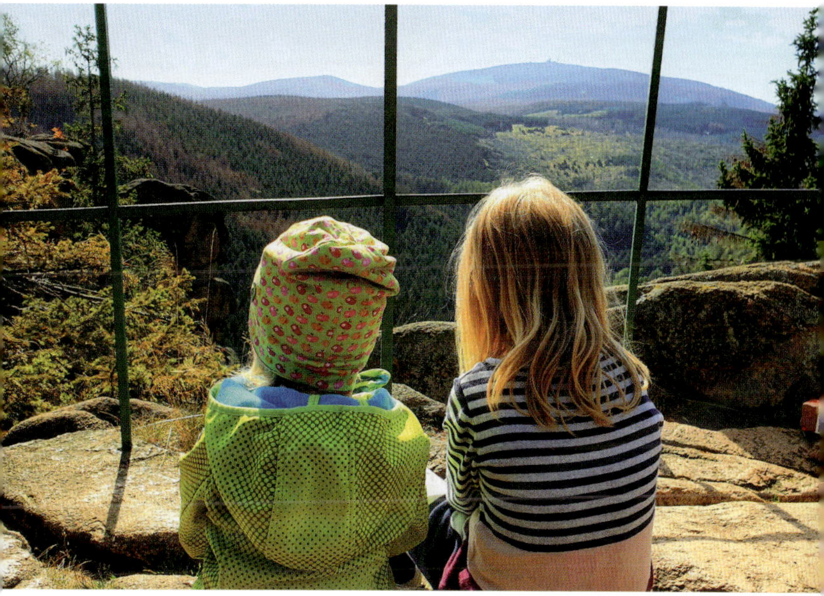

Den Brocken im Blick: auf der Rabenklippe

»Plumbohms Aussichtsreich« (HWN 121) links liegen lassend, schlendern wir über das Gelände der ehemaligen Hauptburg, bevor wir rechter Hand treppabwärts laufen. Am Ende der Stufen wenden wir uns nach links und folgen dem Kaiserweg erst zum Antoniusplatz und von dort weiter nach schräg rechts zur Säperstelle. Hier gehen wir abermals nach rechts und uns gleich wieder links haltend (und damit den Kaiserweg verlassend) auf einen breiteren Waldweg, der zunächst eben und bald stetig gemächlich bergan auf und über den Kaltetalskopf führt (ausgeschildert als

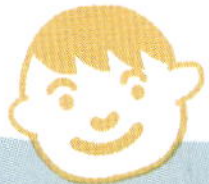

Die Sage von der Rabenklippe

Der Sage nach war einst ein wandernder Mönch an der Rabenklippe kurz vor dem Verhungern, weil sein Proviant erschöpft war. Vorüberfliegende Raben erretteten ihn, indem sie eine tote Taube vor ihm herabfallen ließen, nach deren Verzehr er seinen Weg gestärkt fortsetzen konnte.

Ausklänge

Lasst eure Wanderung im Kurpark ausklingen: ob auf dem Abenteuerspielplatz, in einer Ausstellung im HarzWaldHaus, im Wassertretbecken, auf dem Barfußweg, beim Adventure-Golf oder im sagenhaften »Sagenhaft«-Restaurant! Von der Baumschwebebahn (ab Antoniusplatz) und vom Baumwipfelpfad aus könnt ihr den Wald aus neuen Perspektiven entdecken!

schwieriger Weg). Hier eröffnet sich ein völlig anderes Landschaftsbild als zuvor, bestimmt von gelblichen Gräsern und teils kahlen Nadelbäumen – faszinierend!

Kurz nach Erreichen des höchsten Wegepunkts des Kaltetalskopfs geht es nach rechts wieder bergab Richtung Luchsgehege und Rabenklippe. Sobald wir vor den Gehegezäunen stehen, gehen wir rechts an ihnen entlang. Wir kommen zu einer kleinen Aussichtsplattform, von der wir einen der majestätischen Luchse beim Umherstreifen durchs Gehege, einen anderen beim

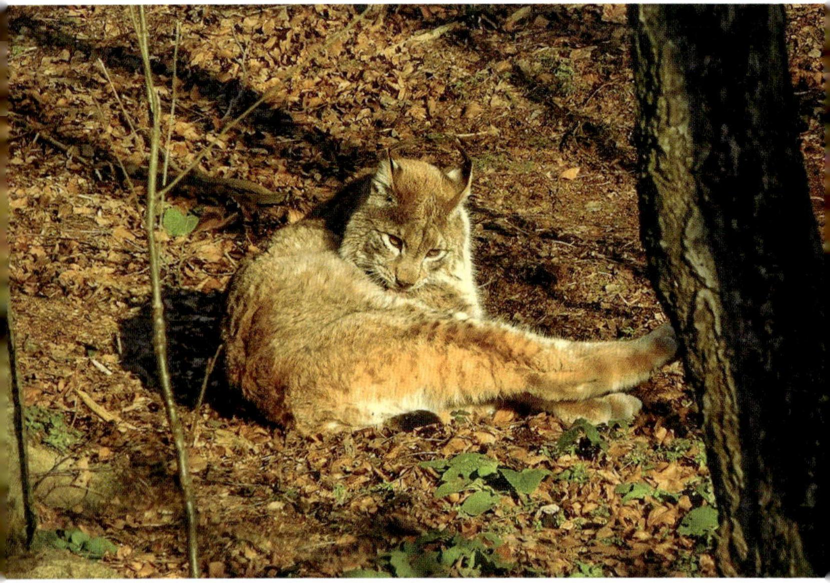

Entspannt in der Abendsonne: ein Pinselohr bei der Fellpflege

Sonnenbaden beobachten können. Die drei weiteren Tiere halten sich versteckt. Zu Schaufütterungszeiten kommen übrigens für gewöhnlich alle Pinselohren aus ihren Verstecken hervor!

Am Luchsgehege gehen wir weiter zur Rabenklippe, die wir über eine steile Steintreppe erklimmen – welch grandiose Aussicht sich hier eröffnet, Brocken inklusive! Die Kinder tun es hier dem Luchs gleich und gönnen sich

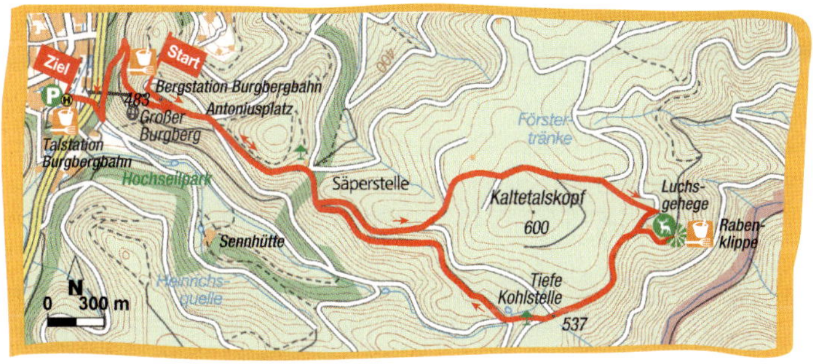

ein Bad in der Nachmittagssonne. Von der Klippe aus erblicken wir bereits die Waldgaststätte Rabenklippe (HWN 170), in die wir einkehren und, eine Apfelschorle schlürfend, Rabenklippe und Brocken nun aus etwas anderer Perspektive vor uns sehen.

Nach der kurzen Rast geht es, wieder vorbei am Luchsgehege, auf den Fahrweg, dem wir in Richtung Molkenhaus nach links folgen, bis unmittelbar hinter der Köhler- und Blockhütte ein Pfad rechts vom Hauptweg abgeht. Er führt uns auf einen außergewöhnlichen Teilabschnitt des Kaiserwegs, dem wir rechter Hand folgen. Die Harzburger Wälder sind an sich schon attraktiv, aber hier oben ist die Landschaft noch einmal ganz anders, besonders zauberhaft!

Der Kaiserweg führt uns über die Säperstelle zurück zum Antoniusplatz, an dem wir uns für den Abstieg nun gleich nach scharf links und bei erster Gelegenheit nach rechts (auf den Herzogsweg) wenden, um auf der Sonnenseite des Bergs hinab ins Tal zu laufen. Von dem durchweg steinigen Herzogsweg biegen wir bei zweiter Gelegenheit links ab (Ausschilderung: Kurpark 0,5 Kilometer), sodass wir über einen bald schmaler werdenden Weg am Start des Baumwipfelpfads bzw. direkt an der B 4-Brücke aus dem Wald heraustreten, die zur Talstation der Seilbahn und zum Kurpark führt.

35 Teuflischer Stieg

AUF DEM TEUFELSSTIEG ZWISCHEN BAD HARZBURG UND ECKERSTAUSEE

Der malerische Radauwasserfall, massive Felsen und Klippen machen den Aufstieg zu Molkenhaus, Waldspielgelände und Eckerstausee zu einem kurzweiligen Erlebnis. Über den Teufelsstieg geht es zurück nach Bad Harzburg – eine landschaftlich fantastische Tour für ambitionierte Wandersfamilien!

An der Talstation der Seilbahn überqueren wir die B 4-Brücke und laufen im Kalten Tal am Märchenwald vorbei. Unmittelbar hinter der Kuppel des Baumwipfelpfads führt rechter Hand ein Weg am Hochseilpark vorbei in den Wald hinauf. Vor dem Wassergraben wenden wir uns nach rechts, um zunächst an ihm, bald oberhalb der Radau gemächlich bergan in Richtung Radauwasserfall zu wandern. Kurz vor selbigem gabelt sich der Weg nach links Richtung Torfhaus/Eckerstausee und nach rechts Richtung Wasserfall. Wir schlagen die rechte Wegoption ein, um einen Abstecher zum Fuß

schwer | 15 km | 5.30 Std. | 450 Hm

Tourencharakter Sportliche Tour über teils holprige Wege mit recht steilen Anstiegen; gute Kondition erforderlich; mit kürzeren Varianten **Altersempfehlung** Ab 8 Jahren **Ausgangs-/Endpunkt** Talstation Burgberg-Seilbahn Bad Harzburg **GPS-Daten** N 51.871018, E 10.560271 **Anfahrt** B 4 bis Burgberg-Parkplatz (gebührenpflichtig). Mit dem Bus aus Bad Harzburg und Torfhaus/Braunlage bis Burgbergbahn. **Einkehr** Waldgaststätte Radauwasserfall, Molkenhaus, Café Zur Märchenstube, mehrere Möglichkeiten an den Seilbahnen und in Bad Harzburgs Bummelallee **Information** Tourist-Information Bad Harzburg, Tel. 05322/753 30, www.bad-harzburg.de

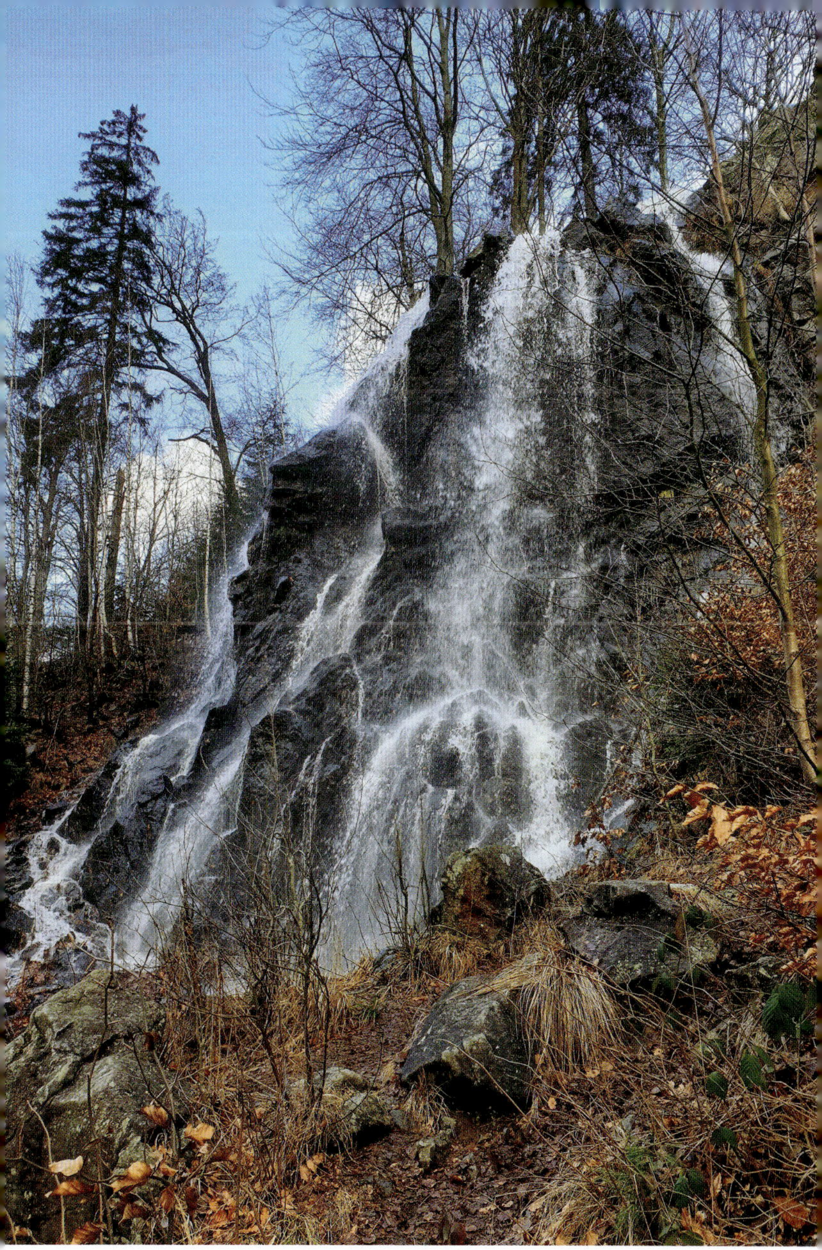

Der Radauwasserfall: erstes Etappenziel dieser Wanderung

des Radauwasserfalls zu unternehmen. Dann steigen wir wieder auf den wurzeligen Weg, um nun die zuvor linke Wegoption zu wählen. Sie führt uns an den Kopf des Wasserfalls und zum Hanggraben, über den Wasser aus der Radau weiter südöstlich künstlich zum Wasserfall hin abgezweigt wird. Am Graben entlang geht es weiter, zwischendurch über Bohlenstege, bis linker Hand der erste Wegweiser zum Molkenhaus weist. Über Wurzeln und Steine geht es nun im Zickzack stramm bergan! An der nächsten Kreuzung (mit Sitzgelegenheit zum Verschnaufen) wandern wir nach scharf links weiter bergauf. Unzählige Felsen zieren den Wegesrand, bevor die Landschaft plötzlich eine ganz andere wird und die Laubbäume einer typisch Oberharzer Berglandschaft mit Rotem Fingerhut und kleinen Jungfichten weichen!

Heiß gelaufene Füße?

... dann gönnt ihnen gegen Ende der Tour eine Abkühlung im Kaltetalbach oder im Wassertretbecken des Kurparks!

Der Pfad führt uns zu Winterberg- und Rudolfklippe, bevor er in einen breiteren Weg mündet, dem wir geradeaus folgen. Am Ende des Weges wenden wir uns nach rechts und sehen nach wenigen Schritten das Molkenhaus (HWN 169). Wir gehen bis zum Eingang der Ausflugsgaststätte und von dort links über einen Trampelpfad zum idyllischen Hasselteich; eine »Schaukel mit Aussicht« lädt zum Niederlassen ein.

Dem Trampelpfad am Hasselteich folgen wir nach links, um unmittelbar vor der Bohlenbrücke auf den Hauptweg abzubiegen. Wenn wir uns dort nach rechts wenden, erreichen wir nach wenigen Metern das Waldspiel-

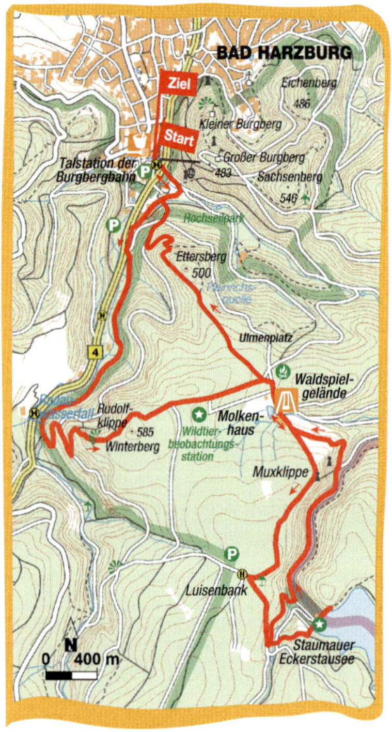

gelände. Holzeisenbahn, Rutschturm, Wippe und Schaukeln fordern zu einem Spielstopp auf!

Vom Waldspielgelände wandern wir über den Fahrweg bergan erst zur Muxklippe (etwas versteckt am linken Wegesrand in der ersten Rechtskurve), dann zur Luisenbank und, nachdem wir hier links abbiegen, in einem Bogen hinab zum Eckerstausee. An einer Wassertränke erfrischen wir uns, bevor wir über Treppen hinunter zur Staumauer (HWN 1) gelangen, auf der uns ein fantastischer Blick über die Trinkwassertalsperre erwartet. Auf der Hälfte der Staumauer markiert ein alter Grenzpfahl die ehemalige innerdeutsche Grenze; Infotafeln weisen auf die historische Bedeutsamkeit des Ortes hin.

Der gesamte Rückweg verläuft nun über den Teufelsstieg (Symbol: weißer Teufel auf grünem Grund): Wir gehen über die Treppen an der Staumauer zurück, vorbei an der Wassertränke, und schlagen am Scheitelpunkt der Fahrwegkurve einen Pfad nach rechts ein. Er führt hinab ins Eckertal. Nach rund 1,5 Kilometern bleiben wir auf dem Teufelsstieg, indem wir den idyllischen Weg an der Ecker nach links verlassen und alsbald über eine Wiese zurück zu Waldspielgelände und Molkenhaus wandern. An der Kreuzung hinter der Molkenhaus-Haltestelle verläuft der Teufelsstieg schräg links in den Wald hinein. Der zunächst leicht begehbare erdige Untergrund wandelt sich bald in einen steinigen, steil bergab verlaufenden Trail, der vorbei an der Ettersklippe in Kehren zurück zum Wassergraben vom Tourbeginn und zum Hochseilpark führt. Das Café am Märchenwald lädt zu einem Abschlusseis ein.

Varianten

Die Tour lässt sich abkürzen, indem Sie die Runde zwischen Waldspielgelände und Eckerstausee auslassen; so ist sie gut 9 Kilometer lang. Sie können aber auch ab Molkenhaus, Waldspielgelände oder Luisenbank mit der Waldbuslinie 875 zurück nach Bad Harzburg fahren (verkehrt von April bis Anfang November).

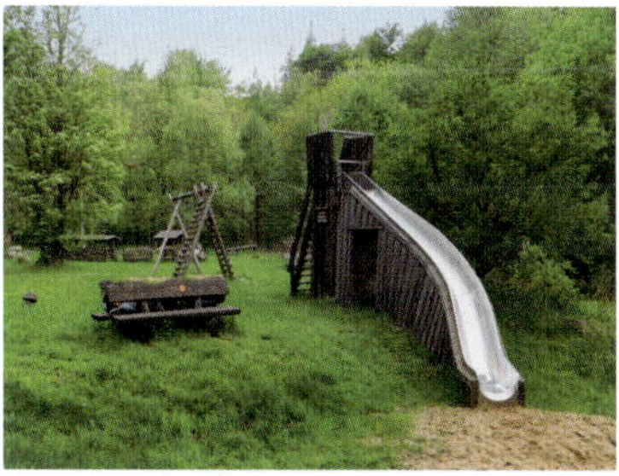

Das weitläufige Waldspielgelände in der Nähe des Molkenhauses

36 Auf Grenzwegen

VON ECKERTAL INS ECKERTAL

Über vielfältige, teils naturbelassene Pfade wandern wir durchs Naturschutzgebiet Eckertal entlang der ehemaligen innerdeutschen Grenze. Der kurze Rundweg eignet sich auch für jüngere Kinder und hat zu jeder Jahreszeit seinen Charme!

Wir starten mit wenigen Schritten in Richtung Waldcafé und Erlebnisbauernhof, um sogleich links auf den Wall der ehemaligen Bahnstrecke zu klettern. Ein Graspfad führt geradewegs auf eine alte Eisenbahnbrücke und über die Ecker hinweg. Nach einem Abstecher ans Bachufer unterhalb der Brücke folgen wir dem wurzelreichen (Grenz-) Weg neben der Ecker kaum merklich aufwärts. Im Frühling bedecken wohlduftende Bärlauchteppiche den Waldboden. Ein ehemaliger Grenzpfeiler erinnert uns, dass wir uns auf dieser Seite des Baches in der ehemaligen DDR befinden – die innerdeutsche Grenze verlief geradewegs durch die Ecker hindurch.

Nach Überquerung einer kleinen Brücke an einem künstlichen Abzweig der Ecker halten wir uns möglichst nah am Bach. So kommen wir an zwei urigen Picknickhütten vorbei, den »Lichtlufthäuschen«. Sie gehören zur ehemaligen Naturheilanstalt Jungborn. Hinter dem ehemaligen Kurpark der Heilanstalt halten wir uns rechts und

leicht	2,5 km	1.30 Std.	20 Hm

Tourencharakter Leichte Tour über meist wurzelige Pfade **Altersempfehlung** Ab 2 Jahren **Ausgangs-/Endpunkt** Parkplatz am Ende der Blankenburger Straße in Eckertal, Bad Harzburg **GPS-Daten** N 51.894500, E 10.647923 **Anfahrt** A 36-Abfahrt Stapelburg/Osterwieck, über L 88 und L 85 an Stapelburg vorbei, in Eckertal links auf Blankenburger Straße. Mit dem Bus aus Bad Harzburg und Ilsenburg/ Wernigerode bis Eckertal Jungbornplatz. **Einkehr** Mit kleinem Abstecher: Waldcafé am Jungborn **Ausrüstung** Evtl. Wechselkleidung **Information** Jungborn Harz, www.jungborn-harz.eu; Waldcafé am Jungborn & Erlebnisbauernhof, www.kutsch-und-planwagenfahrten.de

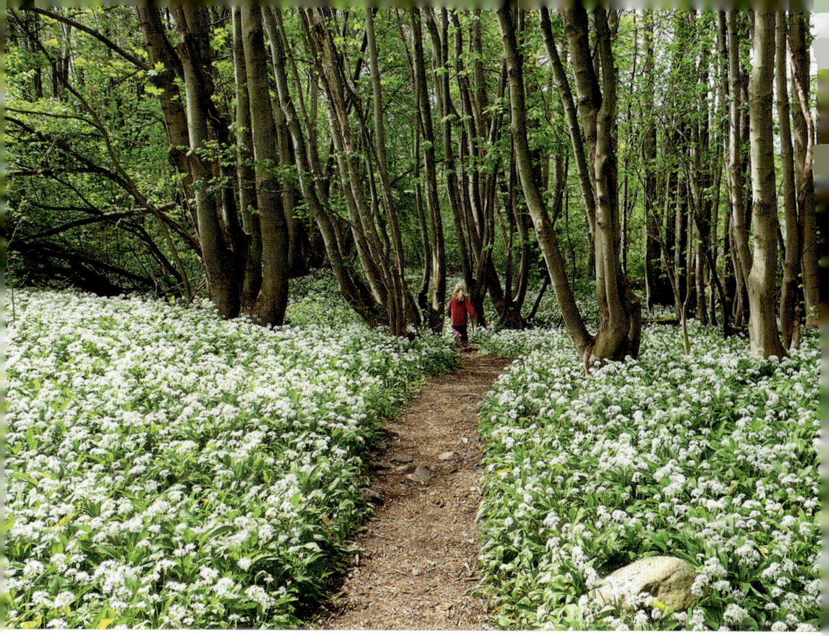

Wenn der Bärlauch blüht … im Eckertal

wandern nach Überquerung der Ecker zur Rechten auf einem schmalen, mit Wurzeln und Steinen übersäten Pfad an ihrer Westseite zurück. Vor der Eisenbahnbrücke wenden wir uns nach links, um unseren Ausgangspunkt zu erreichen.

Erlebnisbauernhof

Macht nach der zweiten Überquerung der Ecker einen Abstecher zur Nutztier-Arche! Hier könnt ihr Ziegen, Gänse & Co. beobachten und ein Eis schlecken, während sich eure Eltern im Obstbaumgarten des Waldcafés Kaffee und Kuchen schmecken lassen!

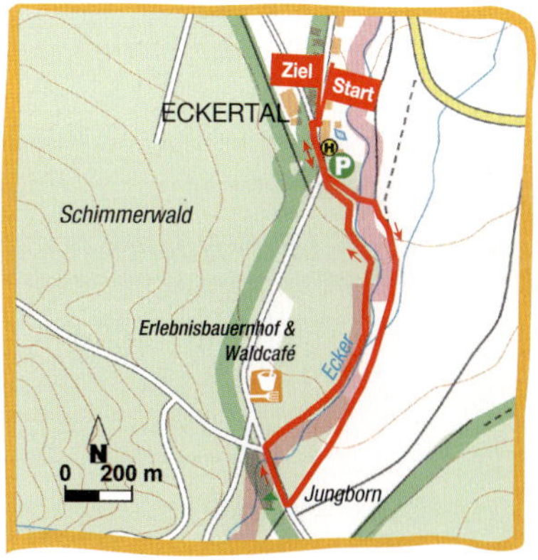

EXTRA

Wandern mit Kinderwagen

Wandern mit Kinderwagen? Na klar! Das Kind kommt an die frische Luft, Mama und Papa auch. Das Kleine schläft ruhig im Wagen, während die Eltern im Wald die Seele baumeln lassen. Es kann gewickelt und gestillt werden, fern von irritierten Blicken der städtischen Mitmenschen. Die postnatale Blasenschwäche der Mama spielt im Wald keine Rolle, und nebenbei bekommt sie ihren Körper wieder in Form. Soweit die Theorie.

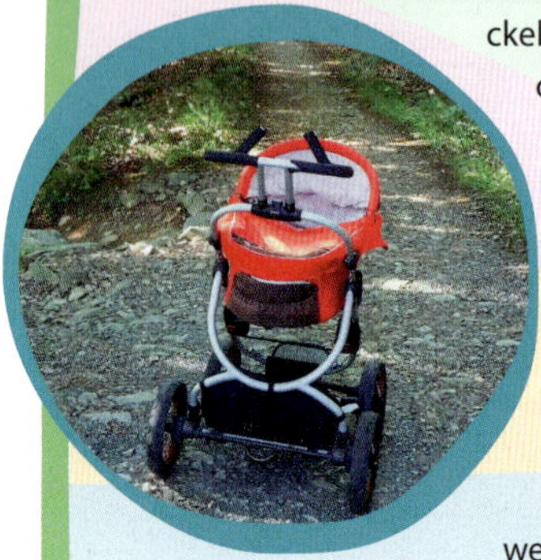

Tatsächlich gestaltete es sich in der Kinderwagenzeit gar nicht so einfach, mögliche Touren zu planen, da aus den meisten Wanderkarten schlichtweg nicht hervorgeht, um welche Art von Wegen es sich jeweils handelt. Wir liefen abschnittsweise wirklich tolle Wege! Und allzu oft bogen wir um die nächste Kurve und standen vor einem mit Wurzeln, Steinen und Felsbrocken übersäten Weg – DA sollte es nun langgehen? Puh! Ich weiß nicht, wie viele Kilometer wir den Wagen getragen haben!

Grundsätzlich lässt es sich natürlich mit dem Kinderwagen auf die Harzer Berge, z. B. den Brocken oder den Wurmberg, wandern. Diese Touren gehören aufgrund der zu überwindenden Höhenmeter aber nicht zu den Wohlfühlwanderungen mit vier Rädern.

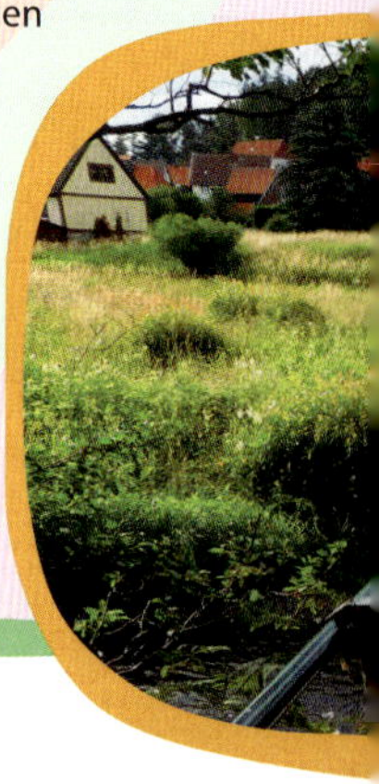

Empfehlenswert sind mit Kinderwagen, neben den im Wanderführer gekennzeichneten Touren, in den höheren Lagen des Harzes vor allem Wanderungen an den bzw. um die landschaftlich reizvollen Talsperren:

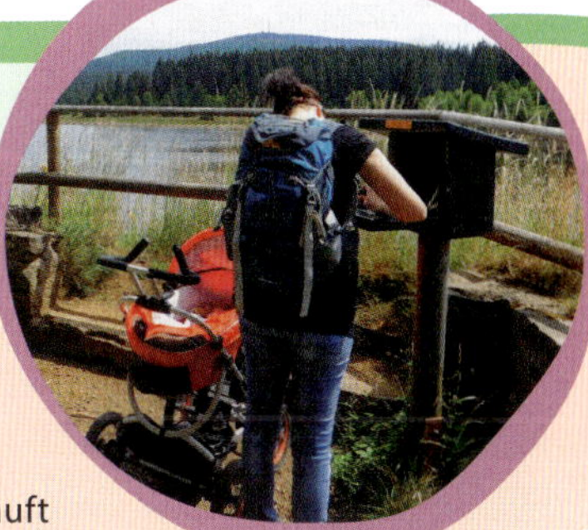

1. Rund um den Innerstestausee führt ein asphaltierter, 8 Kilometer langer Weg (140 Hm, möglicher Ausgangspunkt: N 51.895132, E 10.273365).
2. Um den Granestausee verläuft ein asphaltierter, teils geschotterter Rundweg auf etwa 15 Kilometern (200 Hm, HWN 110, N 51.913429, E 10.376852).
3. Der Okerstausee lässt sich auf 12 Kilometern umrunden (200 Hm). Dabei führt ein Drittel der Strecke über einen Fußweg an der Straße, sofern man sich nicht von der MS Aqua Marin von Anleger zu Anleger schippern lassen möchte (das Schiff verkehrt von Frühling bis Herbst, Mo. Ruhetag, Infos: www.okersee.de, N 51.851434, E 10.457025).
4. Zum Eckerstausee wandert man ab Taternbruch über asphaltierte Wege, auf dem Rückweg via Luisenbank, Waldspielgelände und Molkenhaus über befestigte Forstwege (hinter dem Molkenhaus zweimal links, 11,4 Kilometer, 230 Hm, HWN 1 und 169, N 51.851244, E 10.547287).
5. Ab Königshütte führt ein etwa 8 Kilometer langer Rundweg um die idyllische Königshütter Überleitungssperre (50 Hm, HWN 42, N 51.738640, E 10.764746).
6. Die Hasselvorsperre umrundet man vom südlichen Ende her auf einem knapp 6 Kilometer kurzen Rundweg über Schotterwege und leicht wurzelige Wald- und Graswege (115 Hm, HWN 53, N 51.697911, E 10.843578).

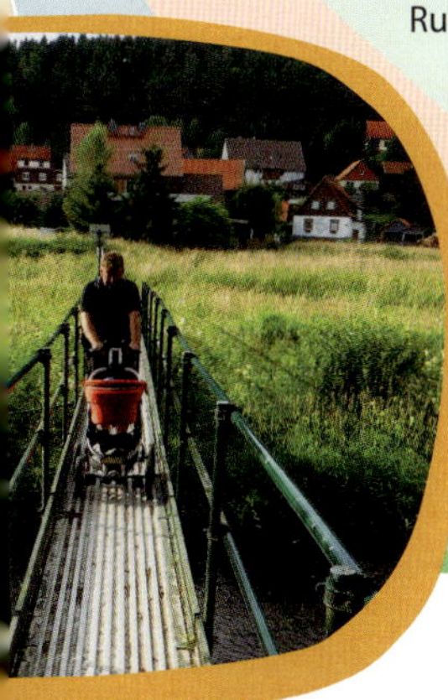

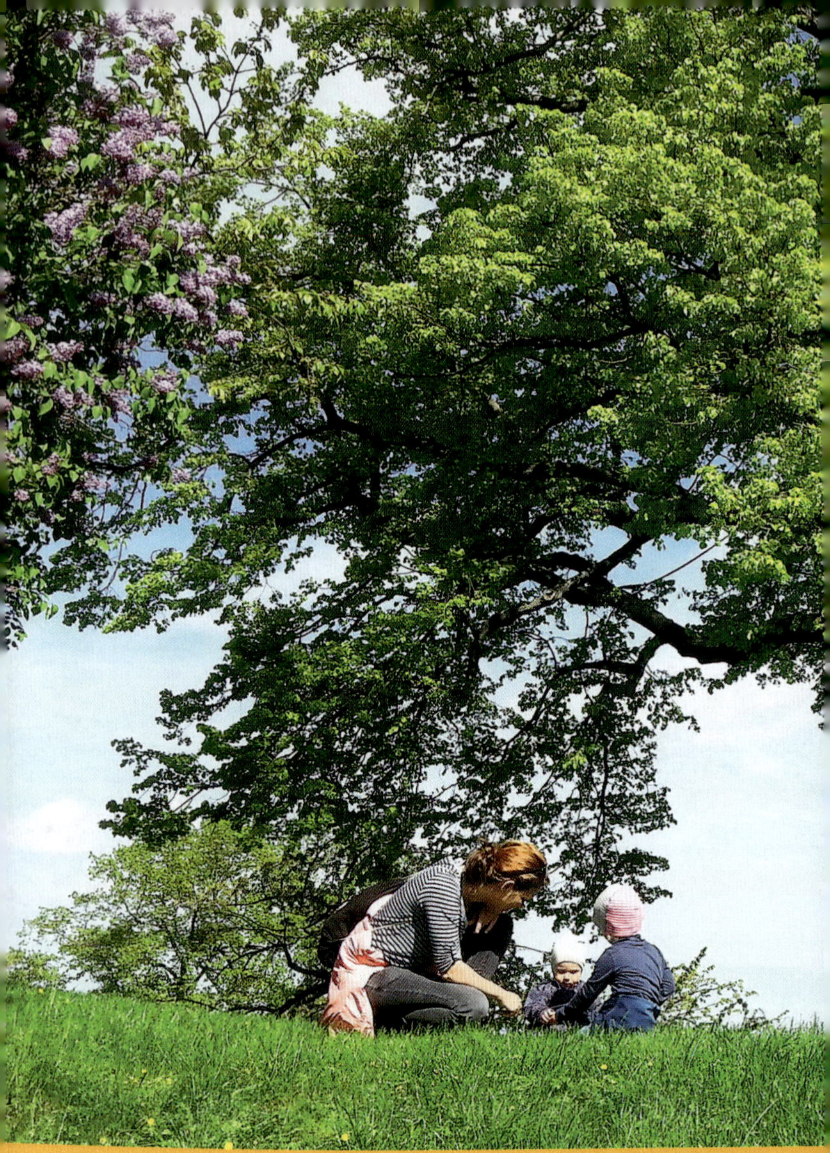

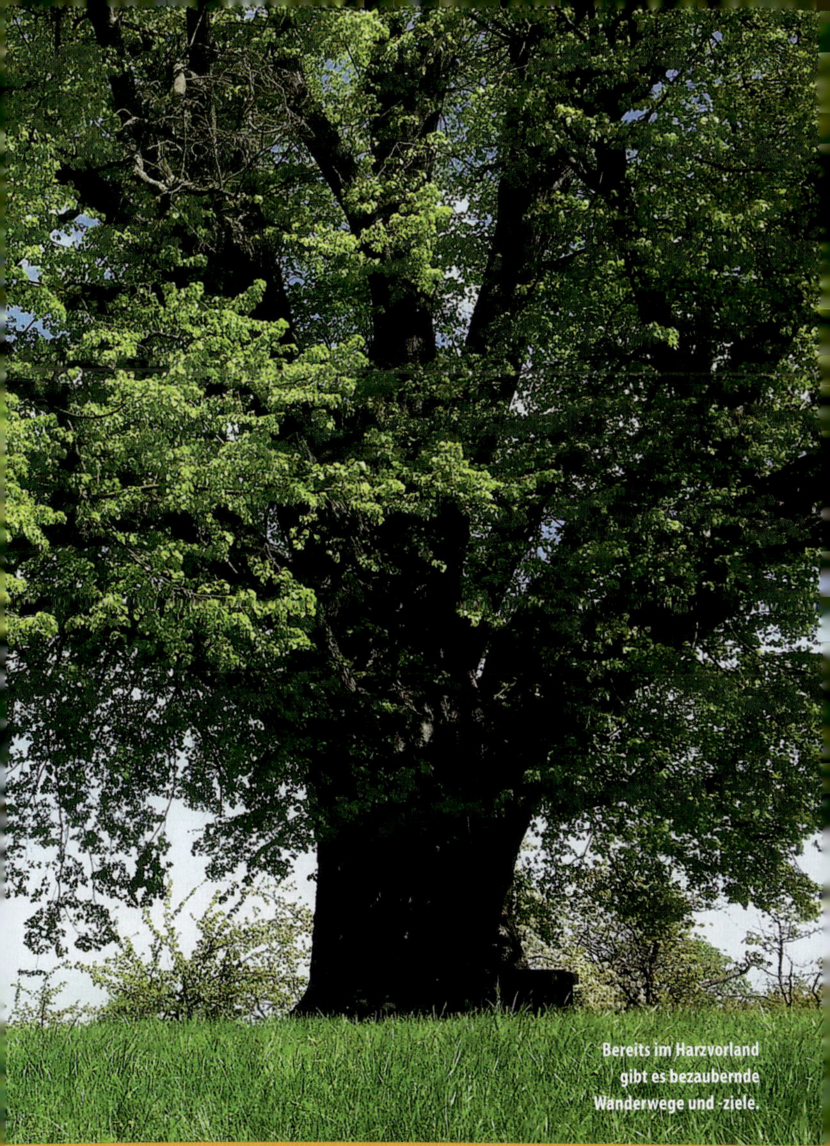

Nördliches Harzvorland

37 Kleine Höhle, großer Baum

ZU KRÄUTER-AUGUST-HÖHLE UND MAMMUTBAUM AM KLOSTER WÖLTINGERODE

Der Spaziergang am Harlyberg führt zu einer begehbaren Höhle und einem beeindruckenden Mammutbaum – eine gemütliche Tour, besonders schön in Frühlings- und Sommermonaten! Ein anschließender Besuch des Klosters Wöltingerode rundet den Ausflug ab.

Für den Rundweg zu Kräuter-August-Höhle und Mammutbaum überqueren wir vom Parkplatz Altes Forsthaus aus die Straße und gehen über »Am Walde« geradewegs in den Wald hoch. An der ersten Weggabelung zeigt ein Wegweiser geradeaus in Richtung Harlyturm/Kräuter-August-Höhle, diesem Weg folgen wir. Der breite Weg führt, vorbei an zahlreichen Baumstämmen, die zum Balancieren einladen, leicht bergauf zur Höhle des »Kräuter August«. Er soll hier im 18. oder 19. Jahrhundert gelebt und ein besonderes

leicht | 4,2 km | 2 Std. | 100 Hm

Tourencharakter Recht einfache Tour durch Laubwald, für Kinderwagen und Laufrad bedingt geeignet, mit längeren Varianten **Altersempfehlung** Ab 3 Jahren **Ausgangs-/Endpunkt** Parkplatz Altes Forsthaus, Wöltingerode **GPS-Daten** N 51.961366, E 10.535670 **Anfahrt** A 36-Abfahrt Vienenburg, auf B 241 durch Vienenburg, dann rechts über L 510 durch Wöltingerode; Parkplatz hinter dem Klostergelände auf der linken Seite. Mit dem Bus aus Vienenburg bis Wöltingerode (600 m entfernt). **Einkehr** Mit einem Abstecher zum Kloster: Klosterkrug Wöltingerode **Ausrüstung** Taschenlampe **Information** Tourismusverband Nördliches Harzvorland, Tel. 05331/864 32, www.noerdliches-harzvorland.de; Klostergut Wöltingerode, www.woeltingerode.de/das-klostergut.html

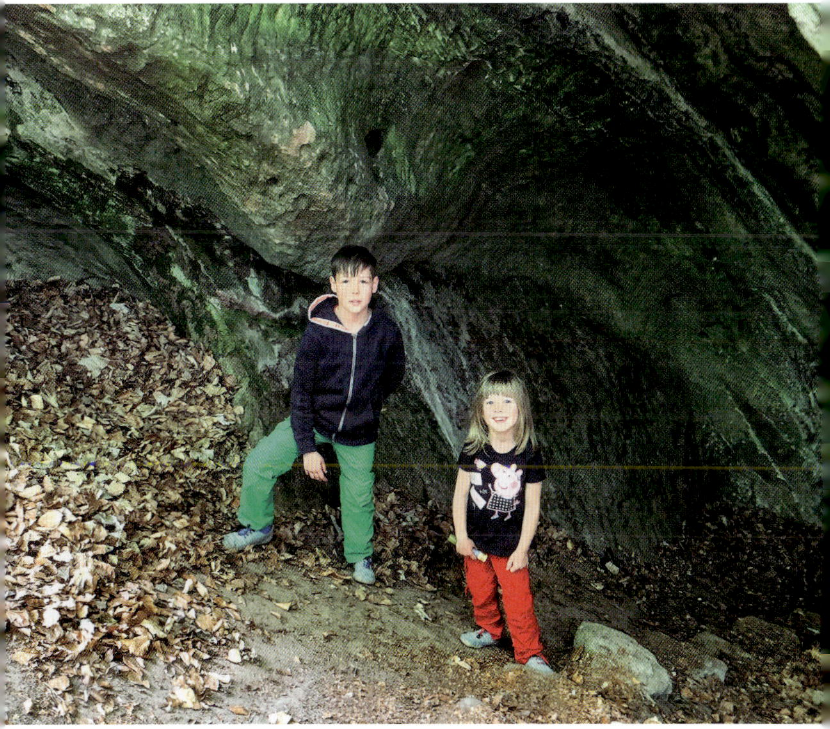

Auf den Spuren des »Kräuter August«: am Eingang der Höhle

Wissen um Heilkräuter gehabt haben. Den Eingang zum Höhlengelände passieren wir durch einen hölzernen Eingangsbogen – »Kräuter-August-Höhle« lautet die Aufschrift. Über einen schmalen Weg erreichen wir einen großen Felsen, dessen Hohlraum wir über Steinstufen betreten und mit wohlweislich mitgenommener Taschenlampe ausleuchten. Ein Klettern auf

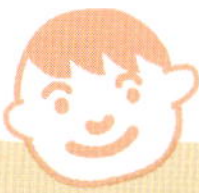

Mammutbaum

Wusstet ihr, dass Mammutbäume die größten Bäume der Welt sind? Sie können über 80 Meter in die Höhe wachsen und über 1500 Jahre alt werden!

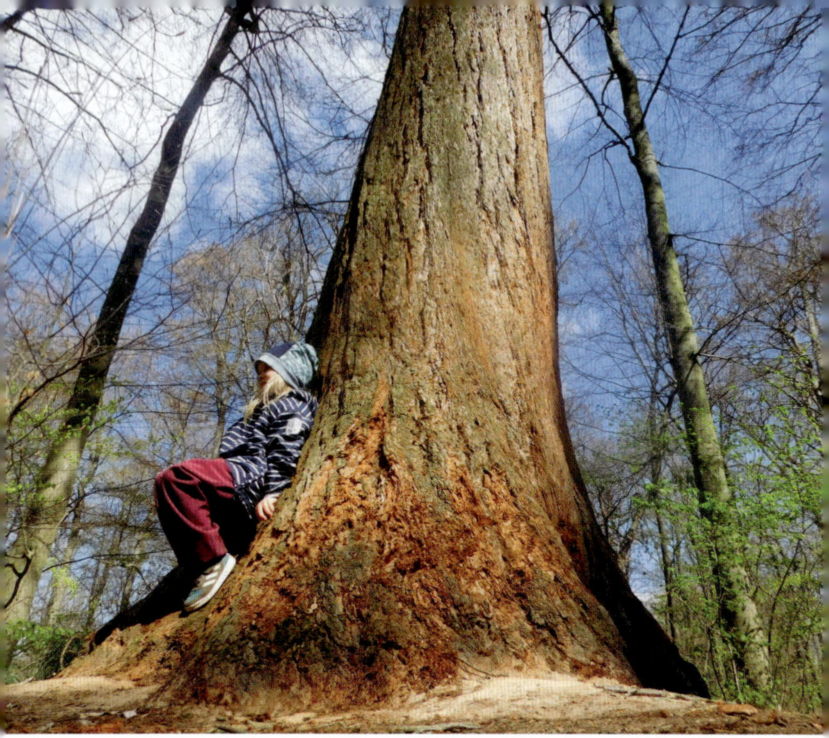

Angeschmiegt an den Fuß des Mammutbaumes mit seiner überraschend weichen Rinde

Harlyturm

Bauen Sie in die Tour einen 1,2 Kilometer kurzen Abstecher zum Harlyturm ein! Hierzu folgen Sie nach Verlassen der Höhle an der nächsten Kreuzung dem breiten Weg rechts bergauf und biegen in der ersten Linkskurve links in einen (nicht ausgeschilderten) Pfad zum Turm ab; er kann von Frühjahr bis Herbst, So. 10–17 Uhr, bestiegen werden. Wandern Sie dann über den wurzeligen Kammweg des Harly und biegen bei erster Gelegenheit links ab, so kommen Sie zurück auf die Tour.

den Felsen lassen wir lieber aus, da die Felsabhänge sehr steil sind und wir auch das Naturdenkmal nicht beschädigen wollen, indem wir Gesteinsbrocken lockern – macht nichts, die Höhle ist spannend genug!

Wir setzen unseren Weg fort, indem wir erneut unter dem Holzbogen durchgehen und über den Hauptweg weiterwandern. An der nächsten Weggabelung halten wir uns geradeaus in Richtung Mammutbaum und folgen dem sich nach links und rechts krümmenden Weg bergan, bevor links ein Trampelpfad über 100 Meter zum gigantischen Mammutbaum hinführt. Unzählige Zapfen liegen zu seinem Fuße, seine Rinde fühlt sich weich an, fast flauschig. Die Baumkrone lässt sich irgendwo im Himmel erahnen. Auf einer Bank lassen wir uns nieder und bestaunen dieses beeindruckende Werk der Natur.

Der Trampelpfad führt uns zurück auf den Hauptweg, dem wir (uns bei nächster Gelegenheit links haltend) in einem Bogen stetig leicht bergab folgen. Er bringt uns an eine T-Kreuzung, an der wir uns nach links auf den etwas schmaleren Weg wenden. Er führt uns (mit einigen 100 Meter Abstand parallel zur Straße) am Waldrand entlang und eröffnet einen Blick auf den nördlichen Harzrand inklusive Brocken. Zurück am ersten Wegweiser der Tour gelangen wir zügig zu unserem Ausgangspunkt.

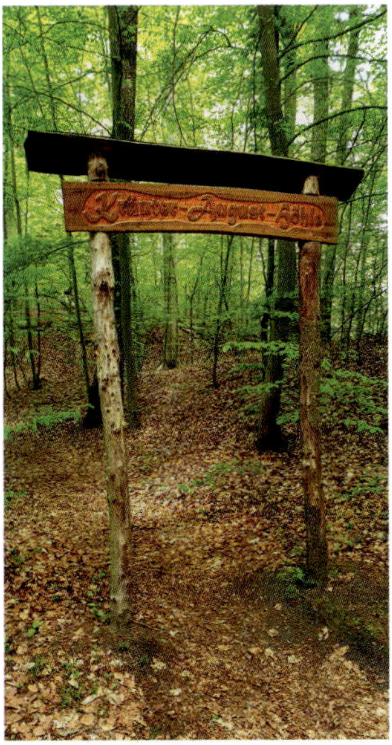

An diesem hölzernen Tor beginnt der Weg zur Höhle.

Kloster Wöltingerode

Im Anschluss an die Tour bietet sich ein Abstecher zum nur 400 Meter entfernten Zentrum des Klosterguts Wöltingerode an. Auf dem Klostererlebnisweg erfahren Sie auf 1,8 Kilometern Interessantes zur Entstehung und Geschichte des Klosters! Ein kleines Damwildgehege gibt es hier auch.

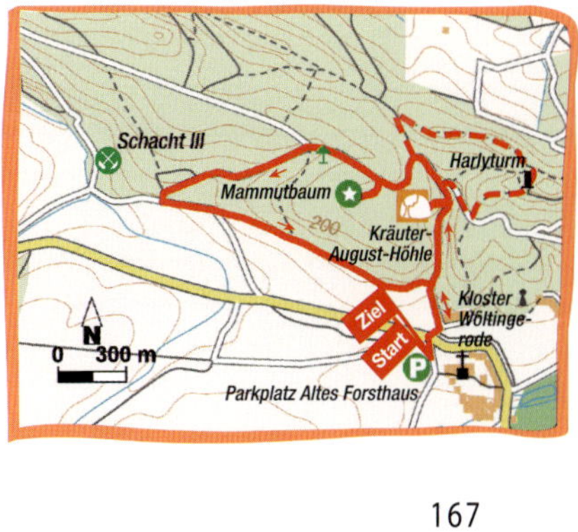

38 Kult Klus

IN DEN KLUSBERGEN ZU FÜNFFINGERFELSEN UND KLUSFELSEN

Die Halberstädter Klusberge warten auf mit mystischen Orten! Auf unserem Rundweg wandern wir um und über faszinierende Felsformationen und vorbei an kleinen Höhlen in wunderschönem Mischwald.

Vom Parkplatz aus die Schranke des Wasserwerks hinter uns lassend, gehen wir nach einigen Schritten rechts einen Weg in den Wald hinein, der direkt auf den (mal mehr, mal weniger gut ausgeschilderten) Rundweg durch die Klusberge führt. Am ersten Wegweiser angekommen, wenden wir uns nach links, und sogleich erhebt sich vor uns der beeindruckende Fünffingerfelsen (er ähnelt in der Tat überdimensionalen, in den Himmel gestreckten Fingern). Ein kleiner Trampelpfad führt auf den Felsen hinauf, sodass wir zwischen einzelnen »Fingern« hindurchklettern können. Mit Blick gen Osten sehen wir von hier oben bereits das Ziel unserer nächsten Etappe: den riesigen Klusfelsen (wobei er von hier aus noch gar nicht so riesig aussieht).

Zurück auf dem Waldweg lassen wir den Fünffingerfelsen links liegen und stehen nach wenigen 100 Metern über einen ebenen Waldweg vor dem imposanten

mittel	3,7 km	2.30 Std.	110 Hm

Tourencharakter Auf den Waldwegen einfach zu gehende Tour zu mächtigen Sandsteinfelsen, deren Begehung unbedingt Trittsicherheit voraussetzt **Altersempfehlung** Ab 4 Jahren **Ausgangs-/Endpunkt** Parkplatz am Ende der Straße Vor der Klus, Halberstadt **GPS-Daten** N 51.868241, E 11.063981 **Anfahrt** In Halberstadt über Hans-Neupert-Straße, bis an deren Ende links die Straße Vor der Klus abgeht (wenige Parkmöglichkeiten). Mit dem Bus aus Halberstadt bis Klus. **Ausrüstung** Ggf. Sicherungsgurt/-seil **Information** Tourist-Information Halberstadt, Tel. 03941/55 18 15, www.halberstadt.de

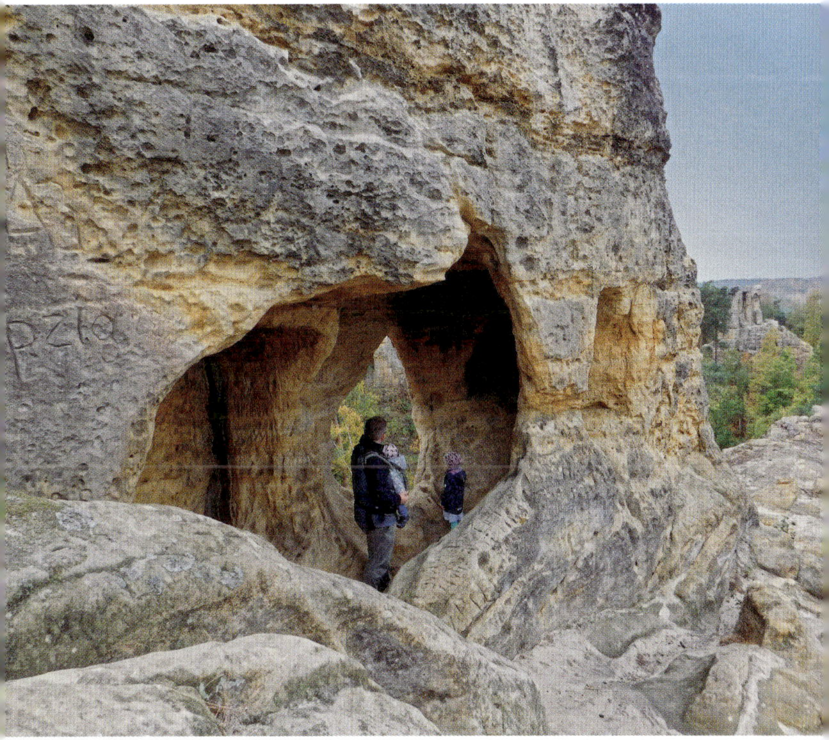

Mitten im Klusfelsen – einfach cool!

Gestein – wer das wohl hierhergesetzt hat?! In jedem Fall muss es vor langer, langer Zeit gewesen sein, denn die Gegend um den Klusfelsen scheint schon vor 14 000 Jahren besiedelt gewesen zu sein; womöglich wurde das immense Gestein für kultische Zwecke genutzt.
Auch dieser uralte Felsen wird von uns erobert, und wieder sind es schmale

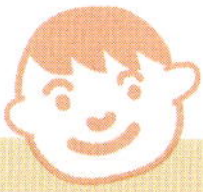

Schäferhöhlen

Wusstet ihr, dass die Schäfer in früheren Zeiten Höhlen in Sandsteinfelsen schlugen, um sich vor schlechtem Wetter zu schützen?

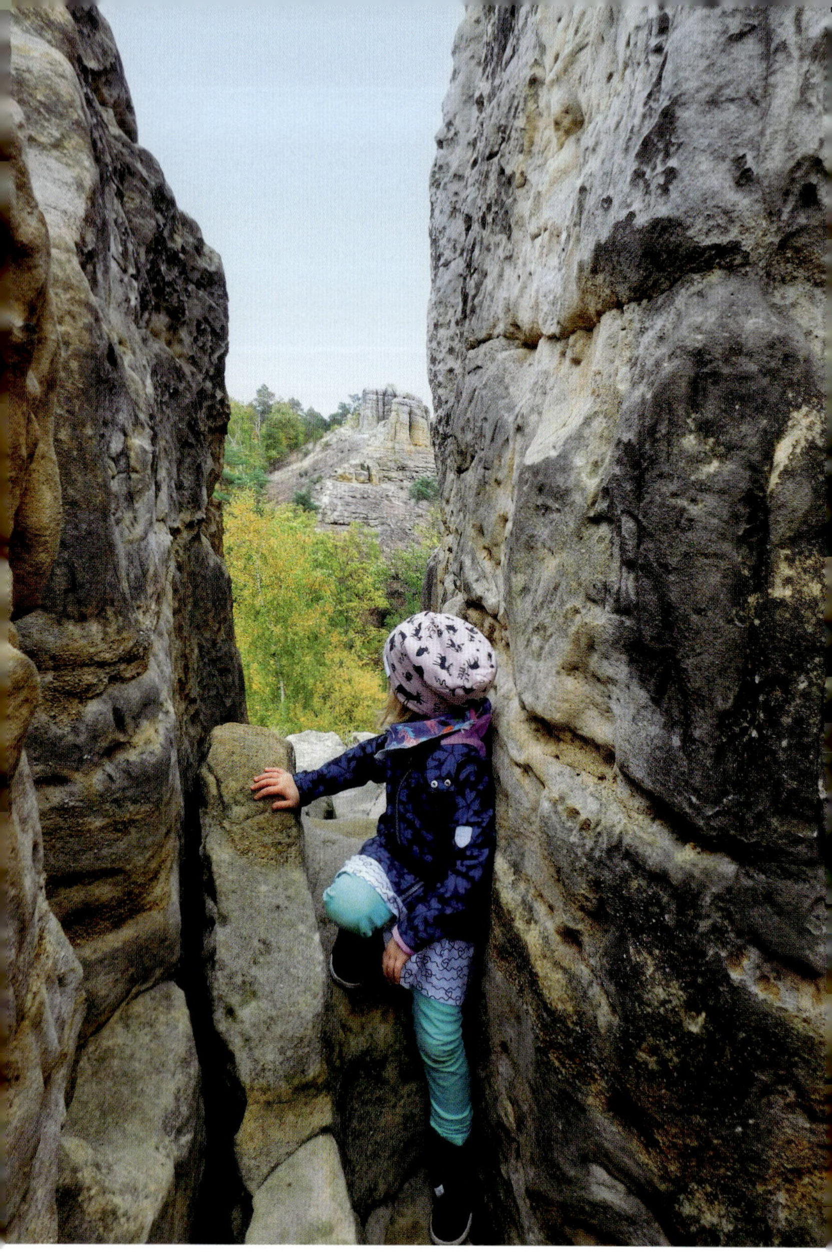

Zwischen den »Fingern« des Fünffingerfelsens, mit Blick auf den Klusfelsen

Trampelpfade, die auf den zum Teil stark abschüssigen Sandstein hinaufführen; einige Felspartien sind durch Stahlgitter gesperrt. Die Tochter klettert begeistert auf kleinere Felsen, alles will genau erkundet werden. Von einem großen Hohlraum innerhalb des Felsens aus können wir durch ein »Fenster« in den Wald schauen, dann laufen wir bis zum westlichen Ende des Felsens, von dem aus wir nun sehen, wo wir eben noch gestanden haben: den Fünffingerfelsen, der nun seinerseits im Schatten des Klusfelsens eher klein, fast fingergroß erscheint.

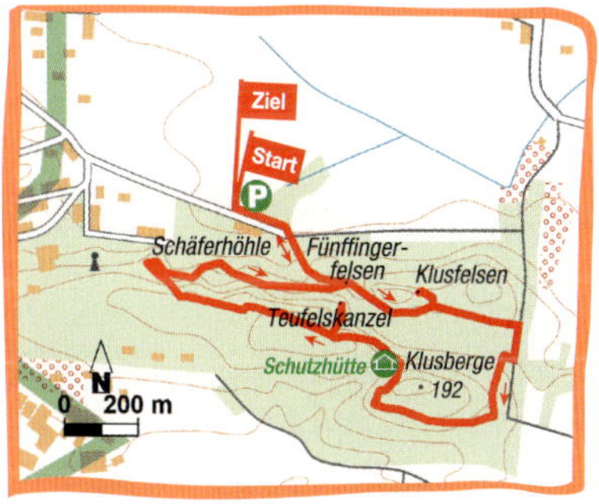

Etliche Kletter- und Erkundungspartien später lassen wir nun auch den Klusfelsen links liegen, um geradewegs weiterzugehen, bis wir auf den Molkenmühlenweg treffen. An ihm wenden wir uns nach rechts und biegen bei erster Gelegenheit gleich wieder rechts ab. Wir folgen dem schmalen Weg durch eine Linkskurve und immer geradeaus, bis wir an eine T-Kreuzung kommen. Nach rechts führt der Weg hinauf zur Rabenhütte mit Ausblick auf Klusfelsen und Halberstadt. An der Schutzhütte haben wir erst 2 Kilometer zurückgelegt, aber die vielen neuen Eindrücke machen richtig hungrig!

Nach einer kurzen Snackzeit auf den Bänken der Hütte laufen wir weiter gen Westen, den rechten der beiden nun vor uns liegenden Wege wählend. Nach wenigen Metern bietet sich von hier ein Abstecher zur »Teufelskanzel« an, einem weiteren markanten Felsen der Klusberge (Achtung: Steilabsturz!).

Nach dem Abstecher zurück auf dem Weg, folgen wir diesem für 700 Meter immer geradeaus leicht bergab, um uns dann nach scharf rechts zu wenden. Der schmale Weg, dem wir nun bis unterhalb des Fünffingerfelsens folgen, führt vorbei an mehreren kleinen Felsen, über umgestürzte Bäume und zu kleinen Schäferhöhlen, deren Dunkel die Kinder betreten, um kurz darauf begeistert aus einer kleinen Höhlenluke herauszuschauen – ein echtes Highlight kurz vor Ende der Tour! Vom Fünffingerfelsen geht es auf kurzem Weg zurück zum Ausgangspunkt.

39 Altenburg und Hobbithäuschen

ZU DEN HÖHLENWOHNUNGEN UND DER ALTENBURG IN LANGENSTEIN

Die Höhlenwohnungen in Langenstein sind Zeugnis einer faszinierenden, längst vergessenen Wohnkultur. Wir erreichen sie auf unserer Wanderung durch die Höhlen der Altenburg und durch das ruhige Örtchen Langenstein.

Die Rundtour beginnt an einem kleinen Weiher in Langenstein, an dem der kurze Aufstieg zur Altenburg samt Höhlenwohnung bereits ausgewiesen ist. Schon nach wenigen Schritten durch den Sandsteinhohlweg erwarten uns erstaunliche Überbleibsel einer lange vergangenen Zeit: unzählige in Stein geschlagene kleinere und größere Höhlen, von Regenwasser ausgespülte Rinnen, und mittendrin ein kleines, in Sandstein gebautes Häuschen, eine Höhlenwohnung, die noch bis 1916 bewohnt gewesen sein soll. Die Ein-

leicht | 2,8 km | 2.30 Std. | 50 Hm

Tourencharakter Einfache Tour durch Hohlwege und Höhlen, durch Kiefernwald und den Ort Langenstein **Altersempfehlung** Ab 3 Jahren **Ausgangs-/Endpunkt** Parkplatz am Ölmühlenteich, Langenstein **GPS-Daten** N 51.853110, E 10.982321 **Anfahrt** A 36-Abfahrt Heimburg/Halberstadt, von B 81 Richtung Halberstadt rechts nach Langenstein abbiegen; kurz nach der Unterführung Parkmöglichkeiten unterhalb der Altenburg. Mit dem Bus aus Wernigerode und Halberstadt ab Langenstein Rathaus in die Tour einsteigen. **Höhlenwohnungen** Ganzjährig geöffnet; individuelle Rundgänge können vereinbart werden unter Tel. 03941/60 21 08 oder 60 21 04. **Einkehr** Mit kleinem Abstecher: Schäferhof Langenstein **Information** Tourist-Information Halberstadt, Tel. 03941/55 18 15, www.halberstadt.de

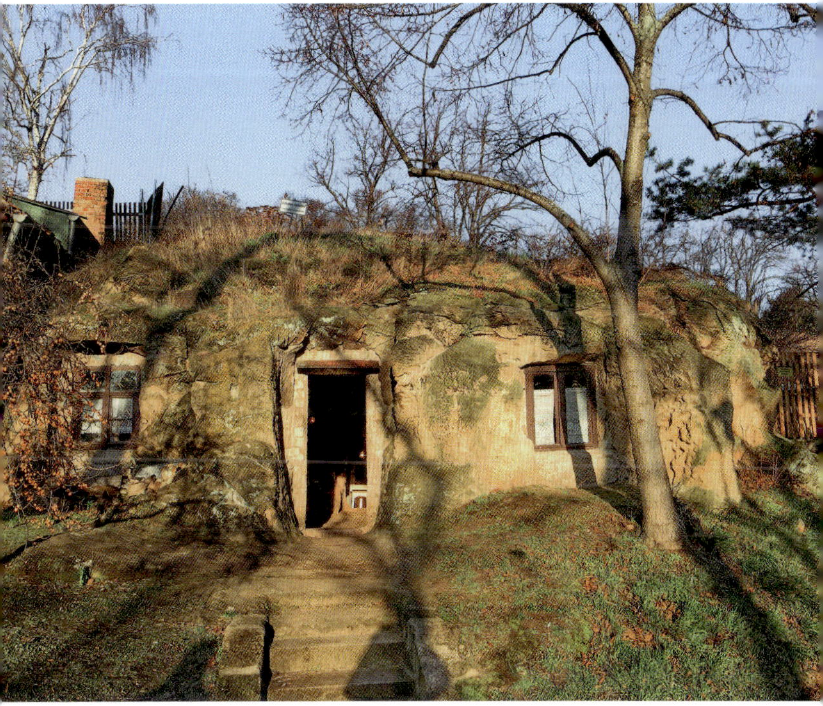

Eine der Höhlenwohnungen im Ort Langenstein

gangstür steht offen, sodass wir das urige Heim begehen können – wie kalt und einsam hier Menschen im Schatten des Berges gelebt haben müssen! Ein bisschen schaurig ist es schon in diesen beengenden, dunklen Räumen – gut, dass zumindest draußen die Sonne scheint!
Wir treten aus der Felswohnung heraus und auf einen kleinen, dem Häuschen gegenüberliegenden Hügel, von dem wir, auf einer Bank kurz verweilend, einen tollen Blick auf Langenstein und zurück auf die Höhlenwohnung haben.
Weiter geht es durch den Hohlweg, vorbei an einem weiteren Aussichtspunkt, von dem sich erneut ein fabelhafter Ausblick auf Langenstein und bis zu den Türmen des Halberstädter Doms eröffnet. Die Kinder klettern

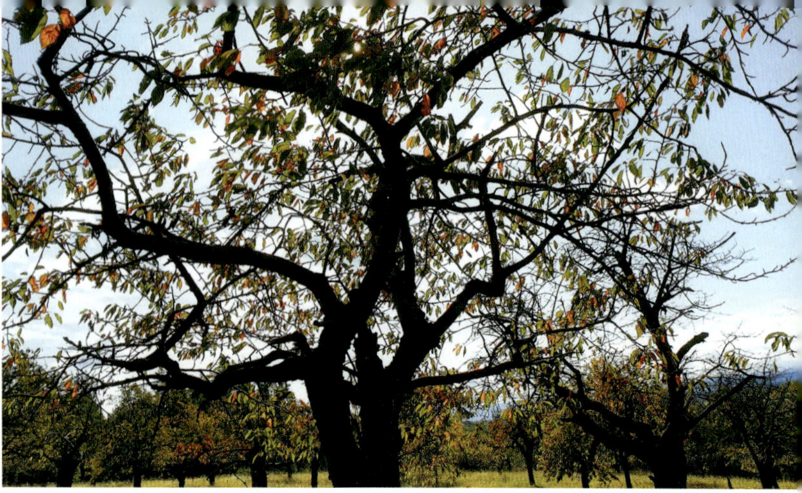

Auf der Kirschbaumwiese summt und brummt es.

begeistert in und durch die Höhlen der Altenburg, und verlassen bei jedem Weitergehen nur schweren Herzens den nächsten neu entdeckten »Sandkasten«. Am hinteren Teil der Altenburg zeigt der »Tacho« gerade mal 600 Meter in geschlagenen 60 Minuten an. Hier beginnt nun ein Pfad, der bald über Treppen zu einem Aussichtspunkt mit Wetterfähnchen führt. Auf einer Bank genießen die Erwachsenen den Blick auf Langenstein und das nördliche Harzvorland bis zum Brocken, während die Kinder ihre erste Stärkung einfordern.

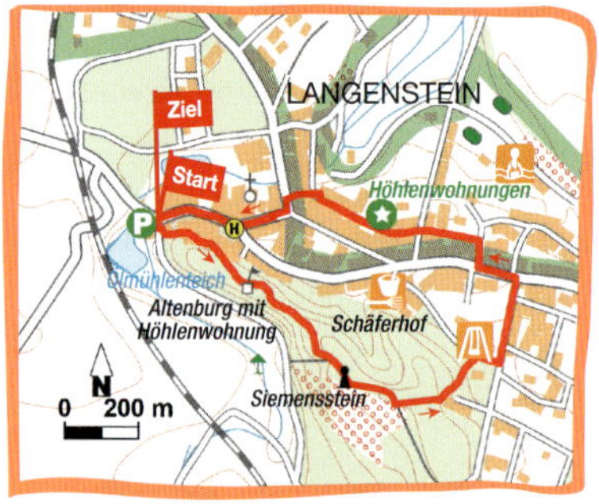

In Gehrichtung immer weiter geradeaus gelangen wir über Treppen und einen Pfad durch Kiefernwald zu einer großen Kirschbaumwiese. Zwischen Kiefernbäumen auf der linken und Kirschbäumen auf der rechten Seite laufen wir fast am Siemensstein vorbei, so unscheinbar verbirgt er sich zwischen den hohen Gräsern am linken Wegesrand, während sich am rechten unzählige Schmetterlinge und Hummeln in den Gräsern tummeln, die die Aufmerksamkeit der Kinder auf sich ziehen. (Der Siemensstein ist ein Felsblock am Hoppelberg, an welchem Friederike Siemens, Frau des Langensteiner Gutspächters Johann Georg Sie-

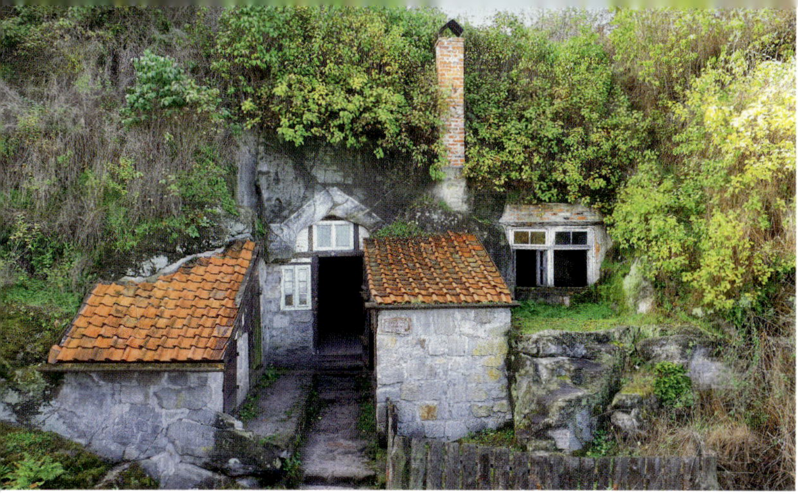

Die Höhlenwohnung an der Altenburg

mens, um 1800 auf ihren Wunsch hin begraben worden sein soll.) Am Ende der Kirschbaumwiese wenden wir uns nach schräg links, um hinab nach Langenstein zu wandern. Alsbald eröffnet sich die Sicht auf einen kleinen Spielplatz am Ortsrand, der das Gehtempo der Kinder in die Höhe schnellen lässt.

Ab hier könnten wir die Tour nun abkürzen, indem wir über die Straße Spitzenberg nach links weiter auf die Quedlinburger Straße und bald geradeaus auf die Dorfstraße gehen. Um weitere Höhlenwohnungen im Ortskern Langensteins zu besichtigen, wenden wir uns vor dem Spielplatz nach rechts, um sogleich links auf den Hoppelbergweg abzubiegen. Er führt auf die Quedlinburger Straße, der wir nach links folgen, um sie bei dritter Gelegenheit nach rechts zu verlassen. Über die Osterbergstraße (hier links halten) gelangen wir auf die Straße Schäferberg, an der sich die Wohnhöhlen befinden, die eine längst vergangene Wohnkultur bezeugen. Durch die mit weißen Gardinen verhangenen Fenster sehen wir modellhaft nachgestellt, wie Menschen hier früher gelebt haben mögen. Wir wandern über den »Schäferberg« weiter und folgen der Ausschilderung zurück zur Altenburg.

Spielplatz

Auf der Hälfte der Kurztour könnt ihr euch auf einem Spielplatz ordentlich austoben – genau das Richtige vor dem Gang durch den Ort!

40 Fuchs und Mönch

IN DEN THEKENBERGEN ZU FUCHSKLIPPE UND GLÄSERNEM MÖNCH

In den Thekenbergen bei Langenstein laden zahlreiche Sandsteinfelsen und Klippen kleine Wandersleute zum mutigen Klettern ein und große zum begeisterten Staunen – welch skurrile Gesteinsformationen die Natur hervorbringen kann!

Wir beginnen unsere Tour vor der Gedenkstätte Langenstein-Zwieberge, von wo ein Feldweg über 500 Meter in nördlicher Richtung zum Waldrand der Thekenberge führt. Am Waldrand angekommen, wenden wir uns nach rechts, um nach nur 200 Metern links über einen unebenen, breiten Weg hinauf in den Wald zu laufen, bis wir uns auf einem Rastplatz mit Schutzhütte wiederfinden – der anstrengendste Teil der Wanderung ist hier schon geschafft! Am Rastplatz schlagen wir den breiten, sandigen Weg zu unserer Linken ein. Von ihm bringt uns nach wenigen 100 Metern zur Linken ein kurzer Pfad auf die Fuchsklippe, an der sich eine schöne Aussicht auf die nun tief unter uns liegenden Felder und den Langensteiner Hoppelberg eröffnet und eine Bank in der Sonne zum Verweilen einlädt.

Während wir über den Hauptweg weiterwandern, federn unsere Schritte auf dem weichen Unter-

leicht	4,4 km	2.30 Std.	90 Hm

Tourencharakter Rundtour über meist breitere, teils sandige Waldwege, auf denen anfangs ein paar Höhenmeter überwunden werden müssen; steiler Abstieg über zahlreiche Stufen **Altersempfehlung** Ab 4 Jahren **Ausgangs-/Endpunkt** Parkplatz Gedenkstätte Langenstein-Zwieberge **GPS-Daten** N 51.844763, E 11.023394 **Anfahrt** A 36-Abfahrt Heimburg/Halberstadt, von B 81 Richtung Halberstadt rechts nach Langenstein abbiegen und geradeaus bis zur Gedenkstätte **Information** Tourist-Information Halberstadt, Tel. 03941/55 18 15, www.halberstadt.de; Gedenkstätte Langenstein-Zwieberge, Tel. 03941/56 73 26, https://gedenkstaette-langenstein.sachsen-anhalt.de

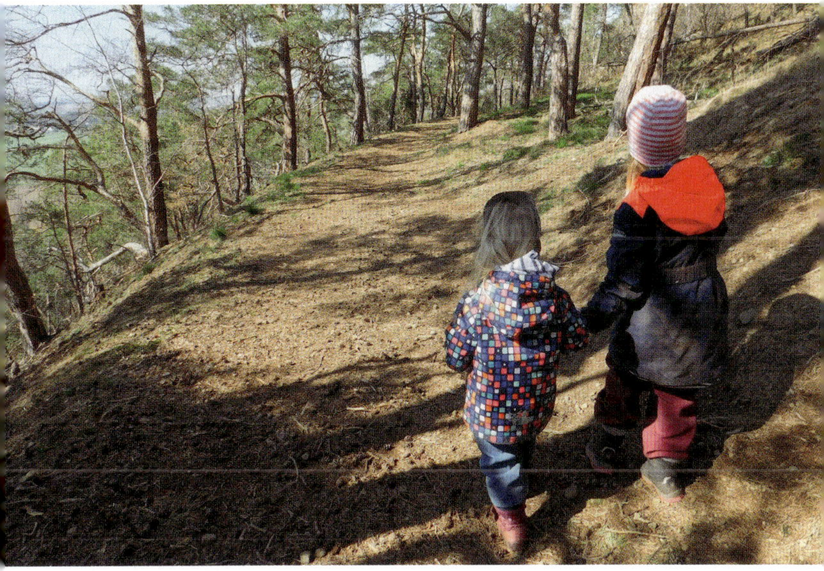

Der weiche Kiefernwaldboden der Thekenberge federt unter den Kinderfüßen.

grund des Kiefernwaldes – hier ist es einfach wunderbar! Unzählige Kiefernzapfen auf dem Weg, kleine Felsen am Wegesrand und weitere Klippenaussichtspunkte machen die leicht bergab verlaufende Strecke entlang des Berghangs sehr kurzweilig! Bald helfen in den Waldboden eingesetzte Steinstufen beim kurzen Abstieg zu unserem zweiten Anlaufpunkt: dem großen Sandsteinfelsen Gläserner Mönch. Er trägt seinen Namen, da seine Form an einen Mönch mit Kapuze erinnern soll. Der Sage nach wurden hier ein Mönch und eine Nonne in Stein verwandelt,

Gedenkstätte Langenstein-Zwieberge

Nach ersten Eindrücken vom ehemaligen Lagergelände des KZ am »Landhaus« und auf dem »Leidensweg« bietet es sich mit älteren Kindern an, die Ausstellung in der Gedenkstätte zu besuchen. Sie erinnert an die Opfer des Konzentrationslagers Langenstein-Zwieberge und ermahnt uns Heutige: nie wieder!

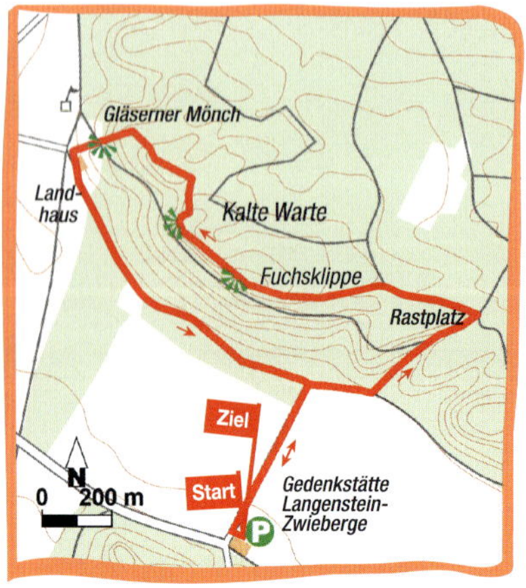

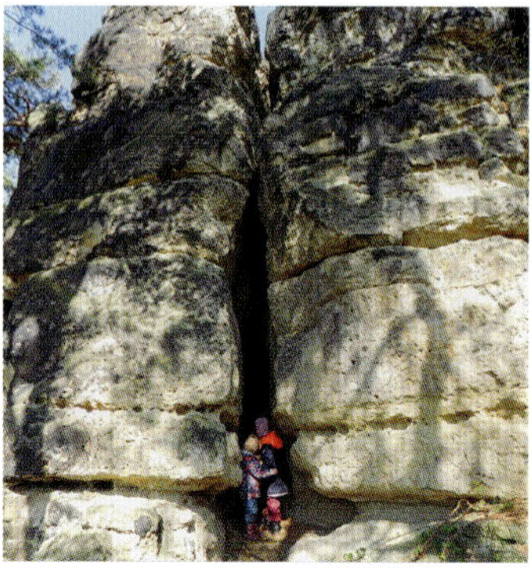

Ein Felsspalt im »Gläsernen Mönch« weckt die Neugier der Kinder.

nachdem sie ihr Keuschheitsgebot gebrochen hatten. Über steile Treppen besteigen wir den Felsen bis hoch zur Aussichtskanzel, von der wir einen herrlichen Blick über Langenstein bis zum Brocken haben. Hier oben ist es ziemlich windig, aber die Kleinen kuscheln sich in die Sandsteinkuhlen der Kanzel und wollen gar nicht mehr weg.

Die Aussicht auf ein Picknick am Fuße des Felsens lockt sie schließlich herab. Gut gestärkt umrunden wir den Gläsernen Mönch, wobei wir einen schmalen Felsspalt entdecken, in den die Kinder erst etwas zaghaft, dann mutiger hineinklettern, bevor wir den Rückweg unserer Tour antreten. Über etliche Stufen einer langen Treppe (könnt ihr die Stufen zählen? Uns brachten mehrere umherkrabbelnde Marienkäfer und vorbeifliegende Schmetterlinge davon ab) geht es hinab zum »Landhaus«. Im Wirtschaftsgebäude jener ehemals beliebten Ausflugsgaststätte wurden ab 1944 Häftlinge des KZ-Außenlagers Langenstein-Zwieberge untergebracht; die Gaststätte selbst wurde als Hauptquartier des SS-Baustabs genutzt. Schautafeln am »Leidensweg« informieren über die historische Bedeutung des Ortes – er steht im krassen Gegensatz zu dem bis hierher als so schön empfundenen Weg. Ein Schauer läuft mir über den Rücken.

Die Kinder dagegen laufen unbekümmert weiter. Wir folgen dem befestigten Weg am Waldrand entlang zurück zu dem Feldweg, der zum Ausgangspunkt führt.

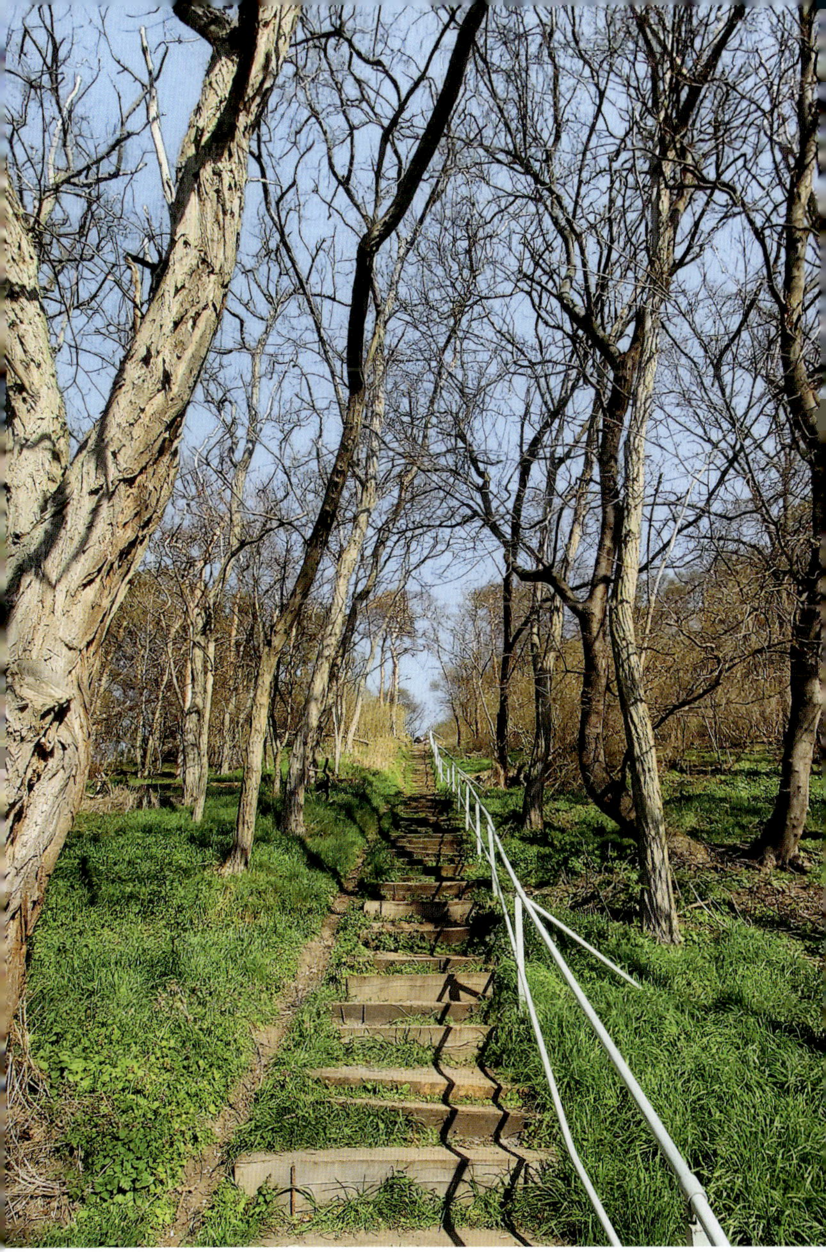

Treppab vom Gläsernen Mönch – ein gutes Argument für diese Richtung des Rundwegs

Ausflugtipps für Kids

Im Harz gibt es ungeahnt viele Erlebnisangebote für Familien und ständig werden es mehr. Der Raum in diesem Wanderführer reicht nicht aus, um sie vollständig aufzuführen. Daher wird nur auf solche Angebote hingewiesen, die für Familien vermutlich besonders attraktiv sind. Anschriften, Öffnungszeiten und Eintrittspreise sind den angegebenen Webadressen zu entnehmen.

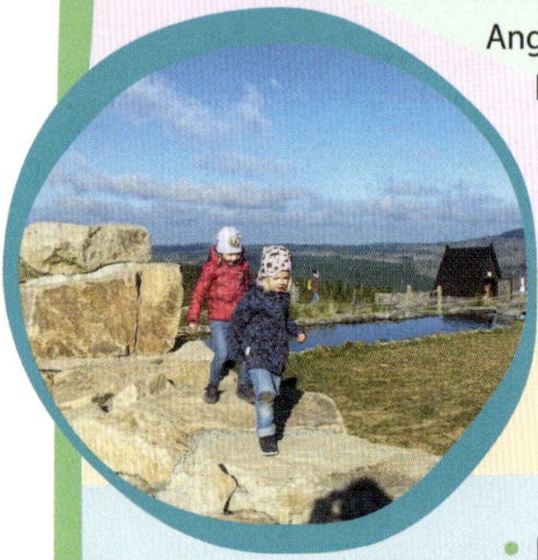

Naturerlebnisspaß

- Erlebnisausstellung »Harz erfrischend« in Neustadt, www.naturpark-suedharz.de
- Rübeländer Tropfsteinhöhlen, www.harzer-hoehlen.de
- Natur-Erlebniszentrum HohneHof, www.nationalpark-harz.de/de/besucherzentren/hohnehof
- Erlebnisausstellung im Brockenhaus, www.brockenhaus-harz.de
- WeltWald Harz in Bad Grund, www.landesforsten.de/erleben/unsere-naturtalente/weltwald-harz
- HöhlenErlebnisZentrum Iberger Tropfsteinhöhle, www.hoehlen-erlebnis-zentrum.de
- Interaktive Ausstellung im Nationalpark-Besucherzentrum TorfHaus, www.torfhaus.info
- Baumwipfelpfad Harz in Bad Harzburg, www.baumwipfelpfad-harz.de

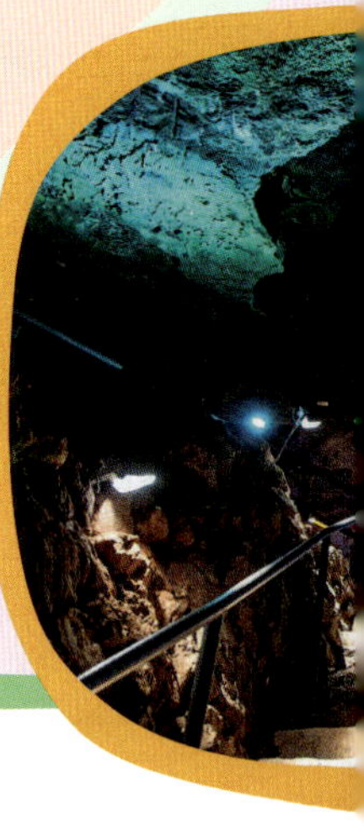

* Walderlebnisausstellung im HarzWaldHaus Bad Harzburg, www.nationalpark-harz.de/de/besucherzentren/haus-der-natur

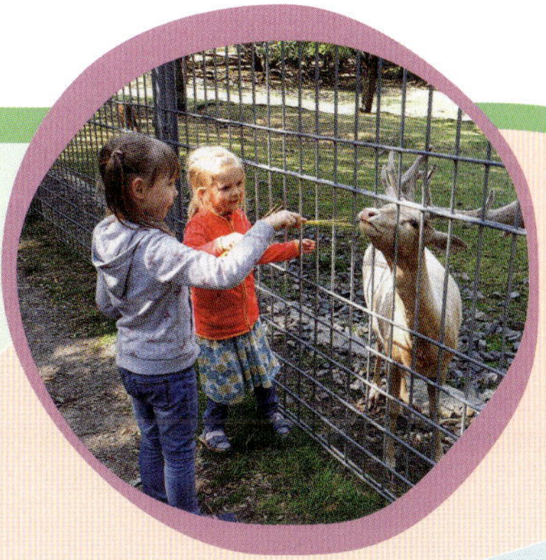

Tierspaß

* Waldvogelstation Osterode, www.osterode.de
* Harzfalkenhof Bad Sachsa, mit Flugvorführungen in den Sommermonaten, harzfalkenhof.hpage.com
* Wildpark Stangerode, mit Bisonherde, www.nordmannharz.de/jagd-wildpark/wildpark
* Westernstadt Pullman City Harz, www.westernstadt-im-harz.de
* Tierpark Hexentanzplatz Thale, www.bodetal.de/bodetalurlaub/tierpark
* Fischteiche am Kloster Michaelstein, www.klosterfischer.de
* Wildpark Christianental Wernigerode, www.christianental.de
* Haustierpark im Bürgerpark Wernigerode, nebst Themengärten und Spielplätzen, www.buerger-und-miniaturenpark-wr.de
* Luchsgehege an der Rabenklippe, Infos über HarzWaldHaus Bad Harzburg, Tel. 05322/78 43 37, www.nationalpark-harz.de/de/natur-erleben/luchsgehege
* Wildgehege Bad Harzburg, www.bad-harzburg.de/familie-freizeit/wildgehege-am-golfplatz

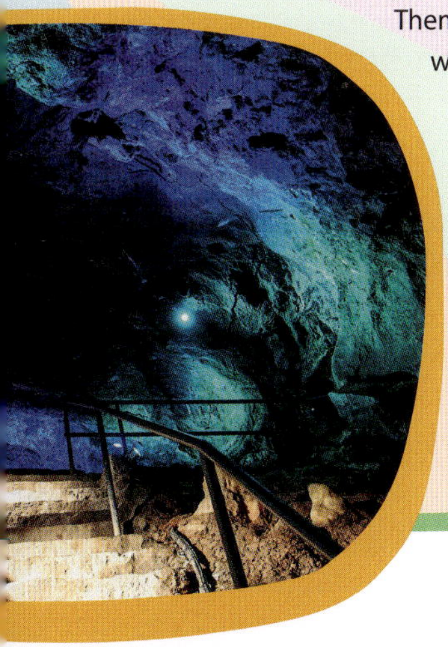

EXTRA Ausflugtipps für Kids

Kulturspaß

- Besucherbergwerk Rabensteiner Stollen in Netzkater, www.rabensteiner-stollen.de
- Mausefallen- und Kuriositätenmuseum Güntersberge, www.mausefallenmuseum.de
- Burg Falkenstein, mit Falknerei, www.burg-falkenstein.de
- Burg und Festung Regenstein, Tel. 03944/61290
- Glasmanufaktur Harzkristall in Derenburg, mit Abenteuerspielplatz, www.harzkristall.de

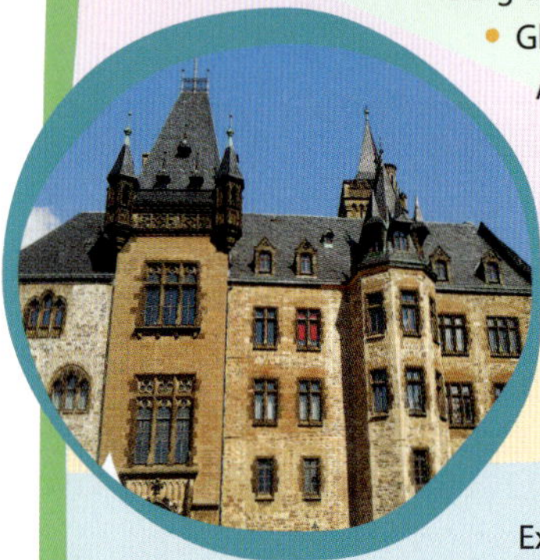

- Schloss Wernigerode, hinauf mit der Schlossbahn, www.schloss-wernigerode.de
- Miniaturenpark Wernigerode, www.buerger-und-miniaturen-park-wr.de
- Luftfahrtmuseum Wernigerode, mit Audioführung, Quiz, Riesenrutsche und Experimenten zum Mitmachen, www.luftfahrtmuseum-wernigerode.de
- Museum und Besucherbergwerk Rammelsberg in Goslar, Familienführungen am Wochenende, www.rammelsberg.de
- Zinnfiguren-Museum Goslar, Zinnfiguren gießen und bemalen, www.zinnfigurenmuseum-goslar.de

Spielspaß

- Regenbogenland in Bad Sachsa, www.bad-sachsa.de
- Spielhaus Thale, www.spielhaus-thale.de
- Funpark und Spaßinsel in Thale, www.seilbahnen-thale.de/attraktionen/spassinsel
- Berg-Erlebnis-Welt Wurmberg, www.braunlage.de
- Adventure Golfpark Braunlage, www.golfpark-braunlage.de

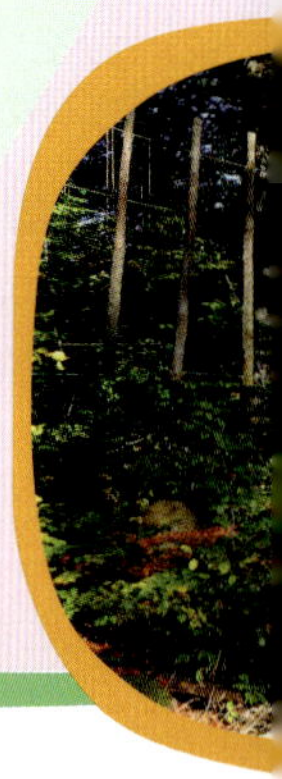

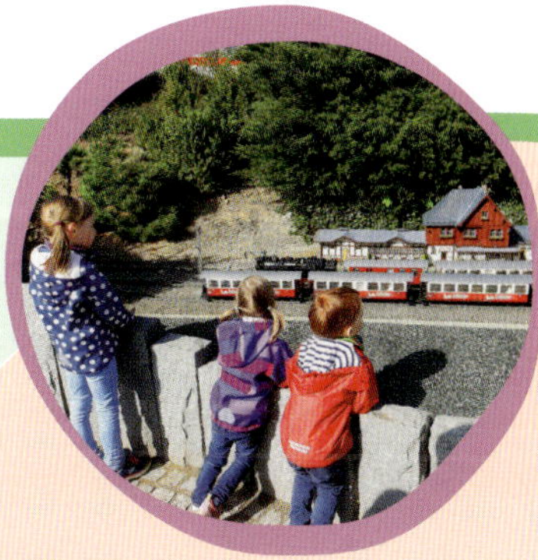

- Robinsonspielplatz Clausthal-Zellerfeld, www.robinsonspielplatz-harz.de
- Glowgolf Harz in Wildemann, www.glowgolf-harz.de
- AdventureGolf Bad Harzburg, www.adventuregolf-harz.de
- Jumparena & Funpark Känguroom in Bad Harzburg, kaenguroom.de

Kletterspaß

- Harzdrenalin an der Rappbodetalsperre bei Thale-Wendefurth, mit Hängebrücke, Doppelseilrutsche (ab 10 J./40 kg), Pendelsprung (ab 10 J./35 kg), Wallrunning (ab 8 J./40 kg), www.harzdrenalin.de
- Kletterpark im Wipperia Funpark (ab 8 J., Parcours für kleinere Kinder geplant), wipperia-funpark.de
- Kletterwald Thale, mit Kinderparcours (ab 5 J./1,10 m), www.kletterwald-thale.de
- Kletterwald Blankenburg, mit Kinderparcours (ab 5 J./1,10 m), www.kletterwald-blankenburg.de
- Erlebniswald Ilsetal, Klettern mit durchgehendem Sicherungssystem (ab 1,40 m Greifhöhe), www.erlebniswald-ilsetal.de
- Hochseilgarten der Bergsport Arena Sankt Andreasberg (ab 1,30 m), harz-hochseilgarten.de
- Skyrope Hochseilpark Bad Harzburg (Erlebnisparcours unten ab 1,20 m, oben ab 1,50 m), skyrope.de

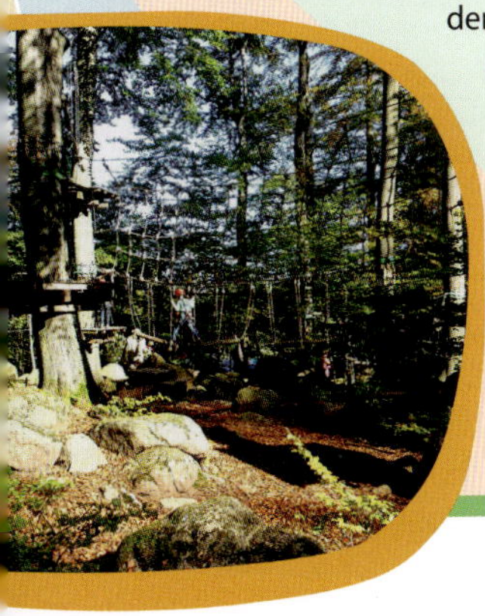

Fahrspaß

- Offroadpark Crude in Stiege, mit Ziesel-Elektrofahrzeugen (ab 1,40 m), Elektro-Buggys (ab 5 J.) und Ruderbootverleih auf dem Unteren Stieger Teich, www.crude-harz.de
- Sommerrodelbahn im Wipperia Funpark, wipperia-funpark.de
- Sommer- und Winterrodelbahn Brocken-Coaster in Schierke, www.brocken-coaster.de
- Harzbob Thale, www.seilbahnen-thale.de/attraktionen/harzbob
- Monsterroller Braunlage (ab 10 J.), www.monsterroller.de
- Sommerrodelbahn Sankt Andreasberg, www.alberti-lifte.de
- ErlebnisBocksBerg in Hahnenklee, mit Kabinenbahn, Sessellift, Trampolin, Rutschenturm, BocksBergBob (ab 3 J.), BocksBergCarts (ab 1,40 m), Bikepark, www.erlebnisbocksberg.de
- BaumSchwebeBahn Bad Harzburg (20–120 kg), www.baumschwebebahn-harz.de

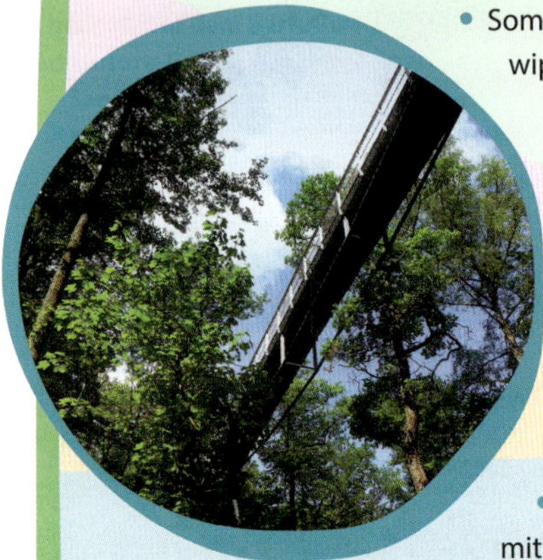

Outdoor-Wasserspaß

- Bergsee und Campingpark Wiesenbeker Teich in Bad Lauterberg, mit Wasserski, www.campingwiesenbek.de
- Waldbad Neustadt, www.waldbad-neustadt.de
- Freibad Albertine in Harzgerode, www.harzgerode.de

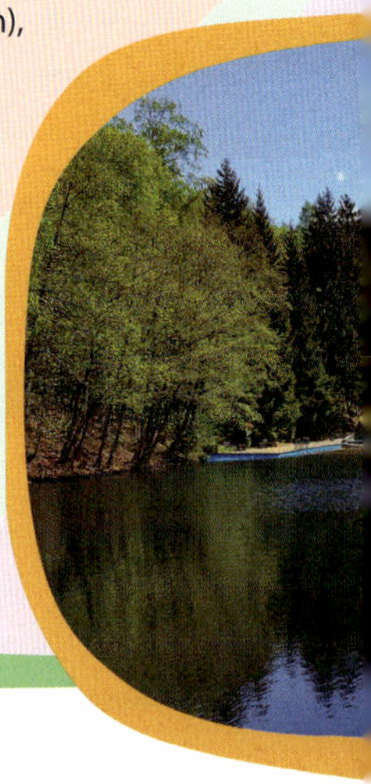

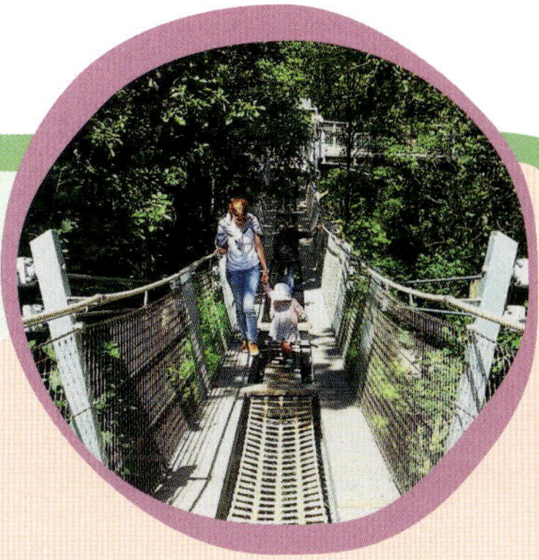

- Erlebnisbad Bodeperle Rübeland, www.erlebnisbad-bodeperle.de
- Waldseebad Hasselfelde, www.oberharzinfo.de
- Waldhofbad Wernigerode, www.wernigerode.de
- Waldschwimmbad Okerteich bei Altenau, www.oberharz.de/sommer/freizeit-erlebnisse/waldschwimmbad-okerteich
- Waldseebad Oberer Hausherzberger Teich bei Clausthal-Zellerfeld, www.clausthalzellerfeld.de
- Kuttelbacher Teich bei Hahnenklee, mit Tretbootverleih, Tel. 01520/898 23 15
- Silberbornbad Bad Harzburg, www.silberbornbad-bad-harzburg.de

Indoor-Wasserspaß

- Vitamar Bade- und Saunaspaß in Bad Lauterberg, www.vitamar.de
- Erlebnisbad Salztal Paradies in Bad Sachsa, www.salztal-paradies.de
- Freizeitbad Thyragrotte in Stolberg, gemeinde-suedharz.de/freizeitbad-thyragrotte
- Bodetal Therme Thale, www.bodetal.de/bodetal-urlaub/bodetalthermethale
- Brockenbad im Hasseröder Ferienpark, www.hasseroeder-ferienpark.de
- Aqualand Osterode am Harz, www.aqualand-osterode.de

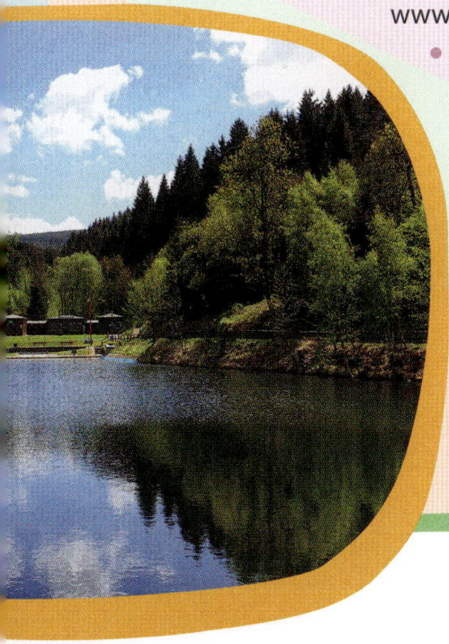

Tourenüberblick

Tour								
1	mittel	Walkenried	3:00	8	70	7		
2	mittel	Einhornhöhle und Scharzfels	2:30	5	200	4		
3	mittel	Ilfeld	2:00	4,5	240	4		
4	mittel	Ruine Hohnstein	2:00	4,3	150	3		
5	leicht	Stiege	2:30	5,3	120/85	4		
6	mittel	Selketal Klippentour	4:30	10,6	250	7		
7	mittel	Selkesicht	2:00	4,4	210	3		
8	mittel	Stecklenburg und Lauenburgen	2:00	3,5	200	3		
9	mittel	Teufelsmauer Thale	3:00	8	70	5		
10	leicht	Bodetal und Hexentanzplatz	1:30	4	90	3		
11	leicht	Sandhöhlen und Regenstein	3:00	6,4	120	4		
12	schwer	Teufelsmauer Blankenburg	3:00	7,6	150	7		
13	mittel	Agnesberg und Christianental	1:30	3,3	130	3		
14	leicht	Wernigeröder Märchenweg	2:00	2,8	170/20	3	●	●
15	mittel	Steinerne Renne	3:00	7	250	4		
16	mittel	Ilsetal idyllisch	2:00	3,7	90	4		
17	schwer	Ilsetal intensiv	4:30	11,2	330	8		
18	leicht	Löwenzahn-Entdeckerpfad	2:30	2,6	50	2	(●)	
19	schwer	Hohnekamm	3:30	8	380	7		
20	schwer	Brocken	5:30	13,5	530	8		

●			●	●	●						
●			●	●						●	
(●)										●	
●		●	●			●	●			●	
●		●	●								●
●							●			●	
●										●	●
		●	●							●	●
			●							●	●
●	●	●					●	●		●	●
(●)			●		●				●	●	●
●									●	●	●
●	●	●			●					●	●
●		●			●					●	●
●											●
●		●					●				
●		●					●			●	
●		●			●		●				
(●)									(●)	●	
●					●				●	●	●

Tour								
21	leicht	Naturmythenpfad Braunlage	3:00	5	90	3	●	(●)
22	mittel	Achtermannshöhe	2:30	4,6	130	4		
23	leicht	Oderteich	2:00	4,6	66	3		
24	leicht	Morgenbrodtsthaler Graben	2:30	7,2	170	5		
25	mittel	Wolfswarte	2:00	3,6	130	3		
26	mittel	Indianerpfad Bad Grund	2:00	2	80	3		
27	leicht	Grumbachtal Hahnenklee	2:00	3,3	90	3		
28	leicht	Kuttelbacher und Kranicher Teich	1:00	2,7	30	3	●	●
29	mittel	Spiegeltal bei Clausthal-Zellerfeld	3:00	6,1	120	3		
30	mittel	Steinberg Goslar	2:30	5,3	160	3	(●)	(●)
31	schwer	Okertal Klippentour	3:00	5,9	350	4		
32	leicht	Wildkatzen-Erlebnispfad	2:00	3,5	120	3		
33	mittel	Burgberge Bad Harzburg	2:00	3,9	160	3		
34	mittel	Luchsgehege und Rabenklippe	3:30	8,5	180/330	5		
35	schwer	Teufelsstieg Eckerstausee	5:30	15	450	8		
36	leicht	Eckertal	1:30	2,5	20	2		
37	leicht	Wöltingerode	2:00	4,2	100	3	●	(●)
38	mittel	Klusberge	2:30	3,7	110	4		
39	leicht	Höhlenwohnungen und Altenburg	2:30	2,8	50	3		
40	leicht	Thekenberge	2:30	4,4	90	4		

					●		●				
									●	●	●
						●	●		●		●
(●)					●		●			●	●
									●	●	●
					●						●
●		●				●	●				
●		●				●	●				
		●					●				●
●		●								●	●
●							●		●	●	
					●		●				●
●			●							●	●
●	●		●							●	●
●		●					●			●	●
(●)	(●)	(●)					●				●
(●)	(●)		(●)							(●)	●
									●	●	
(●)		●	●	●					●	●	●
			●	(●)						●	●

Register

Impressum

Verantwortlich: Sabine Klingan, Katja Treu
Redaktion und Lektorat: Daniela Hansjakob
Layout: Eva-Maria Klaffenböck
Covergestaltung: Rudi Stix
Repro: Cromika/LUDWIG:media
Kartografie: Bruckmann Verlag GmbH, Heidi Schmalfuß
Herstellung: Alexander Knoll
Printed in Poland by CGS Printing

Sind Sie mit diesem Titel zufrieden? Dann würden wir uns über Ihre Weiterempfehlung freuen. Erzählen Sie es im Freundeskreis, berichten Sie Ihrem Buchhändler, oder bewerten Sie bei Onlinekauf. Und wenn Sie Kritik, Korrekturen, Aktualisierungen haben, freuen wir uns über Ihre Nachricht an den Bruckmann Verlag, Postfach 40 02 09, D-80702 München oder per E-Mail an lektorat@verlagshaus.de.

Unser komplettes Programm finden Sie unter www.bruckmann.de

In diesem Buch wird aus Gründen der besseren Lesbarkeit das generische Maskulinum verwendet. Weibliche und anderweitige Geschlechteridentitäten werden dabei ausdrücklich mitgemeint, soweit es für die Aussage erforderlich ist.

Empfehlung der Redaktion
Sie sind auf der Suche nach weiterführender Literatur? Dann empfehlen wir Ihnen den Titel »Geheimnisvolle Pfade Harz« von Richard Goedeke. Oder Sie werfen einen Blick in die Zeitschrift BERGSTEIGER. Hier werden Sie bestimmt fündig.

Bildnachweis: Alle Bilder im Innenteil stammen von der Autorin, mit Ausnahme von S. 59: geogif/shutterstock.com, S. 74 + 75: Vanessa Lakowitz, S. 109 links + S. 165: Sandra Huber, S. 173: Maike Hermeling, S. 180/181 unten: Günter Jentsch/Bildrechte HEZ, S. 182 links: Katrin Große, S. 182/183 unten: Erlebniswald Ilsenburg GmbH, S. 183 oben: Vanessa Lakowitz.

Umschlagvorderseite: Unscheinbare Holzstege werden zu Abenteuerspielplätzen.
Umschlagrückseite: Im Harz geht es oft hoch hinaus! (Tour 25)

Die Deutsche Nationalbibliothek verzeichnet diese Publikation in der Deutschen Nationalbibliografie; detaillierte bibliografische Daten sind im Internet über http://dnb.d-nb.de abrufbar.

Infanteriestraße 11a
80797 München

ISBN: 978-3-7343-2043-9